»Zeit der Zauberer«

DAS GROSSE JAHRZEHNT DER PHILOSOPHIE

魔术师时代

哲学的黄金十年
1919—1929

[德]
沃尔夫拉姆·艾伦伯格
著

林灵娜
译

上海文艺出版社

献给 Eva

"历史给我们的最好的东西,就是它所激起的热情。"

——约翰·沃尔夫冈·冯·歌德《格言和感想集》

目录

I
序言
魔术师

上帝到了	3
勇攀顶峰者	10
保持姿态	13
达沃斯传奇	14
人的问题	16
失去根基	18
两种图景	20
面临二选一的抉择	22
本雅明何在？	23
更好地失败	26
我的生活需要一个目标吗？	29
单人共和国	32

II
跳跃
1919

该做些什么?	37
他的避难所	38
危急的日子	39
浪漫派论点	42
新的自我意识	44
逃离至某处	46
变形	47
伦理行为	49
心满意足的不幸	51
其他情况	54
两侧无掩护	56
没有观点的世界	58
原科学家	60
没有不在场证明	63
新的王国	64
对本有的忠诚	65
德式美德	67
不被喜欢的人	70
触电般的激奋	72

III
语言
1919—1920

形象地表达	79
维也纳之桥	82
诗意精准	84
对抗世界	86
海牙的三个点	89
事实的图像	90
理发师	91
梯子上的罗素	93
为什么世界不存在	96
风暴之下	98
模糊的目光	100
共同孤单	104
两个怪人	106
周围世界优先	107
真实性突破而出	109
和媒体相关的一些职业	111
刚刚学会飞的小鸟	114
任务	119
彻底翻译	126
狂热崇拜与音色	127
汉堡的歌德	131

基本现象	132
以多样性为目标的意志	133
前进	137
这种语言存在吗？	139

IV
形成
1922—1923

愿小屋安宁	145
极其重要的聘任	146
生存的预防性检查	149
迎向风暴的勇气	152
职位之战	154
坏邻居	155
好邻居	158
书架里的乌托邦	161
神话的起点	164
新的启蒙	166
越过河流	167
身陷旋涡	170
联盟中的第三人？	173
歌德在魏玛共和国	175
更多的光	178

自由抑或命运	179
选择抑或决定	182
离异共和国	185
救赎之跃	185
拯救性的超越	187
毫无仁慈	189
理解了四分之三	192
在治疗中	193
从上往下	196

V
你
1923—1925

那个笨蛋	203
情况有些复杂	204
热情好客	215
从汉堡到贝尔维格	217
关于蛇的重要实验	218
隧道与光	220
魏玛蹒跚	223
坚固的堡垒	225
本有	226
你这个魔鬼	228

于存在之中	230
最艰难的思考	231
爱世界	233
饥饿疗法	234
再见德国	238
葡萄酒和杏仁	239
觉醒	243

VI
自由
1925—1927

红星	251
批判的序言	253
一个亚当的案例	255
丧恸	257
知觉在回忆	260
悲伤的比喻	264
批判的纪念册	267
巴勒斯坦还是共产主义	268
在身边	273
投身写作	274
揭示问题	276
此在的时间	278

这就是锤子：用具分析法	280
狂风与畏	284
某些确定的东西：先行赴死	287
汉堡学派	291
被遮盖住的始源	293
以多数性为出发点	294
通过开发世界塑造自我	297
星中之物	299
儿童的口吻	302
言说之工程师	304
理性的名单	309
责任原则	311
昏厥过去	313

VII
拱廊街
1926—1928

技术天赋	319
只为众神	324
没有大师的学派	325
你们还有很多东西需要学习	327
处于危急状态	333
终点站莫斯科？	339

他人的地狱	343
没有支架的男人	344
一个人的派对	347
身在远洋	353
在风暴之眼	356
法兰克福危急时刻	358
个体与共和国	361
在建造中	367
魔鬼的时间	368
存在之后	370
根据和离基	373
回到源头	374
回归家园	377
高速运转	378

VIII
时间
1929

自由的跳跃	383
在人群中	384
慕尼黑前夜	387
放松你们自己！	389
在雷雨般的雄辩中——达沃斯之辩	390

舔舐伤口	401
春天的感觉	403
"三十块钱歌剧"	404
多扇门	407
屏息，穿过夜晚	409
煤气灯	410
自我解构的性格	414
关于香肠	417
漫游者	421
不属于什么学派	422
内部难题	424
回到日常	425
剑桥的那不勒斯	427
为了某个目的而回忆	428
语词之城	429
撞向四壁	431
结语	434
著作目录	437
参考文献摘选	441
后记	445

I
序言

魔术师

上帝到了

1929年6月18日，英国剑桥。"别担心，我知道你们永远也无法明白我在说些什么。"随着答辩人话音落下，哲学历史上最特别的一次博士论文答辩会划上句号。参加这次答辩会的准博士是一个40岁的奥地利人，他曾是亿万富翁，在答辩会之前的十年时间里主要从事乡村小学教师的工作。[1] 主持评审本次博士答辩会的是英国著名哲学家伯特兰·罗素和乔治·爱德华·摩尔。答辩人名叫路德维希·维特根斯坦。维特根斯坦这回并不是初到剑桥，事实上，在1911年至一战爆发前夕，他作为罗素的学生就曾在剑桥学习。在一战前的这段学习期间，他由于拥有出类拔萃的天赋以及特立独行的性格，很快就成为了当时同学们的崇拜对象。1929年初，维特根斯坦多年后重返剑桥。在返回英国的第一天，他就在火车上偶遇了当时世界上最重要的经济学家约翰·梅纳德·凯恩斯。"唔，上帝到了。我今天在五点一刻的火车上碰到他了。"凯恩斯在一封落款日期为1929年1月18日的信中这样写道。维特根斯坦的老朋友、也是他以前的老师摩尔，当时也在这趟从伦敦开往剑桥的火车上。学术圈内几个大人物碰巧同时在这趟火车上，使得这趟火车充满了剑桥式的浓厚的学术氛围。

然而，人们也不用把车厢内的气氛想象得过于热烈，因为维特根斯坦并不惯于与他人寒暄或是发自内心地拥抱。相反，

---

[1] 本处关于博士论文答辩会情况的描写依据瑞·蒙克于1991年出版的著作第255页及其后几页的内容。(本书中凡未标明"译注"的注释，皆为作者原注。)

这位来自维也纳的天才容易突然暴怒；此外，他还特别记仇。就算只是随口说出的一个词，或仅仅是一句打趣的政治言论，都足以让他恼怒多年，甚至不惜与他人绝交——比如他就多次宣布和凯恩斯还有摩尔绝交。不过，无论如何，上帝回来了！这是件多么令人欣喜的事。

维特根斯坦回到剑桥的第二天，凯恩斯就在自己的住所召集举办了一次"剑桥使徒社"[2]的特别晚餐会，庆祝剑桥昔日的学子——维特根斯坦归来。[3]在这次晚餐会上，维特根斯坦被选为使徒社的荣誉会员，成为一名"天使"（使徒们称荣誉会员为"天使"）。对于大部分当时在场的人来说，上次见到维特根斯坦已是15年前的事了。这么多年过去，期间发生了许多事情。然而，大家眼前的维特根斯坦却好像没怎么变。例如衣着方面，维特根斯坦穿着一贯的服装搭配来参加这次晚餐会：身着无领纽扣衬衫、灰色法兰绒裤子，脚上穿着乡土气息很浓的笨重皮鞋。除了不变的着装风格，岁月也没在维特根斯坦身上留下什么痕迹。因此，维特根斯坦看上去和受邀到场的大学生差不多。这些大学生之前只能从教授们口中认识这位来自奥地利的不同寻常的人物。当然，大学生们认识的维特根斯坦是传奇著作《逻辑哲学论》的作者。在过去几年里，就剑桥的哲学讨论而言，《逻辑哲学论》就算不是处于统领地位，也深具决定

---

[2] 所谓剑桥使徒社，是一个非官方的超级精英学生社团，由三一学院和国王学院最优秀的12名成员组成，这些人是精英中的精英，既有在校本科生，也有已经毕业的前剑桥学生。不过使徒社也因为其成员存在同性恋的暧昧关系而饱受非议。——译注

[3] 基思·黑尔在其1998年出版的著作中描述了对使徒社氛围的良好印象。

性影响。晚餐会上，当然没人愿意承认自己只是大致理解了这部大作。事实上，正是因为人们难以透彻理解《逻辑哲学论》，它对于读者来说才更具魅力。

维特根斯坦于 1918 年在意大利的战俘营中最终完成了《逻辑哲学论》。他深信自己已经"**从本质上最终解决了**"所有哲学问题。怀着这种坚定的信念，他决定从此以后放弃哲学。维特根斯坦出身欧洲大陆最富有的工业巨头家庭之一，他本可继承父亲留给他的巨额遗产，然而，在完成《逻辑哲学论》的数月之后，他宣布放弃继承所有遗产，将自己应得的庞大家产分给了他的哥哥保罗和两个姐姐。当时，维特根斯坦正深受重度抑郁症的折磨，不断产生自杀念头。正如他写信告诉罗素的那样，从今往后，他想"以诚实的劳动"来谋生。而这诚实的劳动，具体指的是在乡下以小学老师身份教书。

曾经的乡村小学教师维特根斯坦回到了剑桥。正如他自己所说的，为了从事哲学，他回来了。哲学天才维特根斯坦于不惑之年回到剑桥时，没有学位，经济上还落魄到不名一文的地步。他近年来攒下的一些钱，在到达英国数周之后就花光了。有人小心翼翼地找维特根斯坦打听，他那些富有的兄弟姐妹难道一点儿都不愿意接济他，帮他摆脱经济困境吗？维特根斯坦每次听到有人这么问，都会严辞驳回："我已经说得很清楚了，你们好好读读：是，我是有些富有的亲属，而且如果我开口的话，他们会非常乐意给我钱。**但是，我是一分钱也不会向他们要的！**"[4] 维特根斯坦在他博士论文答辩的前一天，把这些话也

---

[4] B. 麦克奎尼斯和 H. 赖特编，1980 年，《维特根斯坦通信集》，第 176 页。

说给摩尔听了。

维特根斯坦生活拮据,该怎么办?在剑桥,没人会质疑维特根斯坦无与伦比的天赋,所有人包括大学里那些最有影响力的人物,都想留住维特根斯坦并帮助他。但是,维特根斯坦之前中断了在剑桥的学业,没有取得学位就离开,就算是在氛围不拘的剑桥,如今要给一个曾经辍学的回归学生提供研究奖学金,甚至给他提供一个固定职位,那也是办不到的。

最终人们想到了一个办法,那就是把维特根斯坦的《逻辑哲学论》作为博士论文提交给学校。此前,在1921年到1922年间,罗素为了促成《逻辑哲学论》的出版付出了努力,还特地为书写了前言。罗素在哲学、逻辑学、数学和语言学方面创作了不少具有划时代意义的作品。但他却认为,他的高徒维特根斯坦写出的《逻辑哲学论》,比他自己那些大作都要优秀得多。

因此,也难怪罗素在进入考试大厅时骂道:"这辈子真是从未经历过这么荒唐的事情。"[5]将《逻辑哲学论》这么一部天才著作置于一场考试之中,这真是荒唐。不过,考试终归是考试。所以,摩尔和罗素在进行了几分钟友好的询问之后,就决定开始提出一些批判性的问题了。《逻辑哲学论》中不乏晦涩的箴言和难以理解的"一行诗",全文是作者精心思考之后,在形式上采用十进制数字体系编写的,其中内容含有不少难以理解之谜。摩尔和罗素提出的批判性问题涉及的是论文中心谜题之一:维特根斯坦自己认为《逻辑哲学论》完全是由无意义的命题组成的,可这样一部著作却又偏偏向人们传达了唯一清晰的世界观。

---

[5] 转引自瑞·蒙克于1991年出版的著作第271页。

对此，论文首句就是一个令人印象深刻的例子：

1.世界是所有实际情况。[6]

不光是上面这第一句话，底下这些从《逻辑哲学论》中摘录的句子，也给维特根斯坦的爱好者们抛出了诸多难解之谜（直到今天还是如此）：

6.432 对于高超者来说，世界是**什么样**的，这点是完全不重要的。上帝不**在**世界**之内**显露自身。

6.44 神秘的事项不是世界是**如何的**，而是**如下之点**：它存在。

虽然《逻辑哲学论》充满了神秘感，但是创作这篇论文的动机还是很清晰的。从斯宾诺莎的《按几何方法阐述的伦理学》（1677年在斯宾诺莎去世之后才出版）到大卫·休谟的《人类理解研究》（1748年出版），以及伊曼努尔·康德的《纯粹理性批判》（1781年出版），这些现代哲学著作已经形成了一种悠久的传统，即所有这些著作都致力于在人类语言中如下两种类型的命题之间划出一条明确的界线：一种命题在其实质上是确有意义的，因此是可以表达出真理的；而另外一种命题则只是看上去有意义，实则不然，此般语言的虚假性会使我们的思想和文化误入歧途。维特根斯坦

---

[6] 《逻辑哲学论》中原话的中文译文，本书采用的都是韩林合的译文（维特根斯坦著，韩林合译，2013年，《逻辑哲学论》，商务印书馆）。——译注

的《逻辑哲学论》正是处在现代哲学著作这样一种悠久的传统中。这里涉及到人类语言的一个难题：我们作为人对什么可以有意义地言说，对什么则不能？换句话说，《逻辑哲学论》所做出的贡献，其实就是给这个难题提供了一个对策。于是，《逻辑哲学论》以如下这句定理作为全书结尾，就不是什么偶然了：

7.对于不可言说的东西，人们必须以沉默待之。

另外，在末句的前一部分，也就是第6部分的最后一个条目6.54处，维特根斯坦清楚详细地叙述了他自己的"疗法"：

6.54 我的命题以如下方式起着说明的作用：理解我的人，当他借助于这些命题——踩着它们——爬过它们之后，最终认识到它们是没有任何意义的。（可以说，在登上梯子之后，他必须将梯子弃置一边。）

他必须放弃这些命题，然后他便正确地看待世界了。

在答辩中，罗素正是针对上面这一条一再追问维特根斯坦。这种命题起作用的"方式"具体来说究竟是如何发生的呢：通过一系列毫无意义的命题，却能帮助他人获得唯一正确的世界观？维特根斯坦不是在论文的前言部分强调过了吗："**在此所传达的思想的真理性**"在他看来是"**无可置疑的、确定的**"。如果真的如维特根斯坦本人所表述的那样，这部著作中仅仅充斥着毫无意义的命题，那又如何谈得上是"无可置疑的、确定的""真理性"呢？

这个问题对于维特根斯坦来说并不是什么新鲜事儿了，出自罗素之口就更不新鲜了。维特根斯坦和罗素关于这个问题的探讨持续了很多年，两人还为此通信讨论。在两人充满紧张关系的友谊中，这个问题也成了其中一个经典话题。于是，看在往日的交情上，罗素在答辩时又一次提出了他的经典问题。

可惜如今我们已无法知晓，维特根斯坦当时具体是如何回答这个问题的。不过我们可以猜测，他会如往常一样，眼中闪烁着光芒，轻微结巴着，用他自己极其独特的语调进行回答。他的英语带有外国人口音，而且，我们能从这种语调中听出一种特殊的含义和乐感。维特根斯坦总是在寻找能够清晰表达出来的解释，其中也带有他个人独有的表达特色。在进行了几分钟吞吞吐吐的独白之后，他又一次得出这样的结论：已经说够了，已经解释够了。他在《逻辑哲学论》前言中也这么记录道："或许只有这样的人才会理解这本书：他自己已经想到过表达于其中的思想——或者至少是类似的思想。"

问题在于（而且维特根斯坦知道存在着这样的问题）：只有极少数人甚至可能就没有人，想到过或表达过类似的思想。起码维特根斯坦过去非常尊敬的老师、《数学原理》的作者伯特兰·罗素，就肯定没有想到过类似的思想。维特根斯坦认为罗素在哲学方面最终还是有局限性的。此外，甚至连乔治·爱德华·摩尔也没想到过类似的思想。摩尔在他的时代属于哲学界最卓越的思想家和逻辑学家之一，可维特根斯坦却坚定地评论道："想知道一个毫无才智的人可以创造出多少成就，那就看看摩尔，他正是一个杰出的例子。"

《逻辑哲学论》中提到的梯子即为维特根斯坦看来没有任何

意义的命题，读者必须先登上这些梯子，然后为了正确地看待世界，又必须将这些梯子推开。维特根斯坦该如何给罗素和摩尔解释清楚梯子的事情呢？维特根斯坦就如同柏拉图洞穴隐喻中的那位智者：他来到洞穴之外见到了阳光，他再回到洞穴中，想要告诉其他洞穴里的囚徒自己所见到的真相，可是其他囚徒根本不相信他，也无法理解他所叙述的真相，依旧只相信眼前墙上看到的影子。

今天就到这吧，已经解释够了。于是，维特根斯坦站起身来，缓步走到桌子的另一侧，友好地拍了拍摩尔和罗素的肩膀，说："别担心，我知道你们永远也无法明白我在说些什么。"直到今天，每个哲学专业的博士生在答辩前夜肯定都能梦见这句话。

博士论文答辩会就此落下帷幕。摩尔在答辩报告中是这么写的："在我看来，维特根斯坦先生的博士论文是一篇天才佳作，本论文完全达到了剑桥哲学博士学位的要求。"[7]

维特根斯坦博士论文答辩通过后，颁发给他的研究奖学金很快也获得批准。维特根斯坦回归哲学圈了。

勇攀顶峰者

1929年3月17日，瑞士小镇达沃斯，斯特根伯格贝维德大酒店。当马丁·海德格尔步入酒店礼堂时，他真切地感受到，

---

[7] 转引自瑞·蒙克于1991年出版的著作第272页，由本书作者从英语翻译成德语。

他到了，站在了眼前的哲学大舞台前，毫无疑问，他命中注定必须得去占领这个舞台。海德格尔来自德国西南部的黑森林地区，此时他39岁。从年少时起，他就认定自己是被选中的杰出人物，能在哲学方面做出一番事业。因此，他今天能够来到这里，登上哲学大舞台，人们不应视此为偶然。在场的贵宾身着传统燕尾礼服，海德格尔却穿着运动款紧身西服，在现场显得格外与众不同。他的头发一丝不苟地向后梳着，透着乡土气质的面庞被高原阳光晒成了古铜色。海德格尔姗姗来迟，并没有坐到专门为他准备好的前排座位，而是毫不犹豫地混进了礼堂中部，与许多到场的大学生和年轻学者坐在一起。所有这一切亦非偶然。屈从于主流规则而不打破禁忌，那就不是海德格尔了。因为对于像海德格尔这样的人来说，只要是在真正地从事哲学，这些逾矩的行为都不算什么错，比如不坐在指定的位置上。可众多学者齐聚瑞士一家高级酒店，这种形式的哲学活动对于海德格尔来说怎么看都不大对。

一年前，也就是1928年，阿尔伯特·爱因斯坦为达沃斯"国际大学课程"发表了开幕演讲。如今，1929年，马丁·海德格尔作为课程主讲人之一受邀到场。他将在未来三周举办三场讲座，在课程尾声时还要同本次活动的二号人物恩斯特·卡西尔开展一场公开辩论。就算这次学术活动的框架安排无法令人满意，但由于本次活动的影响力和公信力，海德格尔内心最深处的渴望还是激荡了起来，他要站到这个哲学舞台的中央。[8]

---

[8] 想要了解达沃斯辩论及其所处语境的诸多相关细节，可以参阅D. 克吉和E. 鲁道夫2002年出版的著作。

就在两年前，即 1927 年春天，海德格尔出版了《存在与时间》，这本著作在短短几个月之内成为了人们公认的思想史上一座新里程碑。海德格尔来自巴登地区小城市梅斯基希，他的父亲是一位教堂司事。出身平凡的他如今凭着一部成功之作，证明了自己在此之前几年就已经享有的盛誉并非虚名。用他过去的学生（也是情人）汉娜·阿伦特的话来说，他是德语哲学界的"无冕之王"，《存在与时间》印证了这"无冕之王"的说法。1926年，海德格尔在巨大的时间压力下写出了《存在与时间》——事实上他只写完了一半。凭着这部世纪巨著，他为自己从并不喜欢的马尔堡大学回到**母校**弗莱堡大学任教创造了形式上的前提条件。1928 年，海德格尔在弗莱堡大学接任了以前帮助过自己的老师——现象学家埃德蒙德·胡塞尔的荣誉教席。

对于维特根斯坦重返剑桥，约翰·梅纳德·凯恩斯选择了一个具有超验意味的表达："上帝"到了。而形容海德格尔，阿伦特选择的概念是"王"，这个概念显示的是掌握权力的意志以及由此主导社会的意志。但凡仔细观察，海德格尔这种明显的意志在几秒之内就会展露无遗。不管他参加什么活动、出现在哪里，海德格尔从来都不会泯于众人，他一直出类拔萃。在达沃斯的会场上，海德格尔就用充满象征意味的行为充分表达了自己的诉求：他拒绝同其他哲学教授一道坐在指定的位置上，成为他们当中的一员。会场上，人们低声私语，专门转回头去看：海德格尔来了，他在那边坐着。看来，现在活动可以开始了。

保持姿态

　　海德格尔的到场引发了众人的喃喃低语，不过，恩斯特·卡西尔肯定不会跟着小声议论。他只会像什么也没发生过一样，他要保持原有的样子——首先就是要保持姿态。保持姿态，这是卡西尔的人生信条，也是他的哲学核心。要是没有这样的人生信条，当聚光灯打到他身上时，他可能会害怕些什么呢？此时的卡西尔54岁，身为汉堡大学的教授，他对眼前这种大型学术活动的庆典氛围是再熟悉不过了。他拥有教授席位已经整整十年。到1929—1930年冬季学期，他就将成为汉堡大学校长——这是德国大学史上第四位犹太人大学校长。卡西尔出生在布雷斯劳一个富裕的商人家庭，作为富家子，想必他从小就对瑞士高级酒店的礼仪习以为常。他和妻子托妮·卡西尔每年夏天都会去瑞士的山里度过几个月的疗养时光，他圈子里的那些人也都习惯于这么做。1929年春天，疗养时光还没开始，卡西尔就来到瑞士参加"国际大学课程"学术活动。这年他处于荣誉的顶点，也是创作的巅峰。在过去十年间他已经写下了三卷本《符号形式的哲学》，并在来达沃斯前的几周刚刚出版了第三卷，也是最后一卷。这本著作百科全书般的广度和系统的独创性奠定了卡西尔的学术地位，使他成为新康德主义毫无争议的最重要代表人物，也引领了德国哲学的学术潮流。

　　与海德格尔不同，卡西尔成为大思想家的过程并非一蹴而就。他的声誉是在几十年来孜孜不倦的哲学史和出版业相关工作中不断增长的。作为出版人，他负责出版了歌德全集以及康德文集，他在柏林担任私人讲师的那几年，还出版了关于近代哲学史的一本大部头著作。卡西尔身上令人难忘的特点不是独特的人格魅力和语言的求新求异，而是学识广博和有时表现出来的非凡记忆力。在需要的时候，他可以凭着记忆力整页整页地直接引用哲学和文学经典中的重要内容。卡西尔个性平和，总是以居中协调和适度中庸作为目标，这种个性有时在某些人看来可能是一种恶名，尤其是在哲学之中。他自己清楚地知道，他在达沃斯表现出来的也是一种从事哲学的中庸形式，他还代表着学术权贵阶层的适度与稳健。多亏了主办方慷慨赞助旅费，几乎所有受邀者，不管是学生还是在大学任教的老师，都如突击队队员一般齐齐来到达沃斯参加学术活动，这其中也包括海德格尔，他们都致力于一定要融入到学术界最有影响力的阶层中去。在开幕庆典的照片上，卡西尔坐在第二排左侧，和他的夫人托妮坐在一起。他已满头白发，显得很庄严，聚精会神地将目光投向讲台处。他左手边的座位是空着的，座位靠背上贴着一张纸，纸上写有名字，证明这个座位是预订好给特定的人坐的。这正是海德格尔的座位。

达沃斯传奇

后来的记载证明，海德格尔有意打破达沃斯会场上的座位礼仪，多少还是造成了一些影响。海德格尔这样的行为令托妮·卡西尔有些心烦意乱。1948年，托妮仍流亡纽约时撰写了一本回忆录，题为《和恩斯特·卡西尔一起生活的日子》[9]，这其中

---

[9] 托妮·卡西尔，2003年，第186页及其后几页。
作者后面的年份表示相关著作的出版年份，下同。——译注

就提到了达沃斯往事。不过由于托妮当时在达沃斯心烦意乱，她把相关日期写错了，与正确日期差了整整两年。在回忆录中，她这么描写海德格尔："一位个子小小、毫不起眼的男士，黑色的头发和眼睛，目光锐利"。托妮出身维也纳上流社会商人家庭，当她见到面前的海德格尔时，立刻就联想到了"来自奥地利南部或者巴伐利亚州的工匠"形象，在后来的盛大宴会上，"海德格尔的方言口音很快就印证了"托妮对他的工匠印象。早在那时，托妮就清楚地预料到，他的丈夫卡西尔将会与一个什么样的人打交道："海德格尔身上某种反犹主义的倾向"——她联系了一下在达沃斯的经历——"对我们来说并不陌生"。

直至今天，恩斯特·卡西尔和马丁·海德格尔的"达沃斯辩论"仍是世界思想史上的一次重大事件。用美国哲学家迈克尔·弗里德曼的话来说，这次辩论甚至是具有决定意义的"20世纪哲学岔路口"。[10] 想到会成为时代转变的见证人，当时在场的所有参与者都备受鼓舞。海德格尔当时的学生奥托·弗里德里希·博尔诺夫（他在1933年后成了最有影响力的纳粹哲学家之一）在他的日记中以庆祝的笔触记录了此种"振奋人心的感觉……见证了一个历史性的时刻，就如歌德在《法国的政治运动》中说到的那样：'今天在这里，世界历史开启了一个新时代'——我这里指的是哲学历史开启了新时代——而且你们都可以说，你们参与了其中，是其中的一份子"。[11]

确实如此，哲学历史开启了新时代。假设"达沃斯辩论"事

---

[10] 迈克尔·弗里德曼，2004年。

[11] 君特·内斯克编，1977年，第28页。

实上没有发生过，思想史学家也必定会在过后杜撰出这样的一个新时代开端。20世纪整个20年代，不同群体之间对比鲜明，这恰恰体现在具有划时代意义的"达沃斯辩论"上。来自柏林犹太工业家庭的贵子，遭遇了来自巴登地区天主教教堂司事之子；汉萨同盟工业贵族的仪态面貌与毫无遮掩的乡土气息不期而遇。卡西尔是高级酒店，而海德格尔则只是茅屋。在熠熠发光的高原太阳下，他们在某处与彼此相遇，他们各自主张的不同世界就这样以一种非现实的虚幻方式互相交叠在一起。

达沃斯疗养酒店梦幻般的孤岛氛围赋予了托马斯·曼写作灵感，他由此写出了长篇小说《魔山》，并于1924年出版。托马斯·曼的小说为这整个时代构建起了一个意识形态状况的模板。1929年的"达沃斯辩论"在当时在场的人看来，有些像是虚构的《魔山》转化成了现实。现实中卡西尔和海德格尔在达沃斯进行辩论，小说虚构人物塞特姆布里尼和纳夫塔在意识形态方面无休无止地辩论，现实和小说之间形成了令人惊叹的高度匹配。

人的问题

达沃斯"国际大学课程"的举办者选择了一个同样具有划时代意义的研讨主题："人是什么？"这个主题已经构成了康德哲学的中心思想。康德所有批判思想的出发点，是一个不可回避的简单观察：人类是这样一种存在物，他们给自己提出问题，最后却又无法回答自己提出的问题。这些答不上来的问题尤其涉及上帝的存在、人类自由和灵魂不死等难解之谜。在康德的首要定义中，人是一种**形而上的存在物**。

然而，这些无法解答的形而上问题又会给我们带来什么呢？康德认为，正是因为这些形而上的难解之谜无法最终得到解答，它们才给人类带来了新机会，使人类可以达到可能存在的完善境界。这些难解之谜引导我们努力将尽可能多的东西化为经验（认识），尽可能自由和自主地行事（伦理），用尽可能有尊严的方式去证明灵魂不朽的可能性（宗教）。由此，康德把如上这些称为形而上问题的**调节**作用或引导作用。

一直到20世纪20年代，康德设定的理论框架对于德语哲学还是起着决定作用，甚至也决定着整个现代哲学。从事哲学意味着——特别是对于卡西尔和海德格尔来说——在康德哲学问题框架的路径中进行思考。对于维特根斯坦来说亦是如此。就如之前已经提到过的那样，维特根斯坦尝试以逻辑为导向，以理智之人为主体，在可以言说之物和必须保持沉默之物中间画上一条明确的界线。这也是落在康德的思路之内。不过，维特根斯坦在《逻辑哲学论》中给出的"疗法"尝试，多少还是越出了康德的范围。人类会提出形而上问题，并由此从事哲学，这被维特根斯坦视为人类的本能使然和基本冲动。不过，维特根斯坦看上去认为这种冲动可以通过哲学手段加以治疗。他在《逻辑哲学论》中这么写道：

> 6.5 相对于一个不能说出的答案而言，人们也不能将（与其相应的）那个问题说出来。
>
> （与这样的问题联系在一起的）**那个谜**是不存在的。

序言 17

如果一个问题终究是可以问出来的，那么它也是**可以回答**的。

6.51 ……因为只有在存在着问题的地方才可能存在着怀疑；只有在存在着答案的地方才可能存在着问题，而只有在存在着某种**可以言说**的东西的地方才可能存在着答案。

6.53 哲学的正当方法真正说来是这样的：除可以言说的东西，即自然科学命题——因而也就是与哲学没有任何关系的东西——之外，什么也不说；然后，无论如何，如果另一个人想就形而上的事项说些什么，你就向他指出他没有给予他的命题中的某些符号以任何所指。……

维特根斯坦的著作表达了这样的希望，即最终可以放下那些本着逻辑学和自然科学精神提出的形而上问题，这充满了时代的典型特征。这个希望同样鼓舞了达沃斯"国际大学课程"的众多参与者，其中也包括当时38岁的私人讲师鲁道夫·卡尔纳普。卡尔纳普是《世界的逻辑构造》和《哲学中的假问题》的作者(两本著作都是1928年出版)，其中的《世界的逻辑构造》是其代表作，标题颇具纲领性意味。1936年卡尔普纳前往美国后，成为了所谓的"分析哲学"最具影响力的代表人物之一，而"分析哲学"又是建立在维特根斯坦影响的基础之上。

失去根基

来到达沃斯的哲学家，不管认为自己是受什么学说的影响抑或是属于什么学派——唯心主义、人文主义、生命哲学、现象学，还是逻辑主义——都在一个实质点上达成了一致：康德建立了令人印象深刻的哲学体系，他当时所立足的世界观根基尤其是科学根基如今却已被凿空，或者起码急需改革了。康德的《纯粹理性批判》明显建立在18世纪物理学基础上，著作中关于空间和时间方面的观点特别体现了这一点。可是，牛顿的世界观已经被爱因斯坦的相对论（1905年）彻底变革了。空间和时间不再是彼此独立、互不关联，它们也不再是先天的。所谓先天，就是先于所有经验、不依赖于经验。在此之前，达尔文的进化论已经令那种不受时间变化、永恒确定的人性观失去了关键性的可信度。达尔文提升了偶然性对于地球上所有物种发展的价值——尼采又把这种偶然性推广到文化领域——历史发展的目标导向和理性发展的前景受到关键性的弱化。康德先验的研究方法的出发点是，人类意识可以完全洞悉自我，至晚到西格蒙德·弗洛伊德这里，这个观点看上去就说不通了。人类可以通过文化、科学和技术手段取得文明进步，这是一种自我启蒙。可是最令人担忧的是，在一战中那些匿名的、数以百万计的杀人暴行，狠狠地剥夺了这种文明进步的可信度。在20世纪20年代政治和经济危机笼罩之下，追问人的定义比以往任何时代都要迫切。最终，对于"人是什么？"的回答，以往答案的根基已变得不可靠了。

1928年意外离世的哲学家马克斯·舍勒——即《人在宇宙中的地位》1928年出版）的作者——在他最后一批演讲中，曾这么描述时代危机："大约一万年以来，我们第一次处在这样的时代：人类完完全全地、彻底地变得问题重重；人类不再知道自己是什么，而且也知道自己不知道。"[12]

　　正是在这样的问题视野下，卡西尔和海德格尔在达沃斯的"哲学峰会"上相遇了。20世纪20年代的时代背景给这两位思想家都带来了创作灵感，促使他们写下了自己的主要著作。卡西尔和海德格尔都不再试图对康德的问题"人是什么？"给出直接和本质的答案——在答案中肯定也会包含着他们各自思想的独创性——而是聚焦于问题背后的无声发问。

　　人类是一种必须自问却又无力自答的存在物。这很好。但是，一个主体若要有能力对自己提出问题，必须存在什么样的条件？可以提问的前提条件是什么？对问题本身刨根究底，这种能力的基础是什么？推动力又是什么？对于"人是什么？"这个问题，其实卡西尔和海德格尔已经在各自主要著作的标题中给出了答案：卡西尔的答案是《符号形式的哲学》，海德格尔的答案是《存在与时间》。

两种图景

　　根据卡西尔的观点，人首先是一种应用符号和创造**符号的动物**——人是符号的动物。换句话说，人类通过应用符号赋予自身和所处的世界以意义、支撑和方向。人类最重要的符号系统就是自己的母语。但也存在着许多其他的**符号系统**——用卡西尔的概念来说叫做符号形式——例如神话、艺术、数学或者音乐，这些

---

[12] 转引自吕迪格尔·萨弗兰斯基，2001年，第231页。

都是符号形式。不管这些符号的形式是什么，语言的、图像的、声音的或者动作的，它们的意义一般来说都不是不言而喻的，而是需要其他人对这些符号进行意义解析。人类文化的发展进程，就是符号不断被创造和应用、被他人解析和发生变化的过程。人类应用符号的能力使得人类可以提出形而上的问题，即那些关于自己和关于世界的问题。对于卡西尔来说，康德的纯粹理性批判成了一个研究符号形式系统的工程，通过这些形式系统，我们赋予了自身以及我们所处的世界以意义。卡西尔的理性批判走向了一种全方面多层次的**文化批判**，这些不同的方面和层次又必定是彼此充满矛盾的。

海德格尔同样也强调语言媒介对于人类此在的重要性。关于什么是人类形而上本质的根本基础，海德格尔并不认为是普遍可分的符号系统，而是一种极为个体化的感受——畏。更确切地说，是当个体充分意识到其存在有终时，内心产生的那种充满焦虑的害怕。知道自己的有限性，进而将人标明为在世界中"**被抛的此在**"，这种知道——在畏的居间促成下——会使被抛的此在致力于这项使命，即去把握和认识它自己当时全部的存在可能性。海德格尔将这个目标称为**本真状态**。更进一步说，人类存在方式的特点是对时间的指向性，这种指向性是无可欺骗的。人类的存在方式如何指向时间呢？一方面，是通过各自独一无二的历史情境，也就是先前的所有经历；每个个体的存在，都是未经询问便被抛进这历史情境之中的。另一方面，是通过了解自己这种历史存在状态以及存在的时间有限性。

因此按照海德格尔的解释，这一由卡西尔所证明了的文化和普遍符号使用的领域，首先面临的任务是，使人摆脱畏、摆脱有限性,反之,哲学运思的作用恰在于,使人直面畏的真正深渊,进而如此这般在真正意义上解放人。

面临二选一的抉择

康德问人的定义是什么,对此,卡西尔和海德格尔都努力给出了答案。顺着两人不同的回答思路,人们可以感觉到,同样的问题导向了两种截然对立的文化发展和政治发展的理想:一人主张所有使用符号的存在物皆平等的博爱人性,另一人主张以本真状态为目标的精英勇气;一人希望通过文明手段来克制人类最深层的那些畏,与其针锋相对的是,另一人主动要求尽可能彻底地去承受这些畏;一人的理想是坚持文化形式多元化,而另一人则认为在多对多的文化范围中会必然导致的自我丧失;以及,一人主张有节制的延续性,而另一人主张彻底与过往决裂和全新开始的意志。

于是,当卡西尔和海德格尔于1929年3月26日上午10点碰面时,他们有充分理由要求用各自的哲学理论来阐述自己的全部世界观。一个现代人的发展过程应该是怎样的?关于这个问题的答案,在达沃斯会场上出现了这样的场面:人们必须在两种基本相背离的理解方案中做出选择,选择一个必然失去另外一个。卡西尔和海德格尔的哲学彼此相悖,又都有着各自的吸引力,这两股相抗衡的吸引力直到今天还从内而外地影响和决定着我们的文化。

参与达沃斯学术活动的大学生和年轻学者在"达沃斯辩论"

期间,慢慢做出了自己的判断和选择——"达沃斯辩论"在整个会议期间持续了十天。就如同在代际矛盾中经常出现的结果那样,大学生和年轻学者的选择倾向于相对较年轻的海德格尔一方。这其中的原因有可能在于,卡西尔在学术活动的大部分时间里因为发烧一直躺在酒店房间,而海德格尔则一有空就拿起滑雪板,和年轻的大学生一块儿在达沃斯所在的瑞士格劳宾登州阿尔卑斯山上,沿着黑色雪道[13]向下飞快滑去。卡西尔没有取得优势,就如同他想通过自身经历来证明公民教育的理想,倡议这种理想应该传承下去的愿望也没有希望实现。

本雅明何在?

1929年是充满魔力的一年,这年春天恩斯特·卡西尔教授和马丁·海德格尔教授都来到了小镇达沃斯,描画人类未来的图景。同一时间,作为自由记者和作家的瓦尔特·本雅明却在大城市柏林深受其他烦恼的折磨。本雅明刚刚被他的情人——来自拉脱维亚的戏剧导演阿西娅·拉希斯——从他们刚在杜塞尔多夫大街上租的爱巢里踢了出来。这下子,本雅明又一次感到不得不回到仅在几公里之外德尔布吕克街上的父母家里。家里的母亲病重,所剩日子不多了,本雅明的妻子朵拉和他们11岁的儿子斯特凡也在等着他。这种看上去荒诞不经的事儿已不

---

[13] 高级雪道,黑色菱形标识,也叫黑钻石,难度大,坡度比大于40%(坡度大于22°),适合有一定经验的滑雪者。——译注

新鲜。近几年来，整个事情的发展过程基本上已经形成固定模式：爱情跌跌撞撞地开始，然后是接踵而来的财务难题，最终这场婚外恋情顺利结束。所有当事人对这一"流程"已再熟悉不过。不过最近这段时间，此番情况以一种特殊的形式加剧了：本雅明告知他的妻子朵拉，他已下定决心要离婚，这个决定不可更改——而且离婚的目的是，他要娶他那位拉脱维亚情人拉希斯。拉希斯不久前刚刚与他分手。

让我们把本雅明想象为达沃斯"国际大学课程"的另一位参加者，这种想象蕴含着自身的魅力。我们可以把他想象成《法兰克福报》或者《文学世界》的特派代表参加了达沃斯的活动，因为他要定期为这些媒体写评论。我们想象他一如既往地站在偏僻的角落里，取出黑色便条本（"**紧紧地攥住你的笔记本，好好记录，就好像政府机构仔细记录外来人口一样**"），挪正了他的圆框眼镜，我们能看到眼镜镜片特别厚，跟密封瓶的玻璃一样。然后，他用极小的字迹记下了他对眼前事物的初次观察。简短写完对海德格尔运动西装的批评之后，他抱怨了当下精神贫瘠的基本状况，哲学家们都在庆祝一种"**简单的生活**"，习惯于讲"**乡土风格的语言**"，尤其是海德格尔。这种语言风格深受其"**喜用复古词句**"的影响，他"**相信这样做才能保障语言生命的源泉不断**"。本雅明有可能看向了扶手沙发椅的方向，卡西尔整个人舒适地陷进沙发椅里，他正在参加一场沙龙。本雅明觉得，沙发椅这种资产阶级家具代表着一门完全过时的哲学，散发出霉味，这种哲学蕴含着小市民意味，还相信能把多元的现代世界装进一个统一的系统，就像把人硬塞进紧身衣里一样。仅仅看外表，本雅明看着就像是海德格尔和卡西尔的一个完美混合。他很容易会突然干出些头脑发热的事儿，身上没有运动气质甚至有些可笑的样子，尽管他的存在感很低，没有什么魅力可言，也不世故精明，可还是给别人留下了一些印象。

实际上，达沃斯会场上讨论的那些主题恰恰也正是本雅明写作的核心：在技术发展新时代背景下的康德哲学转变、日常语言的形而上本质、学院哲学的危机、现代思想意识的内部支离、时间感知的内部分裂、城市与日俱增的商品形态、寻找拯救社会彻底衰落的办法……若不是本雅明，又有谁在过去几年中出版了与这些主题相关的著作呢？那为什么没有人派本雅明去达沃斯呢？或者还可以这么开玩笑地问：为什么没有人邀请本雅明去达沃斯发表演说呢？

答案是：从学院哲学的视角来看，1929年的本雅明还没进入公众视野。虽然在此之前他已经在很多大学（伯尔尼、海德堡、法兰克福、科隆、哥廷根、汉堡和耶路撒冷）努力尝试想要获得教授教席，却遭受了一次又一次的失败。部分原因是他时运不佳，另外还有他在反犹主义方面的偏见，然而最主要的原因还是他自己犹豫不决。

1919年，当他在伯尔尼大学凭着题为《德国浪漫派的艺术批评概念》的论文以最优成绩获得博士学位时，所有大门看上去都还是为他敞开着的。他的博士导师——日耳曼学学者理查德·赫尔伯尔茨——给他提供了一个在大学任教的带薪岗位。本雅明当时却犹豫了，他在同一时间还跟自己的父亲闹翻了，家里断了对他的经济支持，使他在生活成本昂贵的瑞士看不到什么未来的希望。于是，他很快就决定作为一名自由评论家来谋生。这后来的十年时间里，他一直在为获得大学教授资格而努力,首先是由于他越发明白,仅仅通过写作来谋生,同时还要保持他的生活方式尤其是消费方式,会有多么困难。在那个年代,按照本雅明的方式来生活,成本实在太高了。这不仅因为本雅明难以控制自己的某些喜好——频繁出入餐馆、夜生活娱乐场所、赌场和妓院,还因为本雅明有收藏爱好,比如收藏古旧的儿童书籍。他有着极大的收藏热情,可以苦苦寻遍整个欧洲并以近乎强迫的方式来得到自己想要的古旧童书藏品。

本雅明是名不错的政论家——20世纪20年代德语报纸市场和副刊需求呈爆炸性上升趋势,副刊需求的抬升和他的文章息息相关。但是当本雅明和父母最终断绝关系后,生活经常处于捉襟见肘的窘迫境地,经济烦恼时时涌上心头。当生活特别拮据的时候,本雅明就对大学职位垂涎欲滴。一个学术职位终究可以给本雅明刚建立不久、四处迁徙的家庭提供基本经济保障,此外还能成为他长期的生存依靠。经济保障和生存依靠这两样东西令内心分裂的思想家本雅明又盼又怕。

更好地失败

1925年,本雅明的学术抱负在法兰克福大学遭遇了灾难性的转折,也成为了当时的一个传奇。他尝试在法兰克福大学获得教授资格,结果失败。社会学家戈特弗里德·所罗门-德拉图尔(后来也是达沃斯"国际大学课程"的主要组织者之一)是当时唯一支持本雅明的人,经他穿针引线,本雅明提交了一篇名为《德意志悲苦剧的起源》的论文。一眼读去,这篇论文力图将巴洛克悲剧的传统归入德国文学的分类中。尤其是凭借着其中的《认识论批判序言》部分，这篇论文在今天被普遍视为20世纪哲学和文学理论的一座里程碑。可是当时这篇论文都没有熬到教授资格评审的正式程序，法兰克福大学请来的专家可能是被这篇论文的实际冲击力震撼到了，感到完全无力进行评论，他们浏览一遍之后就急切请求作者自愿收回申请教授资格。在评审委员会面前，这篇论文不可避免地遭受了失败。

就算是狠狠遭受了这样的屈辱，本雅明还是没有完全放弃对在大学任教的向往。于是，在1927—1928年冬天，他通过他的朋友也是资助人——作家雨果·冯·霍夫曼斯塔尔，想要进入瓦尔堡学派的汉堡圈子。这个圈子的中心人物是欧文·潘诺夫斯基和恩斯特·卡西尔。本雅明的这次尝试还是以惨败告终。潘诺夫斯基的回复很不留情面，他觉得本雅明应该向为他说情的霍夫曼斯塔尔道歉，因为是本雅明使他卷进了这样的事情里面。我们可以断定，卡西尔也对本雅明的这次接触尝试做出了相似回应。对本雅明来说特别苦涩的是，早在1912—1913年柏林学习期间他曾经是卡西尔讲座课的热情听众，那时候卡西尔还是编外教师。大学圈子很小，能获得支持者就是决定因素，本雅明却是一个在哪儿都毫无希望进入大学圈子的例外：因为他过于独立的社交方式、过于不同寻常的语言和行为风格、过于小品文特色的学术文章、独成一派的理论以及晦涩难懂的作品。

事实上，本雅明没有出现在达沃斯的会场大厅里，恰恰折射出了他所有的学术羞耻感，作为记者的本雅明肯定不会忽略这点。这种羞耻感还来源于本雅明心里恨着的那位马丁·海德格尔却身在达沃斯现场。1913—1914 年,本雅明和海德格尔在弗莱堡大学一起上过新康德主义哲学家海因里希·李凯尔特(他后来成为了海德格尔的博士导师)的讨论课。从那以后,本雅明就怀着全然妒忌的心情密切关注着海德格尔的一路上升。1929年,本雅明再次计划创立一本杂志(杂志名为《危机和批评》),并计划让他近来最好的朋友贝尔托·布莱希特担任杂志的联合创办人。这本杂志的唯一使命是"摧毁海德格尔",而且本雅明把这个使命委托给布莱希特去完成。但是,办杂志的事情最后也还是不了了之。这又是一个从一开始就注定要失败的计划。

本雅明此时才 37 岁,不过他的失败事例已经有一大箩筐了。在过去十年里,他作为自由创作的哲学家、政论家和批评家,首先只做成了一件事情:源源不断地制造了一系列失败的大工程。不管是办杂志、创建出版社、写学术著作,还是工程浩大的翻译任务(普鲁斯特和波德莱尔全集)、侦探长篇小说系列,以及野心勃勃的舞台剧本……一般来说,这些事儿都只停留在夸夸其谈的预告和草案阶段。当然也有极少数工程达到了概略和部分完成的程度。此外,本雅明还是得挣钱,他主要通过日常写作讽刺性杂文短评、专栏和书评影评剧评这类评论来谋生。截止 1929 年春天,本雅明已经在跨地区报纸上发表了好几百篇文章。他的文章主题形形色色,从犹太人的数字神秘主义到"作为写信人的列宁"再到儿童玩具。写完食品博览会或缝纫类小商品的报道之后,他接着写关于超现实主义主题或关于卢瓦尔河河谷城堡的大篇幅杂文。

有能力什么都写的话,为什么不写呢?尤其当作者的写作方法是把每次选择的写作对象阐释成一种"单子",也就是一种不可分的东西，其存在状态是由其现在、过去和未来组成的一个不可分的整体。本雅明独特的写作方法和魔力就体现在此。他的世界观是一种深度符号化的世界观：每个人、每件艺术品、每个日常对象对他来说都是一个亟待破译的符号。每个符号又都与其他所有符号处在高度动态的关联之中。他怎样才能找到破译符号的正确方向呢？只能这么办：把每个符号都纳入持续变化的广大符号集合中，并仔细设想纳入的全过程。这便是他的哲学思路。

我的生活需要一个目标吗？

本雅明的文章主题严重发散，看上去显得有些不合情理，实际上这却是出于本雅明自身的认识。本雅明越发坚信，恰恰是那些看上去不合情理的、往往被忽略掉的语言表达、具体对象和人物身上蕴藏了整个社会的真正精髓。这些看似发散的对象之间存在着内在联系。本雅明提出的"**思维图像**"概念直到今天还受到人们的称颂，在他的作品《单行道》（1928年出版）或《柏林童年》（在他死后出版）中都能读出"思维图像"的意味。漫游人波德莱尔的诗歌、陀思妥耶夫斯基长篇小说中的畸零人形象或者普鲁斯特为了回忆进行的斗争，都明显影响了"思维图像"这个概念。思维图像倾向于暂时性和迷宫般错综复杂的趋势，同时也是为了表达出犹太教神秘主义的秘传阐释技巧。这所有一切，又有选择性地涂上了马克思唯物主义的底色，抑或是配上了费希特和谢林自然哲学唯心主义的伴奏。本雅明的文章证实了一种新认知模式的诞生,这种新认知模式出自那种具有时代特色的、在意识形态上迷失了方向的精神。就这样,本雅明的自传体作品《柏林童年》最开头的内容读上去就像是"本雅明方法导论":

> 对一座城市不熟,说明不了什么。但在一座城市中迷失方向,就像在森林中迷失那样,则与训练有关。在此,街巷名称听上去对那位迷失者来说必须像林中干枯嫩枝发出的响声那样清脆,市中心的小巷必须像峡谷那样清楚地映现每天的时辰。这样的艺术我后来才学会,它实现了我的那种梦想,该梦想的最初印迹是我涂在练习簿吸墨纸上的迷宫。[14]

本雅明正是在长久以来的作品未完成状态中,在主题选择极度多样化和充满现实矛盾的写作中,找到了他认识真实世界以及由此认识自我的唯一可行道路。用他在《德意志悲苦剧的起源》长序《认识论——批评序言》中的话来说:从事哲学的人必须这么做,"要从不寻常的极端现象中,从看上去过度的事物发展过程中,使整体观念的轮廓"显现出来,"在整体当中各种矛盾又有可能以一种有意义的方式并列相处在一起"。本雅明还说道,"只要那些可能的极端现象看上去还存在,并没有消失",那人们

---

[14] 《本雅明文集》第4卷第1本,第237页。——原注
此处中文译文参照本雅明著,王涌译《柏林童年》,南京大学出版社,2008年,第7页。——译注

"无论如何都会觉得"观念的这种表现形式都是"不成功的"。[15]

显而易见,本雅明的这些想法已远不只是一种独特的认识理论了。这也是一种生存方案,它把康德的原始问题"人是什么?"直接转换为"我应该怎样生活?"。因为对于本雅明来说,观念表现的哲学艺术和生活的艺术同理,凡是对前者适用的,同样适用于后者。一个渴望认知的自由人类怀着极度的热情**研究不寻常的极端现象**,若他**无法视自己的存在为成功**,那他就没有仔细检阅过所有可能的存在与思维的极端现象,或者起码还没有大致察验过。

在具有本雅明时代特色的紧张局面中,他的认识途径和生存方案由此构成了又一个极端现象。20世纪20年代的紧张局面也推动着维特根斯坦、卡西尔和海德格尔推进他们的哲学事业。本雅明的思考方式是考察充满矛盾的同时性,而不是去设立一个理想,澄清世界的逻辑构造。当卡西尔站在科学符号系统的基础上追求多元系统的统一时,本雅明的意志却体现在构建一个反差鲜明、永远置于动态中的认识状况。在死亡观方面,本雅明视死亡为值得当下庆贺的陶醉时刻和无需节制的时刻,亦是真正的感知时刻,他用这种陶醉和无需节制的理想来取代海德格尔对死亡之畏。所有这些想法,本雅明又为其配上了充满宗教意味的历史哲学底色。历史哲学永远可能通向救赎之路,但是又不能在庸俗马克思主义的意义上把救赎的具体时刻专门表达出来,连预言救赎时刻也是办不到的。

---

[15] 《本雅明文集》第1卷第1本,第227页。

单人共和国

本雅明在精神上和身体上一直沿着巴黎—柏林—莫斯科这根轴线来回奔波，他可能面临着彻底崩溃、近乎抑郁；本雅明努力达到思想和行动的协调，避免自己分裂。他就是以这样的方式度过20世纪20年代。他的生活方式一贯是自我毁灭式的——妓女、赌场、毒品——在几个月甚或几天时间内，就会出现特别高产和天赋爆发的创作阶段。正如魏玛共和国本身一样，本雅明寻找的也不是一条平衡的中间路线。他认为，可以找到的真理——包括一个真实的自己——总是存在于此在和思考的边缘地带，这样的边缘地带充满了紧张氛围。

在此种意义上，1929年春天代表着本雅明生活的总体状况，这种状况也决定着过去十年以来本雅明的生活。[16] 1929年春天，生活一切照旧，多出来的一点儿新情况是，本雅明正经历着一种两者之间的撕裂感：他起码处于两位女性之间——朵拉和阿西娅，两座城市之间——柏林和莫斯科，两种职业之间——记者和哲学家，两个最好的朋友之间——犹太学家格尔绍·肖勒姆和共产主义者贝尔托·布莱希特，两个大工程之间——创立杂志和开始写一部新的主要著作，也就是后来的《拱廊街计划》。当然他还需要通过工作偿还提前预付给他的一些报酬。如果说有这么一个知识分子，他的经历典型地反映了当时各种紧张的时代状况，那么这个知识分子肯定就是1929年春天的瓦尔特·本雅明。他是

---

[16] 关于这一时期本雅明生活细节的描写，请参阅H.艾兰和W.詹宁斯，2014年，第314页及其后几页。

一个单人魏玛共和国。这对于他来说当然不好过,也没法过。最终,我们在这里谈论的本雅明是一个自称连"煮一杯茶的能力"都没有的人(当然他会把生活能力差的责任推到他母亲身上)。

直到今日,本雅明唯一可以无条件指望得上的人就是他的妻子朵拉。本雅明决定要诽谤和离开朵拉,这是他人生中一个决定性的转折点。这一点朵拉比本雅明清楚得多。朵拉·本雅明感到很烦恼,1929 年 5 月,她给格尔绍(原名格尔哈德)·肖勒姆写信,肖勒姆是本雅明家里长年熟识的共同朋友。信里这么说道:

> 亲爱的格尔哈德,瓦尔特现在情况很糟糕,我对你说不下去了,因为我心情特别沉重。他完全受阿西娅的影响,他干出的事情连我手上的笔都不愿描写。他让我这辈子都不能和他再说一句话。他整个人只剩下头和生殖器,你知道,或者你可以想象,在这种情况下他的头过不了多久也就不顶用了。他这种状况一直是个很大的危险,谁知道怎么就变成了这个样子……瓦尔特控告了我,认为我有过错——最开始的离婚谈判谈崩了,因为他既不用他的遗产(12 万马克,妈妈当时已经病重了)来偿还从我这里借走的钱,也不给斯特凡支付生活费……我把所有的书都给了他,第二天他还要求取走童书收藏品;冬天时,他在我这一住就是几个月之久,一分钱费用也不分担……我们给了彼此八年的自由,最终他还是把我告上法庭。他一直都很轻视德国法律,可这突然之间,他却觉得德国法律好极了。[17]

---

[17] 转引自汉斯·普特尼斯和加里·史密斯编,1991 年,第 145 页及其后几页。

序言

朵拉了解本雅明的性情。仅仅五个月后，几乎是和纽约华尔街股市"黑色星期五"行情暴跌同一时间，1929年深秋，本雅明精神崩溃。他无法读书、说话，更不用说写作了，只好住进疗养院。随着生活巨变，人类迈过了新时代的门槛，进入一个带来死亡的黑暗年代，亦是本雅明迄今都无法想象的一个年代。

II
跳跃

1919

本雅明博士从他父亲身边逃开,
维特根斯坦少尉在金钱上自杀,
编外教师海德格尔背弃信仰,
而卡西尔先生则在有轨电车里寻找灵感。

该做些什么？

"一方面，如果一个人的性格和反应方式在所有细节上都已知，另一方面，性格所处的上下文领域中所有事件也已知，那么，会在他身上发生的一切以及他会完成的一切都可以得到精确预测。也就是说，他的命运也将是已知的。"[1] 这种说法对吗？生活道路真的就以这样的方式被确定了？生活道路是可以预测的吗？包括自己的人生经历也会是这样吗？一个人若想要创造自己的生活轨迹，还有多少余地？1919 年 9 月，27 岁的本雅明写了一篇题为《命运与性格》的随笔来探讨这些问题。就如上面他文章中第一句话提到的那样，他想要预测自己在这段时间的命运。这对于处在一战结束后的欧洲年轻一代知识分子来说具有代表性。这些年轻知识分子面临着战后重新审视自己文化基础和生存基础的要求，写作就成了他们自我阐明的途径。

一战后的首个夏天，本雅明出于个人原因正处在一个转折阶段。他已经过了进入所谓成年生活的过渡阶段。他成了家（1917 年），当了爸爸（1918 年），并于 1919 年 6 月取得了哲学博士学位。一战全球战火的恐怖氛围基本上没有影响到本雅明的生存状态。1915 年，本雅明逃过了他的第一次入伍征召。在入伍体检前一夜，他和他最好的朋友格尔哈德·肖勒姆待在一起，一整夜未合眼还喝了无数杯咖啡，这样到第二天早晨体检的时候，本雅明的脉搏极其不规律，体检结果为无法服兵役。这是一种在当时惯用的逃避兵役办法。1916 年，本雅明用更有

---

[1] 《本雅明文集》第 2 卷第 1 本，第 171 页。

想象力和复杂得多的办法成功逃过了第二次服兵役。为什么这么说呢？这次，他让后来的妻子朵拉对他进行为期几周的催眠，使他自己深信得了严重的坐骨神经痛。从结果看，这次的办法实在是太成功了！根据军医的检查结果，病症很明显。虽然这些病症还无法完全免除本雅明的前线勤务，但起码使他获得了官方准许，让他在瑞士的一家专门医院进一步检查复杂的病痛状况。只要能去瑞士并待在那里，今后就不用再担心被强制入伍。于是，朵拉和本雅明于1917年秋天决定，就在瑞士待着。

他的避难所

人们到了苏黎世之后往往先在临时寄宿处住下，因为在战争年代，这些临时寄宿处成了年轻德国人或者说整个欧洲知识阶层的一个聚集地。于是，雨果·巴尔和特里斯坦·查拉就于1916年在苏黎世宣告达达主义的诞生。在离他们几米之遥的"伏尔泰酒馆"里，当时住着一个名叫弗拉基米尔·伊里奇·乌里扬诺夫的人，他化名为列宁，计划着发动俄国革命。本雅明这对年轻的新婚夫妇并没有成功融入这些人的圈子，或者说他们根本就没想着要融入。本雅明夫妇在共同的朋友肖勒姆陪同下，很快就从苏黎世搬到了伯尔尼，来到了瑞士中心地带。在伯尔尼，瓦尔特在伯尔尼大学的哲学专业登记注册，目标是要取得哲学博士学位。

本雅明和妻子二人——更确切地说是加上肖勒姆三人——他们是来自柏林的流亡者，在苏黎世这个迄今以慢节奏而闻名的城市里过着与当地文化活动隔绝的生活。本雅明和肖勒姆被大学低估了,后者认为他们无法跟上大学的课程。他们明显能感觉到,老师对他们的要求过低。于是,他们不光虚构了一所想象中的大学,名叫"穆里大学"[2],而且还构想出很多荒唐的课程,比如有"小酒店——论其优点和危险性"(神学),"侮辱的理论和实践"(法学),或者是"自由落体理论(附有配套练习)"(哲学)[3]。在伯尔尼的这段时间,本雅明和肖勒姆还一起自行阅读和研究了一些著作,比如新康德主义哲学家赫尔曼·柯亨的著作,他们晚上开长时间的读书会,一句一句把著作读透。[4]

在苏黎世的生活状况基本上充满着不确定性,特别是对于性爱的矛盾心理,这些都完全吻合本雅明的性格。最迟到1918年春天本雅明的儿子斯特凡出生时,本雅明的工作效率就大大提高了,在不到一年的时间内,他就完成了博士论文的写作。可以预见到战争马上要结束了,这也意味着,本雅明必须确定好战争结束后未来职业的具体方向。尤其是本雅明的父亲——他的财产状况遭遇了战争的重创——迫使本雅明必须自食其力。

危急的日子

1919年夏天,本雅明全家隐退到布里恩茨湖边的一个膳宿公寓休养,之前忙忙碌碌的几个月总算是过去了。"朵拉和我都

---

[2] 穆里(Muri)实际上是伯尔尼附近的一座城镇。——译注
[3] 参阅奥利弗·卢伯里希,2016年,第29页。
[4] 参看H. 艾兰和M. 詹宁斯,2014年,第102页。

是筋疲力尽。"本雅明在1919年6月8日写给肖勒姆的信中这么说道。这种筋疲力尽的状况尤其和小斯特凡的健康状况有关，孩子几个月来都在"持续发烧"，所以家长"根本没办法消停下来"。[5]特别是朵拉，她"几个月以来都处在极度紧张的状态中"，还得了"贫血，而且体重严重下降"。那时候本雅明自己还得和催眠带来的坐骨神经痛恶果苦苦斗争。此外，他还告诉肖勒姆，"半年以来都在遭受噪音带来的折磨"。对于本雅明夫妇这种情况，今天人们会说，这是接近全线崩溃了。

本雅明家在这个美名为"蒙雷波斯"的膳宿公寓度过了苦涩的暑期。公寓有湖景，提供全天膳食，还有专程一起过来照顾孩子的保姆——情况虽然还是严峻，但是从经济角度来看，本雅明家也并不是全无希望——他们本可以在休养中好好吃饭，享受充分的睡眠，读点儿书，本雅明还可以在某个时候把他喜欢的诗人波德莱尔的某首诗译成德语。这一切其实是可以这般美好。

不过，就像本雅明的其他计划一样，在膳宿公寓的美好计划也落空了。原因主要还是在本雅明身上。本雅明为了继续得到父亲的经济资助，决定先不告诉柏林家里自己已经顺利通过博士论文答辩。他觉得这么做会更明智些。

本雅明的父亲不相信自己的儿子能把来瑞士探访的路线说清楚，于是便决定携夫人一起来到瑞士，给本雅明一个惊喜。本雅明父母到达疗养地的具体时间是1919年7月31日。

只要了解本雅明和他父亲的性格，以及父子见面的具体场

---

[5]《本雅明书信集》第2卷，第29页。

景,都不需要专门动用什么理论,就能预测到这对父子当时见面的过程怎样。本雅明在1919年8月14日写给肖勒姆的信中提到了"那些糟糕的日子现在总算是过去了",后来又轻描淡写地补充道,"我博士学位的事情也已经说了"。

现在,本雅明的父亲已经清楚了解了情况,他给本雅明下了最后通牒,要求他得在这艰难的时局中尽快去找一份体面的工作,最好是份稳定工作,最重要的是一份可以支付报酬的工作。这对本雅明来说并非易事。因为对于这个迫在眉睫的问题——他将来打算找什么工作、怎样谋生,如果让本雅明说老实话,那么他只能给出一个答案:批评家。父亲,我想成为一名批评家。

本雅明将自己的理想职业定位为批评家,这个自我描述具体是什么意思,包含了哪些具体内容,本雅明在他的博士论文中写的就是与此相关的内容。他的博士论文题目为《德国浪漫派的艺术批评概念》[6],足有300页之厚。1919年8月中上旬,在本雅明父子相处的日子里,本雅明想要给他那远未受到哲学熏陶、还伴有慢性抑郁的商人父亲解释明白,批评家这个职业和批评这个概念有什么关系,批评的概念对于自己的文化和自我本身有什么意义,特别是,批评家在多大程度上是一个完全值得去从事的职业。但是解释明白这些不容易。

不过尝试去解释一下总是值得的。尤其是在这篇以取得博士学位为目标的论文背后,在这难以处理的标题背后,其实隐藏着一个无关于学位的独立想法,也就是作者关切的是,把个

---

[6] 《本雅明文集》第1卷第1本,第7—122页。

跳跃

体自身的发展过程和整个文化的演化过程放到一个新理论基础之上；而无论是个体发展还是文化发展，其过程都是坦承公开的。本雅明在他的博士论文中把这种核心活动直截了当地称为：**批评**。批评使这种坦承公开成为可能，也能不断地带来新事物。本雅明深信，紧接着康德之后其他作者的作品，例如费希特、诺瓦利斯和谢林的作品，开始在思考一种精神活动的特殊形式，人们迄今还未发现这种特殊形式对自己生活和文化的真正重要性。

浪漫派论点

对于本雅明来说，早期浪漫派思想家的决定性推动力在于，批评活动——如果人们正确理解了这个概念——使得批评的主体（也就是艺术批评家）和批评客体（即艺术作品）都不是不可变的。这两者在批评的过程中都会发生变化——而且在理想状态下会朝着真理的方向发展。本雅明认为，通过批评家的活动可以促使艺术作品的本质不断得到丰富充实，他的这个观点建立在德国浪漫派如下两个基本思路之上。这两个思路分别是：

1. 所有存在的事物，不光是和其他事物处在一种动态关系中，和自己也处在一种动态关系中（这个论点说的是事物的自我关联）。

2. 当一个主体批评一个客体时，主体和客体由此就会和他者以及自身产生关联（这个论点说的是，通过批评可以激发出所有关联）。

顺着这样的基础思路，本雅明在他的博士论文中推导出结论，这些结论从根本上改变了他自己作为批评家的形象，随之也改变了20世纪和21世纪艺术批评的自我认知。首先，本雅明认为，艺术批评的功能"**并不在于评价，而是一方面在于终结、补充和系统化**"。[7] 其次，艺术批评家多了一重身份，他成了艺术作品的共同缔造者。第三，一个艺术作品在本质上不是静止不动的，而是会在历史发展的过程中发生变化，艺术作品可能包含的含义也会发生变化，也就是说，艺术作品的本质和含义是一种动态的存在形式。理解这种动态性，才能理解批评。最后，第四，对某个艺术作品的每种批评——根据之前讲到的关于事物自我关联的论点——也可以看成是这件艺术作品针对自身的自我批评。

这样就很容易理解了，批评家和艺术家都是站在同一个创造层面上。一件作品的本质并不是一成不变的，而是会持续不断发生变化。对的，事实上，是艺术作品自身持续不断地在进行自我批评。

人们可以想象得到，一个像本雅明父亲那样的人，听到了本雅明提出的这些论点，会错乱和无法理解到什么程度。

---

[7] 同上，第78页。

新的自我意识

实际上，本雅明论述的说服力有多大，主要取决于人们对浪漫派那两个基本思路的看法。那两个基本思路涉及到的是普遍存在的所有事物与自身和与他者的关联，人们在多大程度上觉得这两个思路是合理的，就会在多大程度上相信本雅明的观点。其实这两个基本思路也并不像第一眼看上去那么不合理。瓦尔特·本雅明起码可以给他的父亲指出全人类身上存在的一个基本现象：人类具有自我意识。这个事实无可争议，每个人都能具体地感受到自我意识，根本无需对此存在任何理性怀疑。最终，每个人都拥有这么一种特殊的神奇能力。所谓自我意识，指的是通过自己的思考能力来思考自己的想法。我们所有人都可以独立地"思考"自己的"想法"。这样，我们每个人都拥有完全属于自己的认知过程，在这个认知过程中，不但批评的客体（也就是我们思考的对象——我们自己的想法），而且批评的主体（正在进行思考的思维）都可以感受到一种变化，并感受到批评的客体和主体实际上是合为一体的。对于浪漫主义者来说，正是自我意识能够进行自省的这种基本状况，成为了批评活动与他者产生关联的一个典型例子，这个例子对于每种形式的关联都适用。也就是说，这是一个普遍适用的例子，它可以用来说明，当"一个存在物被另一存在物所认识，并与被认识者的自我认识叠合"[8]时，发生了什么。

事实上，处于变化中的这种事物的自我关联在持续产生着

---

[8] 同上，第58页。

奇迹。人是具有自我意识的主体,本雅明能够给一个具有思考能力的主体——包括他的父亲解释清楚自己的想法。当一个人思考自己与自己的关联基础、自己与世界的关联基础时,这种奇迹就以一种特别明显和有效的方式发生了。伟大的艺术作品事实上就是这么一种自省过程的结果。因此,伟大的艺术作品在自我关联和与他者关联方面,内容特别丰富多元,并且具有启发性和自身特色,因此也可以促进人们的认知:

> 批评就如同在一个艺术作品身上进行实验,通过实验,艺术作品的反思被唤醒了,艺术作品被带入了意识领域,以及对其自身的认识。只要批评是对艺术作品的一种认识,那么批评便也是艺术作品的一种自我认识;只要批评指的是评价一个艺术作品,那么这种评价也是在艺术作品的自我评价中进行的。[9]

对于本雅明来说,艺术批评概念的哲学核心存在于浪漫主义之中,就算浪漫主义者自己也有可能对此理解得不够清楚。要清楚理解这个哲学核心,需要观察一个持续较长的时间维度(整整 150 年),还得进行尖锐的分析。换句话说,也就是需要进行批评。本雅明正是想把毕生精力都投入到批评这个任务当中。尤其是因为,批评活动也会对他以及在他自身内部产生作用,他批评的"作品"会不断发生变化,他也会由此认知自我。事实上,每个可以对自己的思维进行思考的人——其实每个人

---

[9] 同上,第 65—66 页。

都有这种能力——都有可能是自己的一件作品。每个人都可以练习以批评的眼光检验自己和认知自我。在一定程度上，每个人都能以批评的方式成长和塑造自我。每个人都能成为真正的那个自己。这种成长方式，就是一种批评。或者也可以简单说成：从事哲学。

逃离至某处

这么说来，或者说类似的情况是，其实在本雅明父亲待在布里恩茨湖畔的那两周时间里，本雅明是可以给他解释清楚，自己将来的人生道路就是要当个自由批评家的。他有可能也真的这么做了。只是他没有符合父亲的期待，没有成功说服父亲。其中最主要的原因还是真正关键的生计问题无法解决：成为一个自由批评家，那将来该怎样谋生，从谁那里能得到资助？

怎样才能够完成自己的使命，不屈从于比如由父母预先设定好的"命运"？该做些什么呢？

根据本雅明的性格，当他实在找不到什么解决办法时，他首先会做的并且将来也一直会这样做的，就是仓促逃离。他会不断地挪地方，同时投入到许多新的大工程、大计划中去。

1919年秋天，本雅明一家又走在了路上，途经瑞士格劳宾登州的克洛斯特斯和最南端的城市卢加诺，来到了奥地利的布雷滕斯泰因，在全家耗尽所有力气和资源之后，最终在那里的一所疗养院落脚。这家疗养院由朵拉在奥地利的姨妈经营。"我们到了这里，完全是囊空如洗了。"本雅明在1919年11月16日写给好友肖勒姆的信中这么说道。无论如何,还是从伯尔尼本雅明的博导那里传来了好消息:"赫尔伯尔茨特别友好地为我敞开大门,他让我有可能去申请教授席位,我甚至可以得到一个编外教师的岗位。我父母肯定是非常高兴的,他们完全不反对我去申请教授席位,只不过他们不会再义务资助我了。"[10]

好在本雅明也不算一无所有。只有这讨厌的经济问题未来亟待一个明确的解决方案。同样深受经济问题困扰的还有维特根斯坦,这种情况已经持续了几周甚至几个月时间,虽然他遭遇经济困难的具体方式和本雅明的不一样。

变形

维特根斯坦决定放弃家里留给他的遗产,他是否真的意识到,这个决定会产生多大影响?他有没有跟哥哥姐姐们商量过这个事儿?要不要最好再深思熟虑一下?不,他不打算再考虑了。"这下好了,"维特根斯坦家的公证人叹息道,"您真是下定了决心要在金钱上自杀。"[11]确是如此。维特根斯坦下定决心不会动摇。他还是身着白色少尉制服,没有丝毫犹豫,几次打断公证人的问话,强调自己的决定不会改变,哪怕他今后再无经济方面的避难所,哪怕条约中没有任何特殊的附加条款,哪怕他再无退路不可反悔,哪怕他签字之后真的要永远和绝对放弃他

---

[10] 《本雅明书信集》第 2 卷,第 51 页。
[11] 转引自瑞·蒙克,1991 年,第 171 页。

跳跃

所有财产，无可挽回。金钱上的自杀，说得好。

维特根斯坦刚回到维也纳还不到一周时间。他是从意大利战俘营归来的最后一批军官。此刻，1919年8月31日，他坐在维也纳一家气派的律师事务所里，把他的全部财产——换算成今天价值相当于几亿欧元——转让给他的姐姐赫尔梅娜、海伦娜和哥哥保罗。维也纳，这个曾经骄傲的帝国首都，如今只是阿尔卑斯山脚下一个破产迷你共和国的首都。在一战后的第一个夏天，维也纳最终陷入了一片混乱之中。面临着战后灾难，大多数奥地利国民主张与同样陷入瓦解状态的德国结盟，但是遭到了战胜国的禁止。96%的奥地利儿童在1919年夏天遭受着营养不良的折磨。通货膨胀使得食品价格爆炸式地飞涨，货币处于一种自由落体状态——城市风气也是如此。哈布斯堡王朝的旧等级秩序完全崩溃，而新秩序也仍未全部运作起来。一切都跟原来不一样了，变形了。当时30岁的路德维希·维特根斯坦经过几年的战争岁月也已经变成另一个人了。

1914年夏天，一战爆发仅仅几天之后，维特根斯坦带着根本改变生活的希望自愿报名入伍，成为一名下士。他出身维也纳最上流的社会，欧洲最富有的工业家庭之一，剑桥大学的学生，当时已是哲学界百年一遇的天才，他的老师伯特兰·罗素和戈特洛布·弗雷格都期待着他完成"下一个巨大的进步"。如果观察得没错，那么其实战争已经完全实现了维特根斯坦的个人愿望：他证明了自己的勇敢，他在加利西亚、俄国和意大利的前线地带多次目睹了生死，他开枪杀人，他通过阅读列夫·托尔斯泰的一本小册子找到了基督信仰。尤其是他在前线漫长的暗夜等待中完成了哲学著作。他自己坚信，这本著作不光是哲学中的下一个巨大进步,甚至也是最后和终结性的进步。

但是,这本著作又能达到什么目的呢?从根本上来说,什么都没有达到。无论如何对他来说是达不到什么目的的,这种无意义性每天都在折磨着他。1918年夏天,他最后一次上前线前回到家里度假,期间他对《逻辑哲学论》进行了最后润色。正如他在著作的前言部分中写道的:

因此,我认为,本质上来说,我已经最终解决了诸问题。如果我在此没有弄错的话,那么这部著作的第二个价值就在于:它表明了,当这些问题获得解决时,我们由此所完成的事情是何其的少。

换句话说,在构成人类生活条件、给予人类生活意义、价值和日常希望方面,哲学没什么可以说的,也没什么可以争论的。为什么基本上会是如此——为什么没有逻辑方面的结论、论据,也没有站得住脚的意义理论能够涉及生活实质问题——维特根斯坦认为他的著作正好永久展示了这个问题的答案。

伦理行为

事实上,在从战场回来将近两个月后,维特根斯坦告诉他的出版人路德维希·冯·费克尔,他觉得《逻辑哲学论》的"意义是一个伦理方面的意义……",因为这部著作是由两部分构成的:"一部分就是大家看到的这部分,还有一部分是我并**没有**写出来的部分。正是这没有写出来的第二个部分,才是重要的。因为伦理学的范围好像被我的书由内而外做了限制。"[12]

维特根斯坦的作品通过逻辑语言分析的办法,由"由内而外"对可以言说的空间做了范围限定。这个可以言说的范围仅仅涉及客观世界以及实际上可以有意义地进行言说的领域。自然科学的任务终究就是,对客观世界的情况做尽可能精确的理解。根据维特根斯坦的想法,自然科学的任务对象就是"与哲学没有任何关系的东西"。(《逻辑哲学论》6.53)在这样的背景下,对于维特根斯坦来说,难题,或者说更多的是真正的哲学解决办法,就存在于下面的这个观点里,更恰当地说,是在下面的这个**感觉**里:

6.52 我们觉得,即使所有可能的科学问题都悉数获得了解答,我们的人生问题还完全没有被触及到。自然,这时恰恰不再存在任何问题了;恰恰这就是答案。

只有那些人们可以有意义地言说以及在其现实状态中可以毫无疑问地去证明的东西——也就是所谓的事实,才应该对自己的生活来说是有意义的。当时充满积极基调的时代精神正是从上述这点出发的。而维特根斯坦应用了纯粹从科学角度来理解世界的一种基础方法——逻辑分析来告诉大家,恰恰相反,并不是事实才对生活有意义。能给生活和我们生活的世界真正赋予意义的所有一切,都在直接可以言说的界线之外。维特根

---

[12] 维特根斯坦,《写给路德维希·冯·费克尔的信》,第96页。

斯坦的哲学研究方法是严格按照科学方法进行的，但是他的道德观却是一种存在主义道德观。良好生活并不是建立在客观原因基础上，而是建立在极端主观的决定的基础上。良好生活存在于什么之内，这没法有意义地言说出来，而只能在具体的日常生活实践中显示出来。维特根斯坦在1919年做出的决定，正是要过一种良好的生活。

回到维也纳、回到原来生活的世界——如果这个原来的世界还存在，维特根斯坦无法想象这种回归。战争和哲学都没有把他从原来的哲学难解之谜和不幸中解救出来。他经历了战争，整个人都已经发生了变化，但是还没想明白所有问题。为了能够克服内心的混乱感，他在意大利"坎波卡西诺"战俘营的漫长时光里酝酿着非常极端的计划。第一，把自己的全部财产转让给哥哥姐姐们；第二，不再研究哲学；第三，通过诚实的劳动来谋生——长久过着贫穷生活。

心满意足的不幸

路德维希·维特根斯坦从战场回来几天之后，就坚定不移地实施了他的计划。这让他的哥哥姐姐们很担心，尤其是他的大姐赫尔梅娜。路德维希是在八月下旬回来的，在这几天，赫尔梅娜肯定害怕路德维希会像其他几个兄弟那样自杀，她又要失去一个弟弟。之前，赫尔梅娜已经有三个弟弟自杀身亡了，他们是约翰内斯（逝于1902年）、鲁道夫（逝于1904年）和库尔特（逝于1918年）。

自杀的三兄弟中年纪最大的是约翰内斯，他当时为了躲避家长制的父亲逃去了美洲，在一次情况不明的沉船事故中"溺亡"于佛罗里达。鲁道夫生于1888年，在兄弟中排行第三，他22岁时在柏林的一家餐馆用氰化钾服毒自杀。在他的绝命书中，他说是因为一个朋友的死而悲痛自绝。关于他自杀的原因还有另外的说法：性学家马格努斯·赫希菲尔德撰写了一篇个案研究，详述了一个未披露姓名的"同性恋大学生"，鲁道夫觉得这篇个案研究把自己确认为对象，自己已经被揭穿，他惧怕自己暴露身份并因此出丑。[13]还有康拉德，也叫库尔特，他的自杀充满了特别英雄式的悲剧色彩，他在1918年10月从意大利撤军的途中，也是在战争的最后阶段开枪自杀——因为他不想当意军的俘虏。

根据维特根斯坦家的标准，家中五个兄弟中排行第四的保罗情况还是不错的。就如家中所有孩子一样，保罗也拥有极高的音乐素养，他在一战爆发前很久就开始致力于成为一名音乐会钢琴家。在19世纪和20世纪之交，他的父亲在维特根斯坦家宫殿式的府邸里举办的音乐晚会，是当时维也纳上流社会生活的高潮之一。年轻的保罗拥有着过人的天赋。可是，在一战爆发的最初几个月里保罗就受了重伤，以致于必须要把右臂的大部分截肢。另外，他还落入了俄国战俘营，直到1916年才重获自由。他在回到家乡之后同样也在酝酿着具体的自杀计划，后来他通过无数练习研究出了自己特有的踩钢琴踏板技巧，即使独臂也能进行最高水平的钢琴演奏。这样他实际上就能够继续其作为音乐会钢琴家的事业，接着还取得了全球性成功。由

---

[13] 参看亚历山大·沃，2010年，第38页及其后几页。

此,他终于找到了新的生活意义,放弃了自杀念头。

如今,维特根斯坦兄弟中年纪最小的弟弟"鲁奇"(Luki)——家里人这么称呼路德维希·维特根斯坦——情况危急。鉴于以往的经验,大家都觉得更明智的办法就是要顺着路德维希的心意,不要去阻止他。尤其是因为,路德维希认为从军奔赴战场是唯一一种能够实施的慢性自杀。他在军队中顺利晋升,对军队统帅部反复强调自己的坚持,要尽可能去往最前线和最危险的地区作战。

路德维希在他的战争日记中不由自主地又回到了这样的想法:只有在直接濒近死亡的边界状态下,也就是在完全感知到自己存在的状态下,自我的真面目才会显现出来,尤其是自己(哪怕不属于任何宗教教派)是否相信上帝——以及由此是否具有获得幸福的能力,只有在这种边界状态下才能看得清楚。例如,1916年夏天,路德维希在加利西亚前线的记录就清晰表明了,在一战的战争岁月中,在路德维希的思想中,逻辑语言分析方面的想法和克尔凯郭尔以及托尔斯泰意义上的基督教——存在主义伦理学是多么紧密地咬合在一起:

> 为了幸福地生活,我必须和世界达成协调。这就**叫做**,"幸福着"。
>
> 我和来自外界的他者意志达成了所谓的一致,我看上去依赖于这种意志。也就是说,"我践行着上帝的意志"。[14]
>
> 对于死亡的恐惧就是虚假生活——即恶劣生活的最好

---

[14] 《维特根斯坦全集》第1卷,第169页,1916年7月8日日记。

证明。[15]

好与坏只有通过**主体**才会显现。而主体并不属于世界，而是世界的一个边界……

好和坏实质上只是自我，不是世界。而自我，自我是深度神秘的。[16]

1919年8月，路德维希肯定不再畏惧死亡了。一个像他那样的人，能否过上一种良好的、充满意义的，也就是幸福的生活？光是这个具有决定意义的问题就始终折磨着路德维希，使他内心充满怀疑。早在1919年9月5日，路德维希就着手实施他生活计划的下一个步骤，现在他变成了个赤贫的男人，开始在维也纳昆德曼巷的教师学院进行为期一年的小学教师培训。也就是说，再不从事哲学研究了。再不！

当时，马丁·海德格尔对维特根斯坦的新生活方式或者说存在方案毫不知情，否则维特根斯坦的选择有可能会动摇海德格尔新的生活根基。因为那时海德格尔刚从战场归来，他在未来的生活中只想做一件事情：从事哲学。

其他情况

"作为一个哲学家，生活不易。"1919年1月9日，刚从战

---

[15] 同上。
[16] 同上，第174页，1916年8月2日日记。

场归来的海德格尔在写给他慈父般的朋友和支持者恩格尔贝特·克雷布斯的信中曾这么说道。因为"哲学家得面对内在真理,当教师也跟追求内在真理有关,为的也是追求真理,这要求哲学家牺牲、放弃和斗争,所有这些都是一个从事技术行业的工匠无需面对的。"[17] 毫无疑问是这样的,海德格尔这么说是认真的。哲学家的职业对象是自己、自己的思想、自己的道路。"我相信,"海德格尔继续写道,"从事哲学是我的内在使命。"

一战爆发的最初几年,海德格尔由于心脏病(自我诊断:"年轻时过度的体育锻炼!")暂时免除兵役,在1918年8月到11月,也就是战争的最后几个月时间里,海德格尔在414气象站服兵役,他的身份是气象工作者。在马恩河—香槟战役中,海德格尔在一个地势稍高的瞭望岗哨工作,为德军使用毒气进行预测支持。海德格尔并没有参加实际的战斗。他最多只是用望远镜仔细查看着,数千德国士兵从战壕中冲出来,奔赴无可避免的死亡。在海德格尔的私人记录和信件中,我们读不到他对战争的厌恶之情。在这段服兵役期间,如果海德格尔谈到了"牺牲"、"放弃"和"斗争"等内容,那他主要指的是他自己、他的学术状况和个人生活状况。

从1917年冬天起,海德格尔真正的前线并不在欧洲阿登山脉的战场上,而是在他自己家里。这条真正的前线并不是国家间的,也不是地缘政治方面的,而是宗教上的。作为一个精神动力来自宗教的天主教哲学家,海德格尔在现实中"生活"很是"不易"——也就是说,取得事业上的成功。尤其不易的还有,

---

[17] 转引自H. 奥特,1988年,第107页。

跳 跃

海德格尔的妻子是个新教徒，此事还处在保密状态。他的妻子不愿遵守早前天主教的婚姻传统，不愿意改信天主教，也不愿腹中正怀着的孩子将来受洗天主教。

两侧无掩护

今天人们很难去衡量，不同宗教信仰间的联姻在1919年、在海德格尔狭小的生活圈和职业圈里是怎样一桩丑闻，更不用说在海德格尔那对信仰特别严格的父母眼里了。几个月来，海德格尔一次又一次在信中动情地向父母保证，作为儿子，还有将来的孙子，他们会更加仔细地观察自己的灵魂救赎，无论如何，他们都不会放弃灵魂救赎。

海德格尔的婚姻绝对是个问题——很快就会变成难题。在这段婚姻中，教堂司事的儿子海德格尔看上去还是找到了非常理想的结婚对象，起码从纯经济角度来看是这样。海德格尔的妻子叫特亚·埃尔福丽德·佩特里，出身普鲁士上层军官家庭，经济条件优渥，于1915年来到弗莱堡学习国民经济学。由于她家庭经济实力雄厚，埃尔福丽德的父母可以在一战的最后几年里一直资助女儿女婿。战争结束后，佩特里家——如同其他几百万德国人一样将财产投资到战时公债上——也遭受了严重经济损失，他们感觉接下来无力再继续支持身在弗莱堡的女儿女婿了。[18]

---

[18] 同上，第106页及其后几页。

因此，当海德格尔1918年11月从前线归来时，他感到经济方面的深渊近在眼前。如果他还想继续以哲学家作为谋生职业，就急需一份稳定收入，也就是一个职位。这意味着，他需要重新找到一个愿意帮助他的人。如今，他还想在弗莱堡大学神学系借助一个教会奖学金申请私人讲师的教学资格，看来是再不可能了。早在1916年，海德格尔在教会圈子里就被视作尚不成熟，此外还靠不住。在当时的聘任程序中，尽管神学系主任克雷布斯极力支持海德格尔，最终海德格尔还是被明显忽视了。如今，他与弗莱堡大学神学系最后的联系也被砍断了。

因此，海德格尔在弗莱堡的学术希望就完全建立在获得哲学教席的基础上了，也就是寄托在现象学专业的实际建立者和领导者——埃德蒙德·胡塞尔身上。胡塞尔是一个以纯科学为导向的哲学家，他对具有宗教背景的思想家持高度怀疑态度。这样，海德格尔在求职最初阶段遇到了不少困难。1916年至1917年间，一个是功成名就的大师，一个是具有魅力的年轻学徒，胡塞尔还根本不想把海德格尔当回事儿。直到1917年至1918年冬天，胡塞尔对海德格尔有了相对深入的了解之后，很快就愿意直接支持他。1919年1月9日，海德格尔给他的教会好友恩格尔贝特·克雷布斯写信，信的开头感情激昂。他这么写道："认识论的那些洞见使天主教的**体系**对我来说问题多多，不可接受。"年轻的思想家海德格尔写下这些话，实际上是证明了他的人生可能经历了一次具有决定意义的转向。冷静些来看，这封信其实体现了海德格尔作为一个想要取得事业成功的哲学家在认识论方面目标准确地耍了个手段。他在详细考察了当时的整体情况后，得出了这样的结论：明确表态放弃天主教信仰,才能抓住他当时最后的学术机会。就在海德格尔给克雷布斯写这封信的前两天,胡塞尔自己去找位于卡尔斯鲁尔的教育部门进行沟通,要为海德格尔争取一份拥有全年固定工资的助教职位。因为如果不给海德格尔提供这么个职位的话,他就会"去找一份能赚到钱的职业"了,哲学界就会流失一个非同寻常的天才。[19]

在本雅明对"性格"与"命运"、"内在气质"与"外在条件"关系的论述中,海德格尔对"天主教**体系**"的背弃看上去首先说明了一点:这种背弃是极度合乎逻辑的。人们几乎可以说,富有体系逻辑性。

胡塞尔在卡尔斯鲁尔的活动还是如愿成功了。虽然教育部门最开始扭扭捏捏拒绝,最终还是同意过后给海德格尔安排一个全职助手的职位(到1920年秋季才能保证提供这个岗位),另外现在就批准了一个带薪讲师的合同。由此,海德格尔的哲学职业暂时获救。从今往后,海德格尔可以不再带有天主教的固有背景进行思考。弗莱堡的战时研究班从1919年1月25日就开始了。海德格尔有整整三周时间可以为新学期课程做准备。在讲座课开始前的仅仅四天,海德格尔的长子约尔格出生了。

没有观点的世界

与诸如慕尼黑和柏林这些大城市比起来,人们在弗莱堡的

---

[19] 同上,第114页。

生活还算是好的。弗莱堡的郊区都是农村，食物紧缺情况不太严重，在近几个月以来的市民革命和街道战斗中，弗莱堡也没有受到波及。不过，1919年海德格尔在讲台边第一次给学生上讲座课的样子，应该也不是振奋人心的。在他面前分散坐着的主要是一些遭遇了打击的男士们，其中许多早已过了大学生的年纪，他们还来求学，是希望从中看到未来的希望。他们怎样才能到达自己向往的未来呢？去与未来主动对话？唤醒未来的希望？还是逃到充满抽象和冷僻问题的象牙塔中？抑或是给当下时刻和身处此地一个吻合实际经验的解释？年轻的讲师海德格尔决定双管齐下。由此，他给哲学献上了最伟大的一堂课。[20]

按照之前公布的讲座课表，海德格尔本应该讲授康德的相关内容。但是在上课前最后一刻，他决定要换一下主题。新的讲演稿题为《哲学的观念与世界观问题》[21]。换句话说，这个讲演稿的主题是，作为独立知识学科的哲学有着怎样的自我认识：在以经验为依据的自然科学方法和解释之外，且首先在各种世界观著作流派之外——这些流派在这段时间占有特别的统领地位。比如奥斯瓦尔德·斯宾格勒在《西方的没落》中对文明做出的重大阐发。哲学的目标和方法不同于自然科学的目标和方法，这点看上去已经足够清楚了。那自然科学和粘附有价值观念的世界观结构之间，区别又在哪里？这二者之间是否真的存在本质区别？

---

[20] 特别是吕迪格尔·萨弗兰斯基在其2001年出版的著作第112页及其后几页中强调了本次讲座课对于海德格尔思想道路的核心意义。此处阐述根据的是萨弗兰斯基分析的实质内容。
[21] 《海德格尔全集》第56/57卷，第3—117页。

跳跃

如果人们跟随胡塞尔的现象学思路，那么答案就是明确的"是"。因为现象学的出众之处正是在阐明世界时严格的方法论程序。这种程序和自然科学的区别首先在于，现象学并不是致力于解释或者预言现象的发生过程，而是根据现象的实际情况，尽可能客观和不带价值判断地去理解这些现象。在"回到事情本身！"的助威声中，现象学寻求成为一门**前理论的原初科学**，就如海德格尔称呼它的那样。所谓前理论的原初科学，就是在所有自然科学之前的精确经验基础，特别是在所有被偏见所扭曲的世界观和意识形态之前。

原科学家

作为胡塞尔的新助手，海德格尔在他第一堂讲座课中就找到并开始走上了这样的哲学道路。从海德格尔的思路来看，若用最简单的方式来表达现象学的基本问题，就是：有东西吗？如果答案是"是"，那么对于我们的意识来说，"它"是以一种什么方式存在的？它如何体现出来？大学讲师海德格尔把这个针对"有"的原初问题称作哲学方面"问题体验"，这种叫法也不是没有言外之意，它暗示着1914年一战开始时那段跌跌撞撞的"八月体验"。我们来听听海德格尔自己是怎么说的：

§ 13. 问题体验：有东西吗？

在问句"有……吗？"中，就已经有着某个东西了。我们的整个难题已经来到了一个决定性的地方，这个地方因其贫瘠而根本没给人留下这种印象。一切都取决于……我们怎么理解这个"贫瘠"的意义，并且停留在这种贫瘠的状况中……我们正站在方法论的十字路口，这个十字路口根本上决定着哲学的生与死：我们正站在深渊边上，要么步入虚无，也就是步入绝对的客观事实性中，要么成功跳入另一个世界，更确切地说，终于首次进入了世界。……若我们假定，我们根本就不在此。要是这样，那么这些问题就不存在了……[22]

这之后没多久，海德格尔再次更准确仔细地说明了问题的驱动力，这种驱动力决定了一切：

什么叫做："有"？

有数字，有三角形，有伦勃朗的画，有潜水艇；我说，今天还有雨，明天有煎小牛肉。多样的"有"，而且每每具有不同的意义，但在每一个"有"中又总可以看到同一的含义要素。……继续这么说：问题问的是，有东西吗？并不是在问，是否有椅子或者桌子，是否有房屋和树木，是否有莫扎特的奏鸣曲或者宗教力量；而是在问，是否确实有着一般东西。就像之前说过的那样：一般东西，它的意思是什么？人们想说的是，这是一般对象具有的一个非常普遍的东西，最普遍的东西。关于它，可以说，它是东西——当我那么说时，我说出的是对象的可说出的最小值。在没有任何前提条

---

[22] 同上，第63—64页。

件的情况下,我无条件地面对着它。[23]

29岁的海德格尔站在那儿,他作为学院哲学家正在上他的第一堂讲座课。他由于内心十分坚定而声音颤抖,他用这颤抖的声音要求他的学生们用德语中看上去最蹩脚的表达之一来认识哲学的命运问题。是谁正站在那里讲话呢:是个小丑?魔术师?还是预言家?

在此,值得在海德格尔战后第一堂讲座课中给出的这个关键段落多停留一会儿,这个关键段落可说是海德格尔整个此在哲学的原细胞。如果人们根据海德格尔的要求,在"有"这个表述上多停留一会儿——同时以沉思的方式埋头思考"有"的可能应用和含义——那么就会发现这个"有"的表述实际上是一个特别有深度的谜:"有"到底是什么意思?它的真实含义何在?最终这个"有"在它的最普遍形式上适用于所有和每个对象。直截了当地说,就是适用于存在的所有对象。

刚好十年之后,海德格尔将在同样的地方声称,他整个哲学的核心不是别的,就是研究"存在"这个词的意义是什么。他也将站在当年弗莱堡大学的同一个讲台边上宣布,他是2500年来重新发现和唤醒"存在"意义的第一人,尤其是"存在"对于所有人具体生活和思想的含义。这种富有戏剧性的说法,其实可以追溯到1919年,当时海德格尔说,关于"有"的问题是一个决定了"哲学生死"的"真正的十字路口"。

如果人们决定要在"实事性"上做个分叉,把关于"有"的问

---

[23] 同上,第67—68页。

题完全交给自然科学，那么哲学就会面临一个危险的命运，就像维特根斯坦断定的那样：哲学会变得多余，在最好的情况下也只能成为自然科学的仆人。最差的情况则是哲学堕落成一门毫无根据的学问，其价值观基础是错误的、带有偏见的。海德格尔把这种价值观基础和世界观的哲学概念联系到一起。哲学的命运如何，这全部取决于是否可以成功地"跳"入另一个世界，"跳"入另一种哲学思考，也由此"跳"入对存在的另一种理解。也就是说，走上第三条道路。

没有不在场证明

海德格尔选择的概念"跳跃"是索伦·克尔凯郭尔宗教哲学的一个核心概念。这个概念已经表明，"跳跃"是拯救哲学的可能性之一，它在海德格尔这里并不是一个纯逻辑性、论证性或者理性驱动的选择。"跳跃"更多的是一种渴望更多东西和渴望他者的决定。也就是说，这种决定的基础首先不是理由，而是意志和勇气，但主要是具体的自我经验。这有些像是宗教信仰转变的经历：一种使命。

在上述海德格尔的论述中，还出现了对于海德格尔后来的思想具有绝对决定性作用的第二个要素"问题体验"。海德格尔关于"问题体验"的思路隐藏在这样一个推想之后：作为人类的"我们"是根本不"在此"的。也就是不在这个世界上。那然后会怎样呢？

然后，海德格尔就得出了这样的结论：那么"有东西吗？"

这个问题也就不存在了。换句话说，我们人类是唯一可以对自己提出如下这些问题的存在物：有东西吗？存在的意义是什么？只有对于我们人类来说，存在的所有一切，因为其存在，所以才"在此"——正因为如此，所有存在的东西才成为问题。只有对我们来说，才谈得上"有"一个世界。因此，很快海德格尔就用"此在"的概念取代了"人"的概念。

新的王国

　　坐在海德格尔面前的听众饱受战争带来的创伤。在第一堂讲座课上，海德格尔就已经毫无保留地告诉了听众，存在着"另外"一个世界的可能——一个真正进行哲学提问的世界和生活方式。因为他尤其在关于"跳跃"的讲话中就把这个信息传达给听众了。要跳入新世界，占领新王国，只能由每个个体自身亲力亲为地去做。在通向哲学的道路上谁都没法不在场。要引导跳跃、使跳跃成为可能，靠的不是抽象的传授，或者纯粹站在讲台边上讲授，而必须由每个个体自己从内心而发，去经历、去领会，跳跃的引导方式和实现的可能性必然会显现在具体生活中。

　　海德格尔想通过问题体验来开辟"前理论原初科学"的道路。这种前理论的原初科学不再是传统意义上的科学，它的目标不仅仅是描述给定的对象，也就是说它要用一种在根本上不同的方式来理解给定对象的存在方式，也由此来理解自我的状况。人们早在1919年春天就能看到，海德格尔的思想是如何受到"存在问题"（存在论）和"此在问题"（存在主义）的交叉影响，这种交叉又是密不可分的。海德格尔讲座课的结束语是这么说的：

> 哲学只有通过全然专注于生命本身才能取得进步……哲学没有半点儿自欺，是一门绝对诚实的科学。哲学中没有废话空话，只有可以理解的步伐；哲学中没有彼此争吵的理论，只有真实洞察和虚假洞察之间的争论。而真实的洞察如何获得？只能通过诚实和毫无保留地专心致志于自在生命的真实性中，终归只能通过个人生命本身的真实性，才能获得真实的洞察。[24]

存在论和存在主义交叉在一起，这种交叉同时在战争经历丰富的路德维希·维特根斯坦的思想中也能找到。不管是在海德格尔身上，还是在维特根斯坦身上，这种存在论和存在主义的交叉具有同样的极端性和不妥协性。

对本有的忠诚

1919年，年轻的哲学家们面临着一种特殊的挑战，人们可以这么来理解此种特殊挑战：有一种生活方式，它已经超越了"命运与性格"的决定性"框架"，为什么要选择这样的生活方

---

[24] 同上，第220页。

式？现在正需要人们为自己和为自己那代人给出理由。放到具体的人生经历上，这首先意味着要敢于冒着失败的危险，从迄今为止具有引领作用的结构（家庭、宗教、民族和资本主义）中突围出来。第二，这种生活方式意味着找到一种存在模式，这种存在模式可以对战争经历带来的紧张力进行加工，将其转化到思考和日常此在的领域中。

  本雅明想通过浪漫的手段——通过对所有一切进行批评从而推进一切——来实现生活方式的更新。维特根斯坦则想要达到这样的目标：他在面临最强烈死亡恐惧的时候感受到了全然神秘的平静和与世界的和解，他希望能够把这些短暂的感受延长到日常生活中去。海德格尔在1919年的自我境遇中给自己提出了一个任务，人们可以这样来描述这个任务：海德格尔目前已经存在的自我形象是一个"狂野思想家"，在这样的背景下他在寻找一种方式，可以将战争经历带来的紧张感和平凡的日常进行和解，使两者可以和平共处。对于海德格尔来说，战争带来的紧张感和思考的紧张感具有基本相似性。一方面是一种处在思考风暴中的生活，另一方面是日常生活，所谓和解指的是这两种生活之间的和解。而早在1919年，海德格尔的任务就对（紧张和日常之间的）边界特点提出了所有要求：于是，海德格尔在1919年5月1日写给伊丽莎白·布洛赫曼（她是海德格尔夫人长年最好的朋友）信中这么写道：

    我们得对有意义生活的高度紧张感做好心理准备——而且我们必须在这种紧张感中持续生活——我们并非要尽情享受这种紧张感，而是更多地要把它构造成生活的一部分——

在生活的推进中带着这种紧张感一起生活，并将其纳入未来生活的律动中去。[25]

一个有稳定恋爱对象的男士如果用更为哲学的方式，就很少会这么解释：恋爱关系之外的桃色事件只限于少数几次拥有"高度紧张感"的碰面。但是，海德格尔如同迷恋于情欲一样迷恋着思考：他要给自己留有机会，让自己拥有伟大的瞬间，让自己可以真正体验到洞察的发生，以所谓忠诚于伟大的本有的方式来度过此在的余生。对于这种忠诚来说——在他此在中唯一令他感兴趣的忠诚——他想要必须做到一点：自由。在思考中、在行为中、在恋爱中，都得自由。1919年春天，他终于开始从锁链中挣脱出来：从天主教义体系、从父母家、从他的婚姻，以及——如果人们仔细观察的话——从胡塞尔的现象学中挣脱出来。

德式美德

恩斯特·卡西尔在战后第一个学期也面临着挑战，他当时在柏林弗里德里希·威廉大学（今天的洪堡大学）担任私人讲师已经是第十三个年头。根据他夫人的回忆，在1919年1月最开始的几周里，"柏林街上能听到很多枪声，恩斯特经常得在（斯巴达克同盟起义）机关枪的枪林弹雨中去往学校，教授讲座课。有一次发生在街上的战斗把学校教学楼的电线给打断了，当时

---

[25] J. W. 施托尔克，1990年，第14页。

恩斯特正在上课。他过后很喜欢给别人讲述，他当时是怎样询问学生意见，是要结束上课，还是继续往下读呢，学生们又是怎样异口同声回答说'接着读'……因此恩斯特最后是在漆黑的大教室里结束了这次讲座课，此时还能听到外面连续不断的机关枪射击声"。[26]

这里，一个人在最危急情况下所展现的，不正是海德格尔和维特根斯坦所称赞的，他们思想期望的完美结果吗？——对自己行为的价值产生一种深度的内化信任，一种不可辩驳的姿态和自决，简而言之，真实的、真正的、适合于命运的那种性格。毫无疑问，是的。然而，卡西尔的行为是最不符合上述说法的一个例子。因为在当时以例如奥斯瓦尔德·斯宾格勒、奥托·魏宁格或路德维希·克拉格斯等流行哲学家为核心的圈子里，世界观是保守的，他们的中心概念是"性格"，但是卡西尔仅仅出于政治原因，尽量不想和"性格"这个概念扯上关系。卡西尔坚信，将性格概念加之于哲学——特别是以民族性格的形式——就悄悄地将一种民族沙文主义的修辞学以及一种归根结底远离自由的、对"本真性"和"真正的本质特点"的狂热崇拜交给了哲学。恰是这种哲学由此激发出了欧洲那些精神—政治力量，这些力量使世界大战进入蓄势待发的准备阶段，无可避免；也使世界大战看上去像是欧洲不同文化之间一种命中注定的幸存之战。有些人认为，"一个人"的真实"性格"或者"一个民族的本质特点"是那种从内心的最深处来决定所有行为的东西——或者也许是那种在极限情况下显示出来并且始终证明自己可靠

---

[26] 托妮·卡西尔，2003年，第120—121页。

的东西——对于卡西尔来说，这些人首先表现出了极端的糊涂，没弄清楚情况。在卡西尔的世界中，这也特别叫做：非常不像德国人。

1916年，在一战肆虐、战争接近高潮时，卡西尔正是持这样的抨击立场完成了一部名为《自由与形式——德国精神史研究》的著作。这本著作的关键地方是这么写的：

> 因为人们自然应该清楚地知道，只要人们提出了这样的问题：什么是一个民族精神"本质"的固有特点？那么，其实这就已经涉及形而上学与一般认识批判中最深、最难的问题。……"因为实际上，"如歌德在其《颜色论》前言中谈到的那样，"我们正在徒劳地想要表达出一个东西的本质是什么。我们可以觉察到一个东西产生的效果，这些效果的完整历史充其量可以包含这个东西的本质。我们徒劳地努力，想要去描绘一个人的性格；与此相反，当我们把一个人的行为、做过的事情排列到一起，那么一幅性格的画面就会呈现在我们面前。"[27]

带着价值观色彩去探寻一个人的"真实性格"和"内在"，这最终都会宿命般指向形而上学方面的基本设想。但是卡西尔的思想——他在思考过程中追随着两位永恒的哲学指路星康德和歌德——宁愿拒绝实质性的内在本质特点。如果我们把自己当成是感性的、有限的理智生物，那么卡西尔给出了一个温和的

---

[27] 《卡西尔文集》第7卷，第389页。

跳 跃

建议，我们在进行判断时得更加明智地面对显而易见的事情：一个东西是什么，一个人是谁，这显示在一个东西或者一个人的所有行为中，以及对其他东西和对其他人的作用中。换句话说，这个东西或者人的本质并不是一开始就抽象地确定好了，最后再颁布出这个确定好的规则使其执行，或者用魔法召唤出这种本质，而是一直在各个给定的情境中不断显示出来，并证明是可靠的。

卡西尔坚信，特别是因为糟糕的形而上学，还有对人类本质问题的一种很"不德式"的错误回答，导致了这次世界大战及其灾难。由此，人们可以很容易想象，为什么战后卡西尔要在大学讲堂上做到最好，将最好的东西传达给学生。从他的观点来看，人应当具备这样的基本能力：在最危急的状况中忠诚于自己的哲学理想，要把自己的哲学理想尽可能清晰可见地展现给他人。而对于卡西尔来说，这个哲学理想就是：要尽可能独立自主地显示自身。也就是说，要为了自己和其他人去培养这样的方法和能力，可以让自己成为生活的积极创造者，而不是一个纯粹消极的生活伙伴。用自己的创造消除对他者的依赖。用客观原因而不是内心最深处的本真性。卡西尔坚定认为这是德国文化对人类普遍观念做出的实际贡献。熠熠发光地体现出这种哲学理想的，正是卡西尔的哲学指路星：康德和歌德。

不被喜欢的人

1919年冬天，还看不到德国文化向学者卡西尔显示出特别慷慨仁慈的一面。这年是卡西尔在柏林大学担任教师的第十三年，虽说此时他已经是受到国际认可的学者，可他依旧还只是所谓的"编外教授"，没有被正式录用为公职人员，没有给学生进行考试的权利，哲学家只是第二职业。在柏林的电话本中，他登记的信息还是实事求是的"私人讲师"。[28] 一次又一次，每当出现评选教授的机会时，卡西尔总是被忽视，他也习惯于这么给他的妻子解释："我总不能强迫他们喜欢我吧，事实上他们就是不喜欢我啊"。在过去几年中，卡西尔已经写出了好几本高水准的著作，其中最有分量的就是《实体概念和功能概念》（1911年出版）[29]；在卡西尔的哲学老师和支持者赫尔曼·柯亨逝世后，1918年卡西尔就成为了新康德主义"马尔堡学派"毫无争议的领军人物，而且他就算不是当时最具引领作用的康德专家，那起码也是其中之一。在学术职业前景方面，战争岁月打下的烙印对于卡西尔来说自然更多地成了障碍，而不是好处。在民族主义的保守圈子里，以柯亨和卡西尔为核心的马尔堡学派学者越来越明显地遭到质疑。有人认为，他们作为"犹太学者"正在将康德真正的学说和影响与其"真正的"也就是说"德国的根源"疏远，并将后者清除。早在一战时期，民族主义讨论中的收缩倾向已经继续加重了国内的反犹太主义——例如1916年在德国军队中进行的"清点犹太人"活动。这种反犹氛围随着美国参战变得更加浓厚，还一直持续到了战后。在这样的背景下，"卡西尔"是一个来自富裕市民阶层的德国—犹太家族典型姓

---

[28] 参看T. 梅尔，2006年，第81页。
[29] 《卡西尔文集》第6卷。

氏，这个家族的成员在柏林经济生活和文化生活中都占据着中心位置：工厂主、工业家、工程师、出版商、医生、艺术收藏家，以及哲学家。[30] 卡西尔家族是被"同化和吸收"入德国社会的典范，而正因为如此，出于德意志民族本质逻辑的特殊"内部原因"，卡西尔家族特别令人怀疑。[31]

触电般的激奋

那么战争呢？卡西尔患有牛皮癣，牛皮癣病人在身穿军队制服时必定会出现极度痛苦的皮肤瘙痒症状。因此，卡西尔在战争爆发的第一年就被确定为长久不适合服兵役。但是，1916年他在帝国新闻办公室的"法国部"服务。他的工作职责除了要写作短文和传单之外，还得阅读和搜集法语报纸上的报道，接着还要根据是否适合德国战争宣传，对这些报道根据需要进行缩写或者改写。这份工作的难度不大，要求不高，但是在精神上却是一份令人觉得受辱的工作，尤其是对于像恩斯特·卡西尔这样一个信念坚定的欧洲公民来说。

不过这份工作也是有一定好处的，它起码能够给卡西尔足够的自由空间，把每天下午的时间用在自己的工作和项目上面，用写文章的方式来反击这份说谎的差事。作为他反击武器的文章有之前已经提到过的著作《自由与形式》，还有论文《论欧洲

---

[30] 若要了解卡西尔家族史，可参阅 S. 鲍辛格，2015 年。
[31] 相关情况，推荐参阅 P. 莱奥，2013 年。

对于德国文化的反应》。无论如何，康德和歌德都应该可以为卡西尔感到骄傲。让康德和歌德可以为他骄傲，这也是卡西尔在所有情境之下的座右铭。任何情况下，卡西尔都会竭尽全力一步也不偏离自己的座右铭。就算是在从柏林西郊家中开往市中心那总是很拥挤的有轨电车中，早晨去往市中心耗时一个半小时，傍晚回家亦是，在这整个路途过程中，卡西尔一次也没有偏离自己的座右铭。他的妻子这么回忆道：

> 我偶尔几次和卡西尔一起坐有轨电车，我观察到，他在电车这种很夸张的场景里依旧能够工作。他从来就没想着要找个座位坐下，因为他很确定，就算他找到了座位，很快就又得把座位让给女士、老人和因战争致残的人士。他会挤过人群去到车厢的最末端，在一个最为狭小的地方站着，一只手抓住扶手避免摔倒，另一只手拿着书读。嘈杂的声音、拥挤的人群、刺眼的灯光、难闻的空气——这些都妨碍不了卡西尔读书。[32]

这便是卡西尔在电车中的积极形象。事实上，他写作三卷本《符号形式的哲学》的大致计划就是在电车中构想出来的，还写出了大概的提纲。后来，从1919年开始，卡西尔花了十年时间集中精力进行写作，完成了写作计划。《符号形式的哲学》这部著作的第一版提纲写在八张窄窄的纸上，落款日期是1917年6月13日，这些提纲见证了一个天才想法的诞生，令人印象深

---

[32] 托妮·卡西尔，2003年，第120页。

刻。这个天才想法肯定是在卡西尔坐着电车穿越柏林的途中突然产生的——这些提纲亦见证了卡西尔几乎算得上超人的阅读量,这些阅读量是他在接下来两年中在电车中完成的。[33]1919年冬天,卡西尔不用再去新闻办公室上班了,而是又得冒着斯巴达克同盟起义机关枪的枪林弹雨去大学授课。这个时候,他已经着手写作《符号形式的哲学》的第一稿,内容是人类语言现象作为所有符号形式的真正基础。在这段时间,卡西尔确信自己是在写作一部伟大的著作,是在加工创作他生命中真正的想法。并且,就如命运的召唤一样,在1919年5月——当年一月份被杀害的罗莎·卢森堡的尸体,那几天被人从施普雷河中捞出来——一封来自刚建立的汉堡大学的信件也寄到了卡西尔手中。卡西尔是这么回复这封信的:

致威廉·施特恩的信,1919年5月30日
尊敬的施特恩先生!
衷心感谢您于5月22日写给我的信。我于几天前从大学收到您的这封信,收到信时,我正染流感卧病在床,所以延迟了几天才写这封回信。对于您的好意,我当然非常感谢,您也不用担心您由于期待我的到来、我还无法给出确定的答复,会让我感到不安。从根本上来说——也根据我最近的经验来说——我在这个方面会超出大家的希望,也会超出大家的失望。不过我也不想否认,在眼前不确定的未来中,可以得到一个稳定的学术职位是现的在我特别希望的。我将

---

[33] 相关的证明可参阅A.舒伯巴赫,2016年,第33页及其后几页上的研究。

非常感谢您在这件事情上为我推进的每一步。[34]

卡西尔终于等到了一个内心呼唤已久的、属于自己的教授职位。从信件这种文体的规则来看，卡西尔寄往汉堡的回信非常明确地表达了一个意思：我当然会来汉堡啦！而且，对了，在此期间我是急用钱的！令人担忧的是，战争让卡西尔家财产严重缩水。卡西尔家族来自布雷斯劳，他们在布雷斯劳的大型工厂现在已经位于原来的帝国边界之外，落入了波兰手中。但是最重要的是，卡西尔在哲学上早已准备跳槽。他在给发展心理学家威廉·施特恩——也是当时汉堡大学聘任委员会的领导——的第二封回信中，告诉施特恩，他最近加强了在语言哲学方面的研究。双方的协商顺利完成。早在1919年8月，卡西尔就在汉堡市舒适的温特胡德区购买了房屋。同年10月，卡西尔携妻子和三个孩子出发前往汉堡，开始了一段新生活。

---

[34] 《卡西尔文集》第18卷，第36页。

III
语言

1919—1920

维特根斯坦置身于风暴中,
海德格尔获悉了完全真理,
卡西尔寻找着他的形式,
而本雅明在翻译上帝

形象地表达

"人不能规定一个符号可能被用来表达什么。一个符号能表达的所有东西，它都可以表达。"[1]1919年8月末，路德维希·维特根斯坦在给他的朋友、也是他以前的老师伯特兰·罗素写信时这么说道。在维特根斯坦眼中，罗素是当时这人世间剩下的唯一可能读懂他作品的人了。

维特根斯坦试图清楚回答的具体语言哲学问题，涉及罗素提出的一个异议。罗素在"彻底读了两遍"维特根斯坦著作手稿之后，在符号使用的规则方面提出了和维特根斯坦不同的看法。这些规则确定了在维特根斯坦的逻辑符号系统中，什么情况下可以使用一个符号。根据维特根斯坦的观点，这个符号系统是每个有意义表达的基础。当然，人们容易想到，维特根斯坦写下的这些句子也可以解读成是他对自己生活境况的一种倔强辩护。这些天里，维特根斯坦做出了疯狂的决定，他为了做自己，成为自己的符号，选择了远离常规、远离期待和远离原本人生轨迹的道路，这样的人生道路赋予了他迄今为止存在的意义。他和自己的财产做了分离，通过自我贫化才能自由地开展一个极端的新开始，这对于他最亲密的朋友和亲戚来说可能还是尚可理解的。但是维特根斯坦下一步的职业新选择，故意要否定和放弃自己的天赋，这令他的哥哥姐姐感到诧异。维特根斯坦的大姐、也是他最亲密的姐姐赫尔梅娜回忆道：

---

[1] 《维特根斯坦通信集》，第90页。

我自己最开始根本无法理解他做出的第二个决定,即他选择了一个很不起眼的职业,可能就是去当一名乡村小学教师。因为我们姐弟之间聊天时很经常用比喻来彼此沟通,于是我当时就在一次长谈中跟他说:他拥有经过哲学训练的头脑,当我想象他这样一个人,要去做小学教师,就如一件精密工具被用来撬开木质货箱一样。路德维希同样是用一个比喻来回答我的,他的比喻令我无言以对。他是这么说的:"你让我想到一个从紧闭的窗户向外看的人,他解释不了看到的某个过路人做出的奇怪动作,因为他意识不到一场风暴正在窗外肆虐,而那名路人其实只是在竭力使自己站稳脚跟而已。"[2]

在以上这幅思想图像中,人们看到了一幅姐姐对天才弟弟的速写。实际上,对路德维希的存在起决定性作用的全部问题和全部解决之道,都集中在这段回忆里了。

维特根斯坦从青春时代开始就深刻地感觉到,自己同周围其他人之间像是被一堵看不见的墙或是一面玻璃给隔开了。这是一种令人不安的感受,知道自己和其他人从根本上是不一样的,这种感受随着战争年代的经历再次得到了加强和加深。当这种感觉发展到巅峰阶段时,就强化成为一种思想上的被排除感(或者更确切地说是一种闭锁综合症),使自己整个生活置于一种无意义的嫌疑之中,这种嫌疑几乎无法消除。最终就会导致于外在表现上完全失去行动能力,而在内心层面就如一场场

---

[2] 赫尔梅娜·维特根斯坦,2015 年,第 158 页。

冰风暴在怒吼呼啸。

在较新的研究中曾经有人考虑到，维特根斯坦有可能患有某种形式的自闭症，[3] 从 1992 年开始，此形式的自闭症被称为"阿斯伯格综合症"：这是一种幼儿时期的发育障碍，伴随"阿斯伯格综合症"出现学者症候群的例子并不少见，例如在分析数学领域或者音乐领域拥有过人的天赋；另外，在日常生活中，"阿斯伯格综合症"表现为固定的行为模式和严重受限的社交能力。对，维特根斯坦有可能是患有"阿斯伯格综合症"。无论如何，当有人说出这种隐喻的话语，说有"墙"、"窗户"或甚至是"高墙"之类的东西把自己的体验和其他人的世界隔开了，那么这些隐喻的表达就属于一个抑郁症患者最典型的自我描述了。维特根斯坦在 1919 年至 1921 年的记录和信件中总是提到想要通过自杀得以解脱，对此，人们毫无疑问可以得出结论：维特根斯坦在这些年月中经历了严重的抑郁阶段。

自己想要进入所谓的外界、融入"外面"的所有其他人当中，但是进入外界的入口有可能已经从根本上被干扰和堵住了，这种猜测简直就是西方哲学的基础性怀疑，而且这种猜测表面上好像和临床诊断的怀疑没有关系：有没有什么把我们和事物的真实特征隔开了呢？有没有什么把我们自己的经历和他人的感受隔开了呢？如果有的话，那这个"什么"会是谁或是什么东西呢？

柏拉图的洞穴之喻就已是源自这样的设想：我们日常感知到的这个世界，实际上可能只是一个由真实世界的影子组成的

---

[3] M. 菲茨杰拉德，2000 年。

一个虚假世界。或者,为了更加具体地理解维特根斯坦所比喻的站在"紧闭的窗户"之后向外看的那个人,让我们联想一下现代认识论和主体哲学真正的奠基之作——勒内·笛卡尔发表于1641年的《第一哲学沉思集》。

在这部具有划时代意义的著作中,笛卡尔开始进行他的哲学怀疑实验:他站在自家的壁炉房间里往街上看去,他一开始眼神无辜,他怀疑,那些雨中在街上奔跑而过的人们真的就是人吗——或者那些"人"是否有可能只是穿着大衣、戴着帽子的"机器"呢?[4] 一个作为思考主体的人,就如同被隔绝在自己大脑的"玻璃窗"之后,他能看到其他人,但是能知道其他人内心发生了些什么吗?此时其他人内心正在肆虐着什么样的风暴?还是说其他人内心没有任何活动——实际上他们内心充满着全然持续的平静呢?

维也纳之桥

维特根斯坦回答赫尔梅娜的话,使认识论基本问题中最令人敬畏的一个哲学画面活跃了起来。这指的是,人可能被自己的主观经验完全锁闭在一个自身的内部空间内,这样的一个主体能在多大程度上获取对外部世界和对其他人内在的可靠认知呢?维特根斯坦提出的这个质疑,是他自己在最日常的生活中、在与外界的互动中——即在他与世界的整体关系中——

---

[4] 勒内·笛卡尔,1965年,第29页。

一直存在的、也是最紧迫的问题。对于一个从战场归来的人来说更是如此。维特根斯坦在过去七年中几乎把他所有精神能量都奉献出来，努力给自己的思考——**包括对于这个问题的**思考——赋予一个尽可能清晰和不令人误解的形式：也就是使他的思考以《逻辑哲学论》的形态出现了。

1919年秋天，维特根斯坦不得不最终承认他的努力失败了。他给关系最好，也是学识最渊博的几位朋友——戈特洛布·弗雷格、伯特兰·罗素和建筑师保罗·恩格尔曼——寄了《逻辑哲学论》手稿，但是这几位朋友也都完全读不懂他的著作。

另一方面，赫尔梅娜回忆的那场对话不仅显示出了维特根斯坦内心生活中长期纠缠的一个关于存在的基本问题，也显示了这个问题在某些情况下找到了成功的疗法。因为维特根斯坦用语言特别精确地形容出了一个站在"紧闭的窗户"之后的人，他内心正肆虐着风暴；通过给他人描绘这种语言图像，维特根斯坦成功地"打开了窗户"，这意思是，他成功地在自己和另外一个个体之间直接架设了桥梁，这样他就找到了一条走出自己精神孤岛的出路，进入了被他人理解的自由。

就算是今天的读者同样可以从维特根斯坦的回答中确切知道，他当时内心生活情况如何。我们了解他内心状况的准确度和清晰度，就和维特根斯坦在1919年了解自己的准确度和清晰度是一样的。在主体和外界之间——多亏了语言的奇迹——不再有隔绝彼此的玻璃窗了。对维特根斯坦来说是这样，对我们来说亦是如此。

当人们更加仔细地观察，就会发现维特根斯坦的整体著作，尤其是他后期哲学著作中充满了关于解放、指明出路和突围的隐喻和托寓。比如在他后来著名的关于使命的表达中："你的哲学目标是什么？——给苍蝇指出飞出捕蝇瓶的出路。"[5] 当然这只是诸多例子中的一个。

从事哲学的活动打开了通向自由的窗户，这是一种直接富含意义的此在状态，人们在行为过程中与其他存在的个体不再隔绝，也就是说，这扇窗户通向了维特根斯坦在《逻辑哲学论》中提到的"幸福"。通向幸福，这是维特根斯坦一生的愿望。从事哲学由此也打开了通向"另一个世界"的窗户，因为"由幸福所构成的世界是这样一个世界，它不同于由不幸福所构成的世界"。(《逻辑哲学论》§6.43)

从事哲学活动凭着某种媒介可以指明通向另一个世界的道路，但如果没有进行澄清思想的哲学活动，那么恰恰就是这种媒介可能会挡住、损害，甚至是完全封锁这条道路。这种媒介指的就是——语言媒介本身。

诗意精准

是什么令维特根斯坦的《逻辑哲学论》对于它的第一批读者来说（但事实上不仅仅是这第一批读者，而是几十年来都如此）极难读懂？是维特根斯坦决定用两种语言运用方式来最终阐明他的思想，而这两种语言运用方式看上去貌似是互相排

---

[5] 《维特根斯坦全集》第1卷，第378页。

斥的：一种是数学逻辑语言及其完全抽象的符号，这种语言建立在绝对的明确无二和毫无歧义的基础上；另一种是思维图像的、托寓的以及似是而非的格言警句语言，这种语言图像丰富，充满诗意。维特根斯坦在语言风格方面有着这般执拗，正解释了精密工具的独有特色，维特根斯坦的哲学理解正是这件精密工具。原因在于，一方面维特根斯坦作为作者在逻辑计算结构和抽象的符号关联方面受过深度训练——通过他在柏林和曼彻斯特的工程科学学习，以及尤其在剑桥跟随罗素学习。但同样，他"通过比喻"，也就是通过隐喻、语言图像和托寓的诗意方法来与他人进行互相沟通的精神特点也一览无遗，赫尔梅娜的回忆录就充分展示了这点，这凸显了维特根斯坦家族的特点。

恰恰这第二种语言使用并不仅是维特根斯坦家族内部的特点。如果说在一战前的欧洲存在着这么一种文化氛围：在这种文化氛围中，一方面致力于逻辑分析的精准性，另一方面又致力于语言使用的诗化象征，这两方面的特色各有各的不同，但又互为对方的先决条件，而且这两个方面都可以被理解成是追求清晰的同一种生活美学。那么，这种文化氛围就是世纪之交的"维也纳现代派"。[6] 很明显，"维也纳现代派"的基本观点是，在每个个体语言应用的清晰度、每个个体自身的存在状况和自己的文化之间存在着一种内在联系。在"维也纳现代派"中有一个静默的括号，这个括号将如此不同方向的作品一个挨着一个地绑到了一起。这些在"维也纳现代派"中紧密相连的作

---

[6] 相关内容，可特别参阅 A. 雅尼克和 S. 托尔明，1984 年。

品有马勒的音乐，雨果·冯·霍夫曼斯塔尔、罗伯特·穆齐尔和卡尔·克劳斯的文学作品，恩斯特·马赫和弗里茨·毛特纳的哲学，特别还有西格蒙德·弗洛伊德的精神分析。这发生在19世纪和20世纪之交并非偶然，当时奥匈帝国内部政治空间正在向外扩张，而在这个多民族国家日常生活的外部环境中每天都在实际发生的事情与这种扩张之间的鸿沟日趋扩大，真的已经到了悬崖边上，马上就要掉入荒诞的深渊。维特根斯坦生命最初的十四年是在家里宫殿式的建筑中成长的，私人教师过来上门授课。维特根斯坦家的宫殿里会定期举办社交晚会，有艺术家到访，也会举行基金会会议，是彼时"维也纳现代派"文化氛围的中心之一。小维特根斯坦仿佛吸收母乳一般吸收着这种文化氛围中的营养。

对抗世界

除了维特根斯坦的论文之外，诗人、记者卡尔·克劳斯那尖刻的格言警句直至今天仍是当时"维也纳现代派"思想特色的典型例子。克劳斯当时已是无可争议的"维也纳现代派之王"，例如他抱怨道，弗洛伊德的精神分析"事实上是把自己当作治疗的心灵之疾"，这正是他尖刻风格的体现。当时的精神分析有一种新疗法，就是借助语言来达到清晰地表达，获得自我洞察，之前在这方面只有堵住生活去路的精神错乱和毫无出路（在病人的思想中是这样的），而克劳斯用荒唐的语言风格表达了对这种新疗法的质疑。当然，克劳斯同时也质疑语言对于作为认识主体的人类来说具有的附加价值，他觉得这种附加值是靠不住的：语言本身最终是不是人们需要去战胜的疾病呢？抑或是唯一可以想象得来的疗法？语言是否堵住了通往认知真实世界和自我的道路？还是反过来使认识真实世界和自我成为可能？

当维特根斯坦于1918年给他的著作《逻辑哲学论》写前言时，"**在此所传达的思想的真理性**"对于他来说是"**无可置疑的、确定的**"，因此他认为，"**本质上说来，已经最终解决了诸问题**"。如此，对于那些罗素和弗雷格都还尚未解决的难题，他完全——而且首先不止一次——通过毫无矛盾的逻辑计算构造列入了研究计划并进行了研究。不仅这些问题，对于维也纳现代派中那些核心艺术家们所提出的关于语言怀疑的中心问题，也是一样的情况。维也纳现代派的世界随着世界大战战败，如其帝国一般一同走向最终的没落，而帝国的精神中心正是由维也纳现代派构成的。1919年，维也纳现代派还剩下的人，对待维特根斯坦的著作不光是抱着一种完全无法理解的态度，而且更糟糕的是，抱着一种完完全全的冷漠态度。

回到家乡的维特根斯坦向不同的出版社寻求投稿出版自己的著作，但是直到1919年深秋为止，他收到的出版社拒绝清单读上去就像是当时维也纳先锋派作品《谁是谁》那么长。一开始维特根斯坦找到了卡尔·克劳斯作品的出版人恩斯特·贾赫达；接着是威廉·布劳米勒，他出版过奥托·魏宁格的《性与性格》，维特根斯坦曾经对此作品充分赞许；最后维特根斯坦又去找了路德维希·冯·费克尔，他是先锋派杂志《燃烧者》的出版人，维特根斯坦一战前曾给《燃烧者》捐助过钱，受过维特根斯坦捐助的还有诗人莱纳·玛利亚·里尔克。在里尔克的支持下，费克尔最终将受理出版维特根斯坦著作事宜转交给了英塞尔出版社——但英塞尔出版社还是没有给出肯定的答复。

这几个月以来，维特根斯坦收到了唯一一个愿意出版他作品的肯定答复，不过前提要求是，他得自己承担印刷和交付书本的费用。维特根斯坦严辞拒绝了这个条件。首先他自己已经身无分文。其次，他认为更重要的是，"用这样的方式强迫世界接受这么一个作品，是小市民的、不正派的行为"，就像他在1919年10月写给路德维希·冯·费克尔的信中说道的那样："写作是我的事情，但是这个世界必须以一种正常的方式来接受我的作品。"可实际上却并非如此，反正在维也纳不是如此。在其他地方也不行。难怪维特根斯坦在这个秋天心中卷起了绝望的风暴，这段时间，他日复一日在库尔曼街的师范学校学习，与他一起学习的同学起码比他小十岁，也都没有可以和他相提并论的现实生活背景。

和维特根斯坦1919年秋天的经历联系在一起的，还有一段直到今天都是他生平中最具争议的一个片段。因为明显有某些（或者以前有过）他在这段时间的日记片段，里面讲到他在一个和同性恋者聚会相关的维也纳普拉特绿地边公园里寻找认识伙伴的机遇，并且找到了。[7]这些经历的可信度还是有争议的。因为虽然有一个传记作家直接看到了这个日记片段，但是这些片段始终没有公开。不过没有争议的是，维特根斯坦的遗

---

[7] 相关信息，也可参阅W. W. 巴特利，1983年，第24—25页。

产管理人几十多年来为他的同性恋倾向保密。后来的日记片段明确表示了，维特根斯坦一生都和自己的性取向处在一种道德上极端紧张的关系中，最终他将和性相关的事情都视作是道德败坏和肮脏的。这种状况也特别适用于他去普拉特公园的那段时期，在他自己的眼中亦是如此。这样，从心理角度来看，这段有可能存在的公园经历也吻合当时维特根斯坦的心情状态：1919年秋天，他跌入了一个毁灭性的人生新低谷。

在这几个月中，起码作为哲学家来说，维特根斯坦被他人所理解的巨大希望就寄托在伯特兰·罗素身上了。因此，维特根斯坦在他诸多信中一次又一次要求要尽快同罗素见一次面，以便能够在谈话中详细解释清楚他作品中的重要洞见。在此期间欧洲大陆仍是一片废墟。维特根斯坦没有钱，而罗素——他作为和平主义者在一战期间甚至进了监狱——没有有效护照。不过，两人最终还是成功地于1919年12月中旬见上了。他们是在位于奥地利和英国距离线中点处见面的，也就是在荷兰。那个时候前德国皇帝威廉二世也在荷兰，他逃到荷兰后日日受怕，担心荷兰政府要把他引渡给协约国。

海牙的三个点

维特根斯坦和罗素在海牙共同度过的四天是这样的：他们住在海牙的一个宾馆里，维特根斯坦一早会去敲罗素的房门，然后在这一天剩下的时间里维特根斯坦都会和罗素展开对话，向罗素详细解释他的著作。当罗素——他想要努力理解"**言说**"

和"**显示**"之间的区别,这个区别在维特根斯坦看来完全决定了对其著作的理解——拿来一张纸,在上面画了三个点时,他们的学术争辩可能达到了一个高潮。罗素拿着这张纸走向维特根斯坦,要求他让步承认,在这张纸上毫无疑问存在三个点,所以下面这个表述"世界上起码存在着三个东西"是真实和有意义的。[8] 但是维特根斯坦万分确信地对此进行了争论!因为根据维特根斯坦最深的哲学信念,关于世界整体的状况,并不存在什么有意义的表述。

维特根斯坦认为,画在纸上的那三个点,就其所处具体的上下文关联来看,只能**有意义地**做出这样的表述:"在这张纸上有三个点"。因为这个命题涉及的是世界上已经存在的一件事情。这个命题不仅有意义,而且是真实的,明确所指就是罗素手中的那张纸。

事实的图像

根据维特根斯坦的论著,有意义的——有时候也许也是真的——**命题**最好可以理解成是**事实的图像**,人们从语言的角度把这些**图像/命题**的内容看成是对世界上某种事实存在形式的精确描画,如此,这些**命题/图像**才可能是真的。

---

[8] 对于两人这次会面的描写,本书根据的是瑞·蒙克,1991年,第182页及其后几页。

2.221 一幅图像所表现的东西是其意义。

2.222 它之为真的或者假的，这点取决于它的意义与实际是一致的还是不一致的。

4.016 为了理解命题的本质，我们考虑一下象形文字。象形文字是描画它所描述的事实的。

一个命题是真的，这体现在人们认为某些事实是存在的，并且认为这些事实的图像也确实真实地存在。或者换句话说：当命题所论述的内容同时在事实上也确是实际情况。根据维特根斯坦《逻辑哲学论》中最开头的两个命题阐述：

1. 世界是所有实际情况。
1.1 世界是事实而非物的总和。

理 发 师

那么，现在这样一个命题"世界上存在着三个点"会有什么问题呢？当时罗素在宾馆房间里，大概是一边用手晃动着那张画了三个点的纸，一边追问着。现在可以这么解释这个命题的问题所在：维特根斯坦著作的第一句话，也就是命题1.1已经明确了，"世界"（作为整体的世界）本身并不是一个事实，而只能是"事实的总和"。

关于世界作为一个整体、物的总和之命题，维特根斯坦拒绝承认这些命题的有意义性，主要原因在于：如果世界本身真的是一个事实，那么——它只是诸多事实之中的一个——世界必然也得同时包含作为事实之一的自己。也就是说，世界一方面被定义为是**某些元素**的集合（这里指的是事实的总和），**同时本身又是这个集合中的一个元素**（这里指的是一个事实）。那这就构成了一个逻辑上的形式主义，有可能出现这样的情况：有个集合包含了同时只作为集合中元素之一的自己，那么这就会导致——根据维特根斯坦坚信的那样，不是别人，就是罗素自己一次又一次展示的那样——逻辑上的错综复杂，最终就会产生不可控制的诸多矛盾。

关于集合论的悖论，罗素本人最喜欢举的例子就是理发师悖论，这是他在1918年想出来的。罗素设想了这样一个场景：在一个叫做奇西克的村子里，只有唯一一个理发师，他给且只给村子里不给自己理发的人理发。那么问题当然就来了：谁来给这个理发师理发呢？

要毫不矛盾地回答这个问题是办不到的。如果理发师不给自己理发，他是"不给自己理发的人"，那么根据规则，这是理发师理发的对象范围，结果就是他得给自己理发。一旦他给自己理发，他就又违反了之前定下来的规则"只给村子里不给自己理发的人理发"。在这种情况下，人们只能希望奇西克的理发师是个光头，问题就能解决了，只不过这是个回避问题的玩笑说法，无法解决集合论里无法避免的难题和矛盾。

而在语言哲学方面也存在着类似的"理发师悖论"，这也正是维特根斯坦认为一旦世界被定义为是"事实的总和"，那么世界本身就不能再是一个事实的原因。如果世界本身不再是一个事实了，根据《逻辑哲学论》里的观点，那么关于作为一个整体的世界的状况,就不可能再有任何有意义的命题了,也就是说不存在这样的命题如"世上存在着三个东西"。例如也不会有这样的命题:"这个世界存在"或者"这个世界不存在"。

所以,不管罗素在宾馆房间里如何用手晃动着那张纸,认为世界上起码存在三个东西的观点,都不能有意义地**言说**。不过——维特根斯坦的跳跃点在于——这个观点同时也显示了,上述命题所表达出来的内容在当时那个情境中是很清楚的、没有问题的、真实的。因为事实情况确实是,纸上是真有三个点的。那么,亲爱的伯特兰,问题到底是出在哪里了呢?是否就仅是你自己感到了限制?毕竟可以说出来的一切,都清楚和毫无矛盾地显示出来了。

梯子上的罗素

身在海牙的罗素不满足的恰恰就是意义的界线。这尤其体现在他在自己的不满意中还提出了一个显而易见的反驳维特根斯坦的论据,这个论据看似有说服力:《逻辑哲学论》在有意义的命题和仅是看上去有意义的命题之间划定了边界,根据这种边界划分的情况,那么维特根斯坦的哲学论文《逻辑哲学论》大篇幅上肯定都仅是由无意义的命题构成的。

我亲爱的路德维希,我来问你,像这样一个命题"世界是所有实际情况"和另一个关于世界是**一个整体**的命题,两者之间会有什么不同呢?对此,维特根斯坦可能会平静地答道:"亲爱的伯特兰,你要是这么看,当然也是对的,关于这两个

命题之间的矛盾,我恰在我著作的最后两个命题中明确提到了。"你拿来看看:

6.54 我的命题以如下方式起着说明的作用:理解我的人,当他借助于这些命题——踩着它们——爬过它们之后,最终认识到它们是没有任何意义的。(可以说,在登上梯子之后,他必须将梯子弃置一边。)

他必须放弃这些命题,然后他便正确地看待世界了。

7. 对于不可言说的东西,人们必须以沉默待之。

理解了吗?亲爱的伯特兰,你是否理解了?显而易见,我的书根本就没**言说**什么有意义的内容,但是,它倒是**显示**了些东西。作为一部著作本身,它做的事情仅仅就是"显示",而且是显示了"另一个世界",就是说,这部著作显示了另一种世界观:更清晰、更诚实、少些伪装,同时也是一种惊奇的、更谦虚的、更没理由的、更有意义的世界观。最重要的是,我的著作显示的首先是一种更为自由的世界观;更为自由在于,人们在这种新世界观中不必再用论证的方式来思考某些问题,尤其是哲学问题——因为人们觉得这些问题是没有意义的,**体验**到这些问题是没有意义的。比如,它是一个没有看法的世界,正如这个作为整体的世界"实际上"存在或者不存在。也就是说,如果你愿意,它也是没有意识形态、没有意识形态怀疑的世界。

我的书要求读者采纳这种自由的世界观。这就有些像,亲爱的伯特兰,像是我现在用手指指向外面天上的那朵云,然后问你，你是不是也觉得看到的那朵云像一只狮子，还有，你看那里，现在它看上去更像狮子张大的嘴巴。那儿是嘴巴，后面是尾巴……你看，你也看到了吗？还有那儿，是一对翅膀，还有两个眼窝，它们正在风中移动着……当然会在某个时候达到某个点，这个时候所有解释和指示都必须结束，这时候你自己就会看到，你必须能够看到，它也会显示自身……正是在这个意义上，我也在前言里面写道：或许只有这样的人才会理解这本书，他"**自己已经想到过表达于其中的思想——或者至少是类似的思想**"。

维特根斯坦给罗素说了这么多都是徒劳的。罗素并没有看到云朵那么丰富的形状，没有洞察到维特根斯坦的想法，他看到的东西和维特根斯坦看到的在根本上就是不同的。有一把梯子可以通向维特根斯坦的思想，可罗素自己有着充分的理由，于是当他刚刚扶着梯子往上爬了第一根横木之后就停下来，无论如何不想再继续往上爬了。对于和维特根斯坦在海牙的讨论，罗素在一封信中这么总结道："维特根斯坦已经完全变成了一个神秘主义者。"[9] 此话不假，甚至还点到了一些重要的事情。维特根斯坦于1919年圣诞节再次回到维也纳，他感觉起码已经对罗素把书中一些内容点阐明过了。而罗素作为在全世界享有声望的哲学著作畅销作者，准备要给自己过去的学生维特根斯坦的著作写一篇简短前言。这样看来，就算维特根斯坦没有成功地给罗素解释清楚"言说"和"显示"这两者之间的区别，这种区别的语言哲学意义何在，起码维特根斯坦找到了新

---

[9] 参看瑞·蒙克，1991年，第182页。

语言　　　　　　　　　　　　　　　　　　　　　　　　　　95

希望。他立即给出版商费克尔写信说，有了罗素的前言，他这部著作的销售机会就可以得到飞跃性提升，那么出版机会自然也就大增。不过，维特根斯坦的愿望还是落空了。费克尔依旧认为，这本书无论如何都不会畅销。

为什么世界不存在

维特根斯坦的书就算出版了也无法畅销，可能尤其也因为，出版商费克尔质疑书中内容和日常生活的关联度：那些关于作为一个整体的世界的命题是否有意义？除了少数逻辑学家和集合论学家对此还有特殊的阅读兴趣之外，谁还会关心这个问题呢？又有什么是依赖于这个问题的呢？这最终难道不是件无所谓的事情吗？这恐怕只是关于纯粹话语表达的一种无用争论吧？如果从我们具体日常生活的视角来看，实际上这些猜测可能看上去是无可辩驳的。但是，起码对于现代哲学的自我理解来说——还有其众多具有核心意义的难题来说——这个问题就非常重要，在某种意义上甚至现代哲学的所有一切都得依赖于这个问题。光是想想笛卡尔和他提出的怀疑，这个怀疑影响了整个现代哲学：这个世界真的存在吗？它的存在方式真的是我们平常体验到的那样吗？它的特点就是我们所描绘的那样吗？还是说，这个世界有没可能是一个万能的魔鬼创造出来的幻觉呢？也就是说，这个世界究竟是否存在？

这听上去是个重要问题，也是个绝对存在的问题。但是维特根斯坦的论文揭示出，这个认识论方面的根本怀疑，"这个世界究竟是否存在"纯粹只是个不成问题的问题——这里面提出的难题实际上是个毫无意义的经典难题——作为一个能够清晰思考的人最好就不要去管这个问题了。因为：

6.5 相对于一个不能说出的答案而言，人们也不能将（与其相应的）那个问题说出来。

（与这样的问题联系在一起的）**那个谜**是不存在的。

如果一个问题终究是可以提出来的，那么它也是**可以回答**的。

6.51 如果怀疑论欲在不可提问的地方提出疑问，那么怀疑论并非是**不可**反驳的，而是明显没有任何意义的。因为只有存在着问题的地方才可能存在着怀疑；只有在存在着答案的地方才可能存在着问题，而只有在存在着某种**可以言说**的东西的地方才可能存在着答案。

就这样，这个难题随着维特根斯坦的解答得到了完结。没有得到解决，也没有被反驳。不，完结，就是完成了，其实意思就是搁置，因为人们已经认定这个提问本身是错误的。或者来举个时间上更接近些的另一个例子，想想马丁·海德格尔，他在1919年冬天是如何用那些最无条件的问题来让他的学生听众受到激情鼓舞。他的问题说的并不是"有东西吗"（比如说一张纸上的三个点），而是"是否有一般东西"。这种表达方式，最开始听上去是有意义的，但是最后却又可能不是如此。但这一切肯定不是意味着，维特根斯坦对于改变世界的力量完全麻木，这种力量又隐藏在海德格尔的问题驱动之后。相反，

语言

维特根斯坦不正是在他的著作中这么写道吗:

  6.522 的确存在着不可言说的东西。它们显示自身,它们就是神秘的事项。
  6.44 神秘的事项不是世界是**如何的**,而是**如下之点**:它存在。

  同海德格尔一样,维特根斯坦也是从那种最初的惊奇中无法自拔,他们都惊奇于,有一般东西。特别是惊奇于,只要我们睁开眼睛,这些"东西"在我们面前就直接显示为是充满意义的,甚至是可以展现真理的。和海德格尔想法不同的是,维特根斯坦认为,"一般东西"到底是什么状况,更别说再进一步问世界是什么,这些问题完全没有任何伪装,其中隐藏着一个极度深奥的哲学之谜,这个谜的实际含义必须用语言表达出来。他还坚信,在语言表达方向上的每次尝试,不管尝试时间长短,都必然终结于语言的胡说八道——如果不是终结于更糟糕的东西的话。

风暴之下

  正是在 1919 年 9 月的那些日子里,维特根斯坦心中刮着无意义的风暴,他感觉到自己和其他人之间就如同被一扇"紧闭的窗户"所隔绝。与此同时,马丁·海德格尔正在全程经历他创作能力的真实井喷:"面孔,问题的视野——富有成果的解决方案的真实步伐——原则上的新审视,最令人惊讶的表述和特色的可能性,真正的配方组合起来——所有这些都是溢出的,就像水漫出来一样,你无论在心理上还是时间上都要能够抓住,控制住这一洪流还要让它系统化地完全流淌出来。"海德格尔在1919年9月9日从康斯坦茨附近的一个农庄里写信给身在弗莱堡的妻子,信中曾这么说道。

海德格尔隐居到这个农庄几周时间以便专心写作。可是,个人生活中的严重困扰还是在折磨着这位来自黑森林的思想家。他的婚姻出现了危机。就在几天之前,他的妻子埃尔福丽德给他写信,承认和她以前的大学同学之间保持着男女关系。她这个曾经的大学同学名叫弗里德·凯撒,是个医生,在弗莱堡大学的校医院工作。在妻子做出坦白之后,海德格尔一开始在给妻子的回信中表现出了极度的信心十足和想要和解,后来,他指出这样的一种状况就像是生命哲学的挑战,他必须要化解这种挑战,且必须独自解决:"今天早上你的信到了,信里面写了什么,我已经知晓了。对此说太多的话,把所有的事情都说得很细,其实对于事情没有益处。你用你那简单和确切的话语给我说过了,这就已经够了……弗里德爱你,我早就知道了……我觉得有些奇怪的是,你为什么没有早点告诉我……如果我对此有一点点感到生气的话,那么这对我来说就太幼稚了,而且也是在浪费我的精力……我已经研究了好多天的交通互动问题,在这里我认识了一些新的人。我发现,他们从根本上对我来说是无关痛痒的——就如同在窗户外边路过的那些人——你看向了他们,也许并不知道什么时候才会重新回忆起来……接受伟大的召唤去从事一个超越时间的任务,这总是必然要被判处承受孤单,并且其必然本质就是旁人会对此一无所知——相反,要把孤单的人看成是富有的、值得尊敬的、大家争相谈论的——受到尊重和被议论的人,然后再感到惊讶,当孤单的人从他那方面遭到了巨大的轻视(一种更高意义上的搁置在一边)。"[10]

又是他们,那些"像是从窗户前面"走过的人!所有那些平凡的其他人,和海德格尔无法建立起真正联系的太多人,可能他连建立联系的意愿都没有。这些人对海德格尔心中充满创造性的思想风暴毫不知情,在这种精神方面的根本不对称中,海德格尔拒绝了这些人,因此也必定伤害到这些人。如同命中注定般他被判处了孤独,这种孤独有着浪漫的图景,有着超人的难题,这些在海德格尔看来都是得独立解决的难题,而且肯定无法得到他人的理解:一个孤僻的天才。这是海德格尔对自己的理解,而且他一辈子都会这样。

模糊的目光

海德格尔在给埃尔福丽德的回信中提到了哲学家站在窗户后边进行怀疑思考的画面,对于这样的画面,海德格尔在思考过程中最终甚至必定产生了这样的怀疑:他周围的人是不是作为人类而存在的?海德格尔提到这样一个怀疑的画面也并非只是一个偶然的隐喻。笛卡尔对现代哲学的影响是彻底而灾难性

---

[10] 同上,第 96 页及其后几页。

的，海德格尔在1919这一年对这种影响越发感到清晰：笛卡尔和他的怀疑思想实验，笛卡尔和他建立的论点"思考着、最终是在盘算着的主体是所有确定性的根本原因"（"我思故我在"），笛卡尔把哲学缩小到了纯粹认识论，笛卡尔和他一如既往的二分法，也就是将世界分成精神和物质两个部分……笛卡尔是他自己的哲学敌人。他的思想标志着西方哲学最终不成功的转折点。

在1919年9月初的创作兴奋期，海德格尔已经看到了那个"超时间任务"轮廓——"原则上新的视角"艺术和驱逐到全新"问题视域"的艺术——这个任务不在其他，而在于将他的国家、文化，还有整个传统从主体哲学和认识论的现代邪恶魔法中解救出来，从纯粹盘算的理性和囿于自然科学的限定中解放出来。他觉得他周围那些处于西方世界的人们，作为一个整体来说都困了对世界和对自己的一种根本错误的理解中。因为不经审视接受了错误概念，他们看待现实的目光投错了地方。因此，他们顶多只能模糊地感知自我、世界和彼此，这种模糊感就像隔着一片乳白色的玻璃去看东西。

现在再没有人注意到这种目光的越发模糊了，但是这并不够。不，这种看待现实的目光几个世纪以来已经如此深入地侵入了我们在文化方面的自我理解，以至于在此期间，这种目光本身已经被当成是对世界最高和唯一真实的认识形式。回望过去，这种目光甚至被看成是冲破黑暗到达启蒙的一束光亮而值得庆祝。这真是恶梦成真啊！

不过，如果这是个恶梦，那也意味着人们可以从中醒来。1919年秋天，起码海德格尔感到自己最终醒过来了：他开始十

语言

足坚定地在笛卡尔现代主体哲学理论和认识论框架之外独立进行哲学研究。海德格尔继续推进思考，用今天的话来说，就是在"盒子之外"进行思考。在此，他最初也是最根本的洞察实际上就是：并没有盒子！并没有分割好的经验的内部空间，也谈不上好像通过一片玻璃与所谓的实在隔开的思维主体的内部空间。笛卡尔针对外部世界的怀疑论以及与此直接相关的问题——例如现实"在实际上"可能是什么样的，认识主体和认识客体之间的绝对隔绝，海德格尔通过更为确切的、毫无偏见的现象学观察方式逐渐展示出，所有这些怀疑论和与此直接相关的问题都纯粹只是伪问题，是不成规定的规定。

这就很容易理解为什么海德格尔在这个哲学研究取得突破的夏天给埃尔福丽德写信这么说道："就像你早前有一次正确地觉察到的那样，我已经非常确信，我在很多问题上都超出了他（胡塞尔），比他拥有广阔得多的视野。"[11] 这个时候海德格尔和他的妻子正处在婚姻矛盾的高峰，他通过这样的方式把妻子当成是哲学研究新道路上的尊贵知情者，与她主动进行沟通。不过紧接着的几行信，海德格尔又重新把自己描绘成是一个孤独的智者和观察者。海德格尔在1919年9月间写的信一方面看上去像是对他的妻子进行信仰方面的表白，可是另一方面，他又不再肯定能从内心深处真正去爱他的妻子。如果她已经选择站到另一边去，那怎么办呢？弗里德·凯撒作为富裕市民，经济状况要比海德格尔好得多，如果他把埃尔福丽德拉回一段纯粹常规的——也就是说肯定带着金钱吸引力的恋爱关系中，

---

[11] 同上，第95页。

那该怎么办呢？海德格尔不再自信了。

这些天里，海德格尔寻找并找到了唯一确信的东西，这是他作为一个人可以决定的一种确信：即对于他的工作、创作和思考的一种确信。在这些领域里再没有什么东西是被分隔开的，也不会再撕开怀疑的裂缝。这里所有一切都化为一体，化成了创造的极度兴奋！唯一遗憾的是，人们不能永远停留在这绝对亢奋的魔法地带——在某个时候，海德格尔必须又回到那个弗里德也在其中的世界："……这种绝对的生产力也同样有其可怕的地方：它看起来是在创造，并且你在创造时体验了绝对的自己——特别是当这种状态慢慢消退，疲劳与松弛来临，你又会重新寻求回到环境中来——然后我就知道了，我又完全和绝对地在我自己这里，首先是在问题和精神的客观世界这里——这里没有陌生性，这里的外面没有任何东西经过，只有你自己跟着走——在创造性的生活中所有陌生性都消失了——那样在自然环境中站在对岸边上就愈发分裂和凌乱……"[12]

这几天里"它"一直在海德格尔身边环绕，在他体内激发了极大的创造力，简直是和他一起穿行奔跑。这里说的"它"指的是什么呢？肯定不是指西格蒙德·弗洛伊德当时尚新的无意识理论中的"本我"，本我是弗洛伊德人类人格构成三个基本概念"超我——自我——本我"中最低的那个层次，在每个主体受到本能控制的深处，负责实际上的创造活力。海德格尔的"它"不是这个"本我"，他的"它"在其思想的早期就指的是一种完全不同方式和范畴的作用。"它"是一种同样可怕的——

---

[12] 同上，第99页。

或者我们可以更好地用维特根斯坦的思路进行表达——神秘的"它"，在"有什么"的问题中"它"才能真的显示出自己。"它"超然于主体和客体二元论（"绝对的在我自己这里和在客观世界这里"），也超然于主动和被动的二元论（"你自己跟着走，并拿着一起走"），还有内和外的二元论（"这里的外面没有任何东西经过"）……"它"在概念上根本就不容易理解。就算是对于海德格尔这样的人来说也是不易理解的。但是去体验作为所有意义和存在的创造性根源的"它"，对于海德格尔来说从今往后都是无法拒绝的。他将会终其一生来为"它"寻找一门适合的语言。

共同孤单

海德格尔在 1919 年 9 月份写的信以令人印象深刻的方式证明了，思想家海德格尔在多深程度上把他的哲学和日常生活紧密融合在一起。而且已经紧密到，海德格尔完全把他在婚姻里遇到的挑战和哲学研究平行化了。他把他那位摩登的妻子埃尔福丽德所走过的婚姻弯路视为和现代哲学本身走的弯路是一样的，也许再没有别的哲学家这么做过了。在这个思想的黄金之秋，这平行的两个方面都将极度令人不悦的事加在海德格尔身上。这些令他难受的事情却也令他更加坚强和高产，因为这些痛苦使他可以在分析思考的绝对强度中去完成他认定的真正任务：无情和绝对客观地向本质挺进，摆脱所有不真实、纯属杜撰和虚假之物。海德格尔1919 年 9 月 13 日给妻子的信中写道："对于你的认识，我并没有生气——我怎么能生气呢，我每天都要在绝对客观的态度中去体验认识的无情和辛辣……与认识相较而言，生命的原始力量更为深沉和完满，而我们整个哲学的毛病就在于，把认识放在了哲学的其余问题之前——以至于哲学从一开始就被丑化，且还受到了悖论的牵连。"[13]

看透表面，摒弃传统，与虚假斗争，无情地向事物核心挺进，让真实在各处突破出来。1919年后，肯定许多人都这么说。而且绝对不光是哲学家这么说。所有这些概念（表面、传统、虚假、伪装）也特别被用于在文化方面已经站稳脚跟的、一战之后在德国继续加剧的反犹主义。

但是海德格尔这段时间的任务还不是明确的政治任务，其极端性是有限的，例如在"问题体验"方面首先仅限于哲学想象的内部空间。在"问题体验"的情况中，极端性表达为一个关于"有"之实际意义的普遍问题，此问题不受所有内容方面预先规定的限制。

在更简单、更不受传统约束、更普遍，尤其是更不带前提条件的情况下，这个问题简直看上去就无法自问。而且也无法回答。是的，有东西在"此"，这点有目共睹。甚至有一整个世界。不过，坚持惊叹于世界的纯粹此在或者被给予状态，肯定不是一种对待世界的自然态度和毫无前提的态度，而是要求——就像海德格尔自己特别强调的那样——一种加深或专注沉思的特殊形式，这种形式与日常的和远未反思的此在方式毫无关系，而我们一般就是以日常的、未反思的此

---

[13] 葛尔特鲁特·海德格尔，2005年，第101页。

在方式穿行于生活和世界中。

两个怪人

让我们试图想象有两位男士,他们一起在城里溜达——然后其中一个人对另一个人说:

"这世上总有东西,这是多么特别啊!真是令人惊叹:那儿!还有那儿!那儿!你也看到了吧!"

另一个人点了点头说:"是的,我看到了。它也向我显示出来了。你知道吗,我总是在想,真正神秘的事项不是世界是如何的,而是它存在。"

这是多奇怪的两个人啊!但是,这场对话在1919年绝对有可能发生在马丁·海德格尔和路德维希·维特根斯坦之间。在哲学方面人们可以充分相信,这两个怪人完全可以明白对方说的话。只是海德格尔会乐意继续谈一下"有"的意义,做进一步的哲学思考。与此相反,维特根斯坦不会特别继续探讨。因为其中一个人(海德格尔)猜测的具有开拓意义的问题,即突破到对存在进行没有错位的真正认识,恰是另一个人(维特根斯坦)认为的仅仅是可以预见的瞎折腾,是由于语言产生的伪问题。

周围世界优先

从 1919 年起，海德格尔认识到哲学——最迟从笛卡尔算起的哲学——的根本错误在于，将纯理论思考的方式当成是最原始和真正的哲学方式。正是这一点把实际情况弄得乱七八糟，并且还不可避免地编织出认识论伪问题的一整张网，其中最为严重的就是笛卡尔的怀疑论：究竟有没有现实意义上的实在性？因为这个问题的产生本身仅是源于一个理论上的态度，根据海德格尔（以及维特根斯坦）坚信的观点，把这样一个问题放到哲学领域里面压根儿就是错的：

> 对周围世界的实在性进行追问（与此相对的是，全部实在性都已是一种经过多重变形、脱弃—含义的推导），意味着把所有真正的问题都搞乱到一塌糊涂。周围世界的东西在其自身有它真正的自行证明。真正解决外部世界的实在性难题在于这样一种洞见，即：它根本就不是个难题，而是一种荒谬。[14]

对于海德格尔来说，最初并不是当下这种实在性，而是一个环境周围世界。而这个"世界化"的周围世界总已经是一种源始的、带有意义的指引整体。只要人们继续追随这些指引，最终这些指引就会指向整个意义世界。按照海德格尔的信念，从哲学视角来看，这种特殊的世界被给予状态终于再次得到了

---

[14] 《海德格尔全集》第 56/57 卷，第 91—92 页。

我们的一瞥。因为在真实情况中，我们已经荒废和忘记了这样一瞥以及和这样一瞥关联在一起的那种对生存的洞察——这荒废和遗忘给主体自身和文化整体带来了严重后果。作为人类此在的主体，要是只把派生出来的理论通道当成是源始的，那么他就由此在理解整个世界通道方面远离了具有实际意义的世界化力量。1919年，海德格尔把这种对本真和源始的整体文化性的背离称为一种"**意蕴的褪色**"：世界的褪色、他人的褪色、自我的褪色。再次借用笛卡尔的窗户比喻来形容，人们仅仅通过理论来感知世界、他人和自我，这就如同隔着乳白色的玻璃来感知一样。也就是说，一个伪造的世界中，以及一种被错误奠基的相处中的错误生活。

这样我们就能更加清楚地看到，海德格尔重新赢得世界的现象学体系在多大程度上带有存在主义的特性：在海德格尔思想的早期阶段，就已经产生了对当下技术时代及其包罗万象的物化逻辑和利用逻辑的一种根本性的意识形态批判，此批判始自海德格尔，持续影响着20世纪和21世纪的批判理论。用狄奥多·维森伦德·阿多诺最著名的格言来说，就是"错误的生活无法过得正确"，无论如何也没人比1919年起的海德格尔更加坚信这句话。因此，在海德格尔存在理想的意义上，要求达到的是完完全全源始的、不伪装的、真正的"此之在"！（阿多诺自然是没有提出此疗法方面的要求。）从我们的时代回望过去也可以很清晰地看到，海德格尔与他的哲学纲领在多大程度上影响了一战后德国环保运动：整体性、环保意识、对技术的批判、与自然的紧密联系……早在1919年，所有这些都是海德格尔相关思想的核心主题，他呼吁在所有生活状况中的真实性和不加伪装，当然同样也呼吁在本来的周围世界中有组织性地生根和固定下来，即：各自的故乡、自然风貌、风俗、习惯、方言和属于家乡的所有一切。人类只有在他的故乡，也就是在他自己的周围世界中才能真正达到内心的完全真实。对于海德格尔自己来说，众所周知他的故乡就是黑森林。

在民族真实性和坚强意志的本质性中，已经可以看到所有这一切了。而且，与此相伴出现的还有些黑暗之处。

真实性突破而出

整整一年之后的1920年9月，我们看到海德格尔依旧处在（或者说已经重新处在）满满的创作兴奋期——而且他又和家里人分开了。这次他是隐退到了家乡小镇梅斯基尔西的哥哥弗里茨家里，并从那里给家里寄回食品包裹，因为那时候食品危机也笼罩着弗莱堡：

……令我挺高兴的是，我工作很好，也充满自信……我现在的工作状态……一鼓作气，劲头十足地"勇往直前"，"穿越障碍"。早晨我从7点工作到12点，接着"小憩"一下，然后下午从2点到7点绝不受任何上课或者访客事务的干扰——一直处在精神抖擞的工作状态中……要是晚上我觉得累，我就——可别惊讶——和爸爸还有弗里茨一起玩纸牌游戏"66"，我会玩得很投入……到了睡前我会分心——不然就

语言

是过分沉迷在哲学中。——

　　我亲爱的小心肝，我衷心地吻你，一次又一次——你很快就会好起来的，和咱们的小宝贝一起都高高兴兴的。我亲亲你们俩。

你的小黑人 [15]

　　他们一家几个人坐在一块儿——马丁、弗里茨和他们的爸爸——正打着牌。以他们的方式来看，这是一个黑森林地区真正和谐的家庭。但是在这个9月，海德格尔的思想兴奋也有一种消极因素。在这几天里，海德格尔的思想进程在井井有条中带着压抑。因为埃尔福丽德这几天还是一直卧床，她由于生育次子身体大为受损。次子名叫赫尔曼，于1920年8月20日出生于弗莱堡。海德格尔在妻子生产期间，包括整个八月，都待在梅斯基尔西。在这几周里，埃尔福丽德和小约尔格都得靠一个女性好友照料。直到2005年才曝光了一个秘密，埃尔福丽德和海德格尔在1920年初就已经分开了。海德格尔并不是埃尔福丽德次子的亲生父亲。赫尔曼是埃尔福丽德和弗里德·凯撒的非婚生子。海德格尔当时觉得没有离婚的理由，亦没有不信任的理由，恰恰相反，他觉得这件事情是通向真正婚姻的一次机会——只要不去考虑他所深深厌恶的市民阶层那些错误和虚伪的社会规约。埃尔福丽德生产三天之后，海德格尔就已经找到了支撑他信念的合适话语："我经常在想，关于婚姻的那些大多数说法是多么苍白、不真实和多愁善感。难道我们不可

---

[15] 葛尔特鲁特·海德格尔，2005年，第116页。

以在生活中构造一种新形态——不带计划，没有目的——我们只需要让真实性在各处突破而出。"[16]

我们可以肯定地说，来自大城市柏林的瓦尔特·本雅明博士肯定会对海德格尔追求自由婚姻之爱的意志感到自豪，不过他在同样的时间段里并不知道这种意志是怎么回事，他有的只是别的烦恼。

和媒体相关的一些职业

在本雅明取得博士学位一年后，本雅明家还是一直处在和以前一样糟糕的生活旋涡中，受到不安全的生存威胁。当本雅明的父亲于 1919 年 8 月不告而来时，这个旋涡也开始侵袭他们。在 1920 年春天，刚刚为人父母的年轻本雅明夫妇——住所、工作和金钱他们一样也没有——除了搬回到柏林德尔布吕克街上的父母家里之外，最终也没有任何别的办法了。在父母家里矛盾如期升级。

本雅明原则上拒绝长时间住在他父母宽敞的别墅里。对此，他的父亲用经济制裁进行了回击：最终不再发给本雅明固定的生活费用，这样就把本雅明逼入了窘迫困境。于是，本雅明坚持要让他父亲提前支付起码一部分遗产给他。当时已经出现了通货膨胀，提出这个要求并不聪明。不过不管别人怎么建议，本雅明都坚持要这么做。1920 年 5 月，双方最后在一定程

---

[16] 同上，第 112 页。

度上达成一致。1920年5月26日，本雅明给他的朋友肖勒姆写信介绍了相关情况，信是这么写的：

> 事情的结束方式就是彼此彻底反目……我拿到了提前支付的部分遗产3万马克，另外还有1万马克，家具一件也没有拿，我获准离开我父母的家，也就是说，我是自己离开的，不是他们把我丢出来的……当然目前发生的这些事情暂时已经闹翻天了，后面还将会发生什么，没法预料。能肯定的是，我们现在必须得有个住处，在哪儿都成，有了住处我们才能去谋生……你那边有关于住房的任何信息吗？……如果你在这方面有什么信息能提供给我的话，我感激不尽。城里和乡下的住房都行，尽量不带家具，要尽可能便宜，可以供两个家庭居住的乡下住房，等等……然后——但是我得先在差不多人道的环境中生活——我就必须得着手写"大学授课资格论文"了，……虽然在伯尔尼成为一名大学讲师的希望已经泡汤了。出于形式方面的原因，最多也就只能拿到大学任教资格。我的岳父岳母虽然无法给我们提供非常强有力的物质依靠，但也是我们唯一的依靠了，而且他们愿意为我们做最大程度的牺牲。他们坚持我得成为书商或者出版商。如今我自己的资本家父亲也否定了这条路。不过，很有可能我必须得放弃实现原先的工作目标了，无法成为大学老师，无论如何可以在从事市民阶层某种职业的同时，在晚上私下进行我自己的研究。另一方面，我还不知道我要去从事市民阶层的什么职业。（这个月我靠着自己的三篇笔迹学研究挣了110马克）……我非常努力地想要找到一份教师的职业。

布洛赫把我推荐给费舍尔，他正需要一名教师，但是他最后找的不是我。你知道不，我有一个很宏大的出版计划。

致以诚挚的问候，我期待你很快就给我回信。

你的瓦尔特[17]

如果人们忽略这封信中卓越的谈话口吻，那么这些文字内容也完全可能是出自1997年、2007年或者2017年柏林的一位年轻博士毕业生：住房市场遭遇了灾难性的冲击，为人父母者彻底紧张了，大学财政投入持续缩减（该死的资本主义！），日托中心的儿童名额都很紧张，当什么都行不通时，在乡村一个具有创造性的公社里生活也因此成为了一种可能的选择……至于职业前景？本雅明自己也不是很清楚。跟媒体相关的一些职业吧，最好是在出版行业。

出现在读者眼前的是一位28岁天才的形象，他行事不按计划，经济上受着家庭的溺爱；他无疑自视为天才，但他渐渐明确地认识到，世界并不期待天才。在这段时间，本雅明唯一具体的经济来源就是做笔迹分析。这跟今天的生物指数咨询师或者风水先生差不多。

1920年，本雅明踏上了直接通向学术的道路，这条路过于雄心壮志，他成了不受保护的失业者。他把拿到的3万马克用于快速开始新生活，但是三年之后，剩下的钱就已经不够给他自己和家里人买一个夹心小面包片了。如果说本雅明从此以后生活还有什么稳定模式的话，那便是他保准会根据自己确信

---

[17]《本雅明书信集》第2卷，第87页及其后几页。

语言

的直觉恰在不对的时间做出不对的决定。在这封信里，很具代表性地体现了本雅明生活中一个鲜明的稳定特点，它涉及本雅明和他称之为朋友之间的交往方式。因为从 1920 年开始，我们很难从本雅明的亲笔信中找到他不向朋友开口请求特殊经济援助的例子，不管他是用这样或那样的方式开了口——这些经济求助还连带有各式的抱歉、借口和解释，但他给别人许下的暂时约定或者回报可惜都没能兑现。因此，本雅明和肖勒姆之间的友谊——直到 1920 年秋天，他俩才开始用"你"而不是"您"来称呼对方——是本雅明友谊中最具有代表性的一段，因为这段友谊笼罩在持续的请求和利用的阴影之下。另外，本雅明比肖勒姆年长几岁，因此从一开始本雅明就在成熟度和学识方面占有一定优势。还有，本雅明最喜欢在双方都认可的一种知识等级中去维护一段友谊，这也是本雅明交朋友的一个典型模式。

刚刚学会飞的小鸟

本雅明在结束学业后的经历是痛苦的，也是全然坦诚的——为了应对那种被认为是痛苦的、全然影响人生道路的大学毕业后的生存选择，人们要么集中精力在一件宏大的工作上，要么选择全新的职业道路——因为这一生存阶段充满令人不安的无助感，今天的社会学称之为"比目鱼阶段"。不出所料，本雅明这两个策略都没选。虽然在伯尔尼找到一份带薪岗位的希望已经落空了——他的妻子也是努力在生活昂贵的瑞士寻找一个固定职位，但结果依旧是徒劳的——本雅明还是坚持计划，写获得在大学任教资格所需的论文。不管未来他获得大学任教资格的希望有多么渺茫，在这些年里，大学始终是他向往的职业归宿。追随着学术趋势，尤其是哲学趋势，他脑海中浮现出的论文是关于"认识论的特别主题"，具体来说"落入了语言和逻格斯问题的大范围中……"。就像我们看到的那样，本雅明打算用自己革新的方式来开发这个在当时已经研究得极其深入的领域，也就是要回溯借用中世纪经院哲学的语言哲学。本雅明认为，尤其是在邓斯·司各脱（Duns Scotus）的著作中暗含有一些思想主题，这些思想主题接近于本雅明自己在语言哲学方面的直觉——就如本雅明在他1916年的早期著作《论语言，尤其是人类语言》[18]中已经写到过的，语言哲学直觉方面的内容那样。本雅明的研究方式在于，通过回溯借用一个人们久已遗忘的传统，来使自己的论点合理化；在拥有逻辑分析性质的现代语言哲学和中世纪通过神学符号表达出来的语言推想看似并不存在的关联中，去碰撞出火花。这个计划本身看上去是个出色的计划。只是有另外一个人在本雅明之前已经想到了这个计划，并且在1915年到1916年通过写获取教授席位论文的方式独立执行了这个计划。这个人就是本雅明早已记恨的、以前在弗莱堡的大学同学——马丁·海德格尔。本雅明于1920年2月通过肖勒姆知道了海德格尔相关著作的存在。"我先前并不知道海德格尔的书，"本雅明在他的回信中袒露道。在几个月的沉默之后，他于1920年12月将如

---

[18] 《本雅明文集》第2卷第1本，第140—157页。

下评价转告给肖勒姆：

> 我读了海德格尔关于邓斯·司各脱的书。撰写这么一本著作，只需多做些劳累活儿和掌握经院哲学的拉丁语，其他都不需要。尽管有哲学来装点门面，但从根本上说这仅仅是一本好译著。真是难以置信，有人竟然能够凭着这样一本书取得了在大学任教的资格。本书作者对李凯尔特和胡塞尔进行了无耻地阿谀奉承，这并没有让阅读变得愉快。从哲学角度来看，本书对邓斯·司各脱的语言哲学实质一直未有探讨，因此也没有留下什么任务。[19]

"无耻地阿谀奉承"、"劳累活儿"、"对实质未有探讨"……人们认得这种措辞风格，就来自海德格尔的笔下。海德格尔一旦在私人信件中开始对某位备受推崇的同事的某部作品进行评价，那就是上面这种措辞风格。对待海德格尔的学术追求和为获得大学任教资格而写作的论文，乃至到选词方面，本雅明表现出来的态度，恰恰就是海德格尔对待他人的态度：同样攻击性十足的傲慢，同样的无情，同样想要完全摧毁对方的意志。这两位同时代的人彼此水火不容，却在他们的思想和性格上体现出了最高的亲缘性，相似程度就像异卵双胞胎一样。双方都感觉到了他们受到相似的影响，有着相似的兴趣，可是作为两位成年人，他们的内心又可能特别真切地恨着对方。

海德格尔凭借1916年题为《邓斯·司各脱关于范畴的学

---

[19] 《本雅明书信集》第2卷，第108页。

说和意义的理论》[20] 的论文获得了在大学任教的资格。事实上，本雅明计划中同样是为获得大学任教资格而写的论文，构成其系统框架的那些思想内容，也正位于海德格尔论文的中心。两位思想家要论述的内容——他们把邓斯·司各脱当成理论支撑的来源——都是在说人类语言（还有凭借语言进行的思考）与上帝语言的关系。上帝思考、描述和认识世界的方式和人类的方式是否具有可比性？如果有的话，那么怎样更准确地去确定这两者之间的关系？如果人类语言和上帝语言在现实中并不存在任何相似之处，那又会是什么样的情况？人类究竟怎样在某个时候真正地认识上帝创造的世界呢？

海德格尔受天主教会奖学金的资助，在他的论文中详细探究了上述问题。本雅明原本要彻底研究的卡巴拉和妥拉的犹太传统问题，也恰恰是这类问题——就像他1916年在第一篇语言哲学论文《论语言，尤其是人类语言》中已经做过的那样。尽管本雅明在初次读完海德格尔的论文之后作了评论，但他后来仔细阅读之后慢慢有了新的想法，他越发怀疑，自己的研究计划在多大程度上可以取得成功。就在他写信评论海德格尔的论文以期彻底摧毁海德格尔的几周之后，他再次给肖勒姆写了封信，态度发生了明显变化：

> 迄今为止，我……在研究之后变得小心谨慎，也产生了疑虑，不知道追求经院哲学的相似之处并将其当作主导思想对不对，不知道这是不是条弯路。因为对于我的研究问题

---

[20] 收于《海德格尔全集》第1卷。

来说，海德格尔的论文可能确是给出了经院哲学思想中最本质的内容——顺便一说，他是以未经仔细审察的方式给出的——但他的论文也已经用某种方式简述了经院哲学的真正问题。所以我或许会先再看看语言哲学家们……[21]

看看语言哲学家们——在 1920 年前后，这就意味着要好好调查一番：具体看看谁？卡西尔？维特根斯坦？罗素？摩尔？胡塞尔？弗雷格？皮尔士……？或许我们要清楚认识到，全面熟悉当时各个方向上创造力爆发的研究状况，不仅超出了本雅明的能力，也超出了他的兴趣，他的能力和兴趣促使他随即放弃了整个计划。从 1920 年 11 月起，本雅明又回到了德尔布吕克街的父母家里生活。最近几周，本雅明深受严重抑郁症的折磨，已经丧失了工作能力，精神上处于瘫痪状态。他最终放弃了写作一篇关于语言哲学的论文来取得大学任教资格的计划。不过在他的人生中还有别的计划，例如翻译夏尔·波德莱尔的诗歌《巴黎风貌》[22]。他在 1920 年秋天，用非常本雅明的方式宣布他已经完全搞定了出版事宜，能够让海德堡出版商理查德·魏斯巴赫给他出版译著，甚至还可能由此赚些钱。1920 年 12 月 4 日，本雅明对此时已经有些失去耐心的出版人说："我很难使我在翻译波德莱尔问题上的长时间沉默看起来可以理解。波德莱尔的基本愿望肯定也是给您交上一份尽可能完整的终稿。翻译工作要持续进行好几周，因为我前段时间经常生

---

[21] 《本雅明书信集》第 2 卷，第 127 页。
[22] 《本雅明文集》第 4 卷第 1 本，第 7—65 页。

病……我想要补充的是,我——如果您在出版方面觉得可以接受的话——倾向于给我自己的译著写上一篇序言,在其中用理论大致阐述一下'论译者的任务'。"[23]

本雅明之前在思想上已经为关于"语言和逻格斯"主题的大学任教资格论文做了准备,那为什么不把这篇论文的写作放到自己的翻译工作之前呢?本雅明译著的序言其实和波德莱尔的诗歌还有自己的翻译工作都毫无关系,但也并不是说他的理论工作就是徒劳的。本雅明给自己译著所写的序言——也就是题为《译者的任务》的文章,直到今天都还属于他最受夸赞和体系上最为清晰的作品。这篇文章事实上包含了一种独立的语言哲学的核心。

任 务

试图在本雅明的波德莱尔译文和《译者的任务》之间建立一种系统的内在联系,注定只能失败,因为两者之间不存在联系。尽管当时第一版译著那寥寥无几的读者必定会这样猜测,因为《译者的任务》毕竟是这部译著的"序言"。根据其非常原则性的、归根结底形而上的结构看,这篇序言还可以被放到其余译著之前,但最好还是不要放在任何译著之前。此外,如果不看这篇序言的标题,它根本就不包含任何独立的翻译实践建议,而且连一个具体的翻译实践例子也没给出。这篇序言和后

---

[23] 同上,第112—113页。

面翻译波德莱尔的译文之间唯一的关联在于，本雅明在诗歌中阐述了语言的真实本质，与此同时也讲到了译者的真正任务。在文学作品中，语言失去了其日常功能，即具体的信息传达。根据本雅明的观点，由此对于译者的任务来说产生了一个严肃的悖论：

> 一部文学作品到底"说"了什么？它传达了些什么呢？对那些领会了作品的人来说，它几乎什么也没告诉他们。文学作品的基本特性并不是陈述事实或发布信息。然而任何想要执行传达功能的译文所能传达的也只能是信息，也就是说，它传达的只是非本质的东西。[24]

如果说语言的本质在诗歌中表达得最为清楚，但是这种本质又不存在于一个人向其他人传达信息的能力之中——比如说让另一个人了解到一件事情（"你把雨伞落在我这里啦！"，"猎犬在客厅里睡觉"），那么一个译者的真正任务就不可能是将待译作品的内容尽可能忠实地从一门语言译入另一门。而译者的任务到底是什么呢？

译者的任务令作为哲学译者的本雅明感兴趣。换句话说，本雅明作为一位哲学译者的范围条件是，在翻译行为中可以揭示出一种最终具有语言哲学意义的现象。

　　把握原文与译文之间的真实关联需要一种权衡斟酌，权

---

[24] 《本雅明文集》第 4 卷第 1 本，第 7 页。

衡斟酌的目的完全类似于这种思路，即认识批判得要证明反映论的不可能性。我们知道在认识中根本没有客观性可言，甚至连要求客观性的可能都没有，因为我们在此面对的只是现实的影像。同样，我们也可以表明，如果译文的终极本质仅仅是努力向原文看齐，那么根本就不可能有什么译作。[25]

就像本雅明在其 1919 年写成的博士论文中揭示的那样，现代批评家的真正任务是，他自己必须成为一个作品具有创造性的共同创作者。译者的工作与此有相似之处：要以合适的方式来翻译一部著作，第一步要进行论证：不是要去翻译原作所要传达的信息，也不是在译入语中对译出文进行尽可能忠实的复制。

如果用比较直白的方式表达，那么本雅明的观点看上去也可以和翻译课程中一句关于翻译原则的常用格言联系起来："尽可能的忠实，必不可少的自由"。那么现在认识的实际收获是什么？来自哲学的新推动力又是什么？

这个新推动力的根基是一个于中世纪就已存在的语言哲学的区分。后来此区分借力于胡塞尔的现象学和戈特洛布·弗雷格的数理逻辑语言哲学而获得了新的重要性。弗雷格把此区分称为"指称"和"意义"之间的区分。在胡塞尔的现象学概念中这叫做"意指对象的意向"和"意指的方式"之间的区分。

如上区别的一个典型例子就是"启明星"和"长庚星"之间的区别。这两个不同的称呼方式指的都是星空中的同一个对

---

[25] 同上，第 12 页。

象，也就是金星。在弗雷格的术语中，这两个称呼方式有着**同样的指称**，但却有着**不同的意义**。因为针对同一对象的不同叫法强调的是不同方面：一个强调的是太阳升起之前，另一个强调的是太阳落山之后。"意指对象的意向"——也就是一个名称所指的对象——是同一个，但是"意指的方式"却是不同的。

同一语言内两个不同的词以轻微差异的方式指向同一对象，对于本雅明来说，这种关系对于不同民族语言诸如德语和法语彼此之间的关系是具有范例作用的，尤其是不同语言与世界之间的关系。

> 相反，各种语言之间超越历史的亲缘关系存在于每一种语言各自的整体意指中。不过这种意指并不是任何语言单独能够实现的，而只有通过各种语言意向的总体互补才能体现出来：这种意向互补之总和即纯语言。既使不同外国语的个别因素，比如词汇、句子、上下文关联是彼此排斥的，这些语言仍在意向本身中互补。我们只有区分开意指的对象和意指的方式，才能牢牢把握住语言哲学的基本法则。Brot[26] 和 pain[27] 说的是同一对象，但它们的意指方式却不同。意指方式的不同在于，这两个词让德国人和法国人联想到同一对象的方式是不同的，所以这两个词不能互换……但是在意指的对象方面，两者指称的绝对是同一对象。[28]

---

[26] 德语，意为面包。——译注
[27] 法语，意为面包。——译注
[28] 《本雅明文集》第 4 卷第 1 本，第 13—14 页。

本雅明借用赫尔德和威廉·冯·洪堡的思想阐述道，各种不同的语言并不仅仅是由于"发音和符号"而不同，而是自己看待世界的方式不同。我们也可以说，用自己的方式让同一个对象（比如上文说到的面包）获得稍有不同或全新的方面。这些方面涉及的是同一个对象，但涉及的方式并不是同一种意指的方式。在这个地方，语言哲学家本雅明不可避免地碰到了一个问题，这个问题已经于1916年在他的文章《论语言，尤其是人类语言》中深深困扰过他。一方面，我们尽可以认为来自不同语言的两个词汇以不同的方式指称了同一对象——比如说我们讲"一个面包"——但是我们还得考虑到，他们指称的对象仅仅是从语言上真实地进行了界定：也就是最终通过"面包"概念确定了面包这个对象。在启明星和长庚星的情况中，两个名称都是用来称呼金星的，这里的金星依旧还是通过"金星"这个名字来确定其身份。换句话说，两个不同的词汇以及包括本雅明说到的两个不同语言系统涉及的对象，其真正的身份是建立在一个无声的前提条件之上，这个前提条件就是作为所有语言基础的一种唯一真实的语言，即"真实名字"的语言。对于本雅明来说，这种真实的理想语言就是旧约中上帝的语言。

一种原始而基础的统一语言可以作为所有语言和所有意义的基础，就像我们看到的一样，这种想法也以各自的方式在思想上困扰着维特根斯坦和海德格尔。那么现在本雅明对此的建议是什么？维特根斯坦指出，世界和语言有着同样的逻辑形式；海德格尔认为，世界在我们之前（在语言上）就已经存在，这种先在性可以穿透意义。本雅明给出的解释和这二人都不同，他从历史神学的角度解答这个问题。他认为，用他自己的概念来说,"纯语言"或者"真语言"是上帝的语言。所以,人类作为能进行语言表达和研究的物种,其真正目标和任务必须是,使命名和交谈的直接统一尽可能接近上帝领会事物本质的方式(上帝总是能够找到确切的表达方式,不会疏漏任何一个东西的任何方面)。而且人类得通过创造一种语言来达到这样的效果,这种语言尽可能准确地领会和指称世界尽可能多的方面。

诗人在他们自己的语言中所努力的恰是这点——这里就仿佛降下了理论的帷幕:在事物的本真中去命名事物的本质,使其本质彰显出来。在此目标上,译者的神圣工作就拥有了合法性;原作者在自己的语言中选择了某种意指的方式,译者要在自己的语言中为其找到一个尽可能精确匹配的位置。译者的任务一直就是,通过译出语中的意指方式来丰富译入语,继续使自己的译入语得到发展和深化。换句话说,译者的任务在于,起码要使自己的语言在浓度上更加趋近于真正的译入语——上帝的真语言,即纯语言。因为实质上,一个伟大作家的优秀译作总是丰富了译者本族语言中"异"的力量,对其而言是有益的。一篇译作为译入语开发出新的意指方式,看待"同一对象"时有了用语言传达出来的新方法。用本雅明自己的话来说就是:

> 译者的任务……在于发现被翻译的语言中的意向,从这种意向出发,原作的回声得以唤醒……翻译……呼唤进来……原作(在自己语言的森林中),进入那唯一的地点,在那里原作固有的回声每次能发出外语的某个作品的回

声……因为将多种语言融汇为一种真语言的伟大动机完成了译者的工作。[29]

真语言在某种程度上可以说是所有语言表达的理想目标：在真语言表达中，每个事物自体都以完全清晰、各自不同和确定的方式向我们显示自身。如本雅明在 1916 年的著作中认为的那样，在真语言的状态中，所有存在的东西都可以为其找到相应的词或者名字，这是上帝给所有东西的命名。译者的任务就是人类自己的任务。

> 人类是命名者，由此我们认识到，纯语言出自人类。整个大自然，只要在倾诉，就是在用语言倾诉，因此最终是在通过人类倾诉。[30]

也就是说，如何寻找作为所有人类语言表达基础的一门语言（在同一时间段维特根斯坦、海德格尔和卡西尔也开始寻找这样一门基础语言），本雅明给出的解决建议就是如上说到的纯语言。纯语言是上帝的语言，是真语言。每个饱有含义的语言行为都在真语言的轨迹中移动，也都处在通向真语言的路途中。人们无法在自己的语言中直接说出或推导出这个情况，但这个情况可以在某些语言应用的情境中特别清楚地**显示**出来，尤其是在翻译文学作品的时候。

---

[29] 同上，第 16 页。
[30] 《本雅明文集》第 2 卷第 1 本，第 144 页。

彻底翻译

译者的真正任务是什么？如果人们第一次思考到这么远的地方，这个问题的答案会随着本雅明的思考扩展到人类言说的整体以及每个言说行为上。在一种很轻松就可以说得出的意义上，每个人最终有属于自己的语言，因此也会有其他语言。我们每个人听到"面包"这个词都会产生一些完全个体化的和个人的联想：不仅言说是一种翻译，而且首先，理解的每种形式也是一种翻译。根据本雅明的想法，每个人对于其他所有人来说都是一个"法国诗人"，其言说和命名行为都是那个自在的伟大目的的一部分，这个伟大目的归根结底就是人，就是使人成为文化存在物。其目标在于，将世界带到它最大程度的语言限定中。"真语言"是一种理想语言，它通过无数"听觉敏锐"的翻译成果得以丰富。对于本雅明来说，真语言是一种单子，世界每个可能的方面都能够以最大的凝聚度和精确度在此单子中映照自身。正如我们想象上帝的言说和思维一样，真语言终归会同世界真实的样子无法区分开。

当语言哲学家维特根斯坦从诗学领域被"驱赶"至逻辑学领域，并且最终找到了对这两个领域都适用的统一形式时，本雅明则是从文学经由逻辑学之后，深深滑入神学和犹太教弥赛亚主义领域。是的，这几天来本雅明被严重孤立，他不被理解，陷入重度抑郁，坐在德尔布吕克街家中的房间里。有一个世界可以激发出他作为哲学家最为敏锐的奔放想象力，可他几乎没有可能在自己具体的生存状态和这个可以激发他的世界之间建立起一段有意义的关系。在这点上，本雅明《译者的任务》堪称他以独一无二的方式把美学思想、文学思想和神学思想、认识论思想联系起来的范例。这篇文章也体现了本雅明思想中受到较少关注的另一种性格特色。那就是，他具备了相应的能力或渴望，总是将自身具体现实生活中那些完全普通的待解决问题或经验变成一个出发点，由此发展出一种自己的颇为讲究的理论草案。1920年到1921年也是这种情况：本雅明翻译了波德莱尔，同时中断了尚处于早期阶段的写作计划，即写作获得大学任教资格的论文，他把酝酿论文中产生的思想直接发展出一个翻译理论。这个翻译理论的目标别无其他，就是要将翻译行为确立为在哲学意义上决定一切的重要行为。本雅明一直以来所做的和将来要做的，他身上一直发生着的事情：他由此马上发展出了一个（迷你）理论，此理论的效果很有魅力，它将本雅明此时正在做的事情崇高化为具有重要实质意义的事情，甚至有可能是一种拯救世界的经验方式。这看上去——不光是第一眼看上去——有些极端自恋，但同时也特别清醒、精力饱满和存在感十足。这要求他付出所有的创造性思想能量，直至达到理解的绝对极限，也由此达到可译性的极限。恩斯特·卡西尔刚刚抵达汉堡，此时他正着手研究一模一样的问题。只不过他是以完全不同的方式开展研究和进行意指的。

狂热崇拜与音色

正如我们看到的那样，对于清醒的哲学家来说，"我能知道什么？"和"我应该怎样生活？"这两个问题是不可分的。那些重要人物的持续影响力和魅力，他们作为整个时代的圣像和主要人物的潜在地位，正基于此。

将自己的思想应用于生活世界的理想——其最纯粹的形式当以苏格拉底树立的那种形象为代表——进一步区分了哲学和其余认知世界的途径，如自然科学或艺术。做一名哲学家是过有意识的生活的一种方式，它可以通过持续的审视式发问来确定自己生活的面貌、形式和方向。这个特点将这种哲学思考和另外一种作为纯粹学院专业的哲学的目标置于一个可以察觉得到的紧张关系之中，这种哲学伴有制度条件下的一些规定、成绩证明和职业飞黄腾达之路。不是别人，正是海德格尔把这种哲学称为"学院式哲学思考"。对学院式哲学思考的公开质疑、甚至还有反叛和轻视，因此成为哲学领域中少有的几个基本常数之一。事实上，直到20世纪末期，哲学界多数具有影响力的人物，例如斯宾诺莎、笛卡尔、密尔、休谟、克尔凯郭尔和尼采，都不在大学的哲学专业里。一般来说，他们也会尽量跟学院式哲学思考保持尽可能大的内在距离，比如叔本华，还有20世纪20年代的海德格尔、维特根斯坦以及本雅明。他们自我描述中的一个本质元素是都明确表达了拒绝成为学院哲学家。他们在自我描述中小心谨慎地创造出一种紧张的场景氛围，人们乐于用"狂热崇拜"这个概念来描绘此种氛围。海德格尔、维特根斯坦和本雅明对于他们同时代的人来说就已经是那种真正受到狂热崇拜的人物。

恩斯特·卡西尔过去不是、现在也不是这种人物。他早在20年代初就被同时代人归入了完全不同的行列。例如被说成充满距离感的"奥林匹斯山众神"式的人物，或者在言行举止、教育和学识方面"无一不擅长的人物","最后一位通才"或起码"博学的学者"。如果用相对不那么中听的方式来描述，也可以表达成是学院的"哲学教师"和拥有公职的思想家这种模板人物。用卡西尔的同事马克斯·舍勒的话来说，也就是写作了"漂亮的、部分也是真实和深刻的普及教育书籍"的那些人。[31] 这是一个勇敢的人和思想家，但还无法跻身真正伟大的人物之列。

事实上，卡西尔从来没把他深深扎根于大学哲学文化这件事儿看成是一种限制或甚至一种疏远他者的扭曲。他作品的语言风格和表现形式尤其可以证明这一点。他的作品符合当时学术出版界的主流规范。在这方面，他和维特根斯坦、海德格尔和本雅明形成了对比，后面三人为了给他们的思想赋予表现力，都在各自寻找极端独立的（或者说仅是固执己见的）语言形式。因为这三人深信，适用于思想和生活之间哲学关系的相同框架，也适用于思想和语言、思想和语言风格之间的关系。表达自己思想的具体形式相对于内容来说从来就不是表面的，而是从一开始就对内容进行组织、从内在为内容打上了烙印而且表达了出来。在具有个人特色的意义上，卡西尔的作品没有表现出自己独一无二的"音色"。

事实也是，卡西尔生活在富裕市民阶级居住的汉堡市温特胡德区，就如之前在柏林住在格吕内瓦尔德区一样，他的日常生活和他那些同住一区的邻居们——医生、银行经理、商人——并没有什么本质区别。卡西尔的儿子们去上寄宿学校（去上寄宿学校表现出人们是乐于革新的，当时他们去的学校

---

[31] 马克斯·舍勒的话见，P. 维特克普，1922 年，第 164 页。

是已经成为传奇的奥登瓦尔德寄宿学校),卡西尔早晨会像执行固定仪式一般读报纸(总是先读体育部分!),和他的夫人讲一讲一天的行程安排,之后他就会回房间或者去大学开始思考工作。从学校回到家,便开始吃饭。饭后他喜欢和家人一起演奏音乐或者听音乐,上床之后习惯阅读一会儿,也有可能会读侦探小说。可以追述出来的是,卡西尔夫妇过着十分充实的婚姻生活,并和他们的三个孩子海因茨、格奥尔格和安妮组成了"一个快乐的家庭":发生的事情刚刚好,不会过多。

在本书讲到的四个哲学家中,卡西尔是唯一一位在性方面没有出现什么大问题的人,唯一一位从来没有经受过精神崩溃折磨的人。从他的生平经历来看,也没有过任何持续的创作危机或严重抑郁症。充其量是他的妻子在婚后的前几年被诊断出患有"轻微的晨型忧郁症"。在精神压力比较大的时期,卡西尔容易着凉发烧。就只有这些了。除此之外,卡西尔可以一直富有创造性地进行思考,从来没有中断过。他的妻子托妮回忆道,他不要求"身边的任何人去参与他的工作。如果他没有主动告知对方的话,对方很有可能几个月或几年时间就在我们的圈子里活动,却不知道卡西尔实际上是个哲学家,从早到晚在研究哲学问题"。[32] 卡西尔身上唯一显得确为极端的特点就是他在追求平衡方面的意志。因此,在这政治极为混乱喧嚣的十年里,在这四位思想家当中,只有他明确表达了对 1919 年建立的魏玛共和国的支持。是的,他是唯一一位坚定的民主主义者。

---

[32] 托妮·卡西尔,2003 年,第 111 页。

汉堡的歌德

卡西尔接受了汉堡大学的教职,刚刚荣升为哲学教授,持续进入了一段精神最高产的时期。1919年秋季学期,卡西尔列出了讲座课程,名为《康德和德意志精神生活》。可以想象,这是一个人迎来了最佳阶段:找到了自我,找到了可以发挥自身作用的地方。换句话说,在卡西尔身上,我们同样可以看到,他的私生活形象、思想风格以及作品语言,都在努力简明地体现出他自己的东西。只是卡西尔努力向我们表达的方式并不是摔角和斗争,像永远在进行竞技一般,而是以富有成效地解决问题的方式展现出来。卡西尔以他自己解决问题的办法来表现他的哲学生活。他是个在实际上会兑现承诺的思想家,他的承诺给予了他自己的哲学。

要衡量卡西尔取得了多大成绩,我们可以看看,如果我们了解的话,卡西尔的整个哲学在于,在深深扎根于其思想的二元论中高效地调和了看似存在的对立面,例如:内在和外在、肉体和灵魂、感觉和理智、精神和物质、思想和单词、神话和科学、经验和形而上学、统一和多样、人类和上帝、语言和宇宙。

在这样一种创造性的调和中,原则上也有这样的可能:当卡西尔乘坐有轨电车穿越因战争而伤痕累累的柏林时,核心灵感击中了车厢中的他。从1919年开始,他把所有精神力和好奇心都用于加工这些核心灵感。在他一步步加工出整个写作项目的轮廓后,他在结语部分写到了他的见解:

我们认识这种"生活"的方式,仅是通过它的"表达",

不过这也是我们先前所有观察的精髓。我们观察到，这些"表达"并不是偶然事件，也不是非本质或"表面"的，生活的表现是其"内在"和本质本身必要的、真实的也是唯一的表露形式。从最简单的姿势、语音到最高精神活动，以至于到纯粹"形而上学"，现在我们都可以看到，事实证明确是如此。[33]

1919 年秋天，卡西尔眼前展现出一个研究计划，这个计划将精神涉及的所有空间都理解成是人类表达不断发展的一种连续性。用什么手段和办法可以实现这个计划呢？在实现计划的过程中，首先应该更为仔细和批判地观察"精神活动"的哪种形式呢？让我们根据下面几个主导性的主题来追踪卡西尔研究计划头几年的情况。

基本现象

卡西尔研究计划的核心思想实际上在于，我们称之为"人类精神"的东西。"只有在其**表达**中才能达到它完全的真正内在。内在所表现出来的形式具有反作用，它会反过来决定其本质和内容。"[34]

从这个视角来看，幼儿最开始牙牙学语时模糊不清的话，

---

[33] 转引自 A. 舒伯巴赫，2016 年，第 433 页。
[34] 《卡西尔文集》第 12 卷，第 231 页。

以及后来他们能表达的单字句子("哒哒哒","球!")是一种内部体验的符号化表达。这种表达不光是简单地复刻或者反映出体验到的东西,而且还赋予体验一种具体的(此处是语音的)形式和形态。语音形式又在初次可重复的稳定性中反过来在结构上影响着自己的内在生活。

通过以物质形式表达的外在符号,人类不断努力要给自己的感性经验赋予一种有意义的表达。由此产生了一种活力,这种活力不光给人类自己,也给世界塑造了一种具体的形态或者形状。

不管人们看向哪里,都能发现,根据卡西尔的观点,"有种基本现象会清楚地显现出来:我们的意识不会仅满足于接受对外部产生的印象,而是会把每个印象同一个自由的表达行为联系起来,穿透每个印象"。[35]

在这种富有创造性的塑形中,(形式和内容)接续不断、彼此互为条件的这个过程整体——从最简单的姿势到最纯粹的形而上学——卡西尔称其为:文化。虽然事实上人们不能忽略这个过程中的内在多样性和繁多形式,卡西尔还是认为,可以将由此打开的空间看成是一个唯一的统一空间,也就是符号化的空间或者是由符号形成的空间。

以多样性为目标的意志

有一种思想认为,我们的精神不光是简单描画或者反映现

---

[35] 《符号概念的本质和影响》,第 175—176 页。

实,而是独立地为现实编排形式。这已经成为康德批判哲学和他所谓"哥白尼式转变"的核心思想:并不是我们的精神要按照事物的规则,而是事物要按照我们精神的规则。卡西尔的研究项目就是建立在康德批判哲学以及唯心论基础之上。不过卡西尔的"符号形式的哲学"强化了康德的一个思想,那就是,给我们生活的这个世界赋予结构、形态和意义的方式不是唯一的。康德在《纯粹理性批判》中创造世界的基本范畴实质上是以牛顿物理的自然科学世界图景为导向的。在这个世界,其"可能性条件"是首先需要加以理解和说明的。

卡西尔将其研究项目拓展至了解世界的合理多样形式,他从威廉·冯·洪堡的语言学中获取了认识论方面的决定性推动力(从威廉·冯·洪堡的语言学那里,卡西尔得到了对他来说在认识论方面的决定性推动,这促使他以一种多样化的方式开启其研究项目,这种多样化主张通往世界之路的各种形式自在地就具有平等的地位)。因为洪堡的作品在康德"哥白尼式转变"的意义上研究了各民族不同的自然语言(德语、法语、芬兰语、梵语……),认为这些语言给经验世界赋予了符号形式结构的不同方式。卡西尔是这么解释他把洪堡研究作为出发点的:

> 根据洪堡的观点,所有形成语词和语言的基础形式明显体现了一种特殊的精神形式,一种特殊的领会和理解方式。因此,各种语言的相异之处并非在于发音和符号,而是在于世界观的不同。比如在希腊语中月亮有丈量的意思,而在拉丁语中表示发光体之意;在同一门语言中,比如在梵语中,大象时而是喝两次水,时而是长着两颗牙,时而又是用一

只手完成动作。这些就表明了：语言从来不是简单地标示客体，标示被感知到的对象本身，而是标示由精神独立构成的那些概念，在这件事上，这些概念的种类总是取决于理智观察的方向。[36]

卡西尔现在把自然语言多样性的思想扩延展到了其他主要文化形式上，这些文化形式以特殊的方式让世界变得可见，给世界赋予了一个以行为为导向的形态。在他看来，相比自然科学的世界，自然语言的世界、神话世界、宗教世界、艺术世界、数学世界或者更确切地说逻辑世界尤其体现了这一点。根据卡西尔的理解，所有这些都是"符号形式"，它们有着自己的总体结构，也有决定各自形态的结构规则。卡西尔哲学中认识论方面的关键点就在他如下的理解中：

> 没有任何的形态（也就是说符号形式）是从其他的形态中成长出来的，或者说推导出来的，每种符号形式都标示着一种特定的精神理解方式，并且同时在这种理解方式中、也通过这种理解方式来构建出"现实"自身的那一面。[37]

同样地，如果问拉丁语的"luna"是否比希腊语的"μήν"更加恰当地描绘了"月亮"本身，那这个问题就没什么意义。有意义的提问应该是，以哪种形式来理解"现实本身"会更加合适？

---

[36] 同上，第 101 页。
[37] 《卡西尔文集》第 2 卷。

以神话的形式，还是以艺术或者自然科学的形式呢？就如拉丁语的"luna"特别强调和突出月亮的某个方面（发光），而希腊语中的月亮则把重点放在了用月亮测量时间的功能上。

换句话说，用符号构造形态的过程如果是基于纯粹复刻或者复制感官经验，那么这些过程就并不仅仅总是具有创造性的，而是会以各种富有创造性的形式来遵从特殊的兴趣和重点。作为这个世界上具有行为能力和感受痛苦能力的存在物，这些特殊的兴趣和重点会给我们指出方向、引导我们。

神话、宗教、艺术的符号形式和自然科学的符号形式所遵循的是完全不同的兴趣方向：对它们来说，重要的东西是不一样的。因此，它们让世界以不同的形式展现在我们面前，并由此带来了不同的意义。

> 然而对于这样的问题，在精神功能总体之外的绝对现实可能是什么，在这个意义上"自在之物"可能是什么？——这个问题自然再也得不到答案了……实在的真正概念不能硬套到完全抽象的存在形式上，而是会化为精神生活形式的多样性和丰富性……[38]

关于存在一些什么东西、怎样存在的问题，由此就不能独立于所有符号形式而提出，而只有在符号形式**中、以符号形式**才能有意义地提出。并且，根据人们着眼于什么样的符号形式来提出这个问题，这个问题——根据决定和限制这种符号形式

---

[38] 同上，第48页。

结构的内部规则——也会得出**不同**结果。例如在物理世界中就不会出现"生命"概念，同样"仁慈"和"命运"也不会出现。相反，对于生物学来说，"生命"是个绝对中心的概念，正如仁慈和命运概念对于绝大多数宗教来说也是中心概念。人们提出了理智、科学的异议，"在现实中"并不存在仁慈，因为物理学中的"现实"最终可以缩减为虚无、不存在。根据卡西尔的观点，只有一点是显而易见的：人们并没有理解宗教的符号形式——以及它所承载的生活形式——到底讲的是什么。这样的事情以前已经发生过了。但是人们还是不应该把自己的局限性和偏见以令人误解的方式作为所有"现实"的标准，正如直到今天在著名的"-ismen"（**主义**）的限制之下都会一再发生的情况，常见的主义形式有物理主义、经济主义、唯物主义、生物学主义……根据卡西尔的观点，所有这些主义的用法都被一个基本错误决定了。这是一个人类认识能力以及归根结底，自恋的争夺霸权的基本错误。其错误在于，把自己的认识视角和理解现实的能力宣布成——或者更过分的是，美化成——唯一真实和富有成果的视角和能力。

前进

在卡西尔看来，被信以为真的认识论中心问题——自在之"现实"的特性是什么，其实是个错误的问题。为什么呢？因为这是个没有方向和弄错的方向的问题。这个问题就相当于在问，某款椅子外形或者某个墙纸图样是否"合适"。现在

语言

人们应该怎样回答这个问题呢？因为"合适"明显就是一个相互搭配的关系：是否合适，这只能在具体的总体情况中进行评价，得看某个特定的东西要搭配什么样的总体情况或者安排。而就算是某个东西相对于总体情况已经合适了，这个总体情况又会被放到一个更大的关联之中去：一个沙龙、一间书房、一个诊所……

在卡西尔研究符号形式哲学的最开始几年，他不仅勾画了一种新的独立哲学，而且最重要的是也勾画了一种新的从事哲学的方式。因为根据他的见解，一个哲学家必须首先要仔细研究一下当时的符号形式及其特殊的构造逻辑。而由于一个哲学家作为研究者无法在所有这些领域都马上熟悉和活跃起来——作为哲学家的角色，而不是指他的任务——所以哲学家就必须把耳朵打开去找科学家求助。科学家可以告诉哲学家，这些符号世界各自是怎样建构起来的，有哪些构成规则和建构原则是其基础，是必须遵循的。也就是说，拿语言的情况来说，哲学家应该去求教经验语言学；举神话为例，哲学家应该去找人类学家和民族学家；还有物理学，去找理论物理学家……因为：

> 如果所有文化在特定精神图像世界和特定符号形式的创造结果中被证实是有影响力的，那么哲学的目标就不在于要回溯到所有这些创造的背后，而是更多地要在创造形态的基本原则中去理解创造，使创造成为有意识的行为。[39]

---

[39] 同上，第49页。

核心概念以其整个多样性给予我们生活的意义和支撑，哲学作为一种要持续检验这些核心概念的工作，因此就成了文化哲学。由此，哲学成了一种活动，这种活动——如果不想衰败为在卡西尔看来必然无意义的那种尝试，就要"回到所有这种创造背后"，以便把握那种可能的"纯粹、不虚伪的生活"或者"纯粹、不伪装的现实性"——只有与其他科学和知识领域**主动对话**才能被理解并证明自己。在卡西尔入住温特胡德区房子的前几年，那里就已经成为——像人们今天说的那样——一个跨学科论坛。例如，1921年冬天，阿尔伯特·爱因斯坦就在卡西尔的家里举办了一场关于相对论的演讲（卡西尔不光是当时相对论的听众，他还——如他自己所说——于1920年"纯粹根据自己的理解"针对相对论写了一本小书；顺便提一下，这本小书受到了爱因斯坦本人的高度肯定）。

这种语言存在吗？

这就是卡西尔"符号形式的哲学"之纲要。在通往它的路上，卡西尔以符号哲学的视角去理解前文中的科学领域的个别研究结果，然而如果这些研究结果可能使人对他自己的全部思考产生明确质疑，那他也必须以怀疑的态度接受并承认这些结果。

这样，根据卡西尔的想法，人类语言——这也是卡西尔《符号形式的哲学》第一卷的研究对象——就是一种独特的符号形式。因为存在着极多的人类语言，所以卡西尔就必须从这样一个设想出发：从一个更为抽象的层面来看，所有人类语言的语法和发音构造原则都具有一个相同的深层结构，拥有相同的构造原则。卡西尔把这种作为所有语言基础的设想形式称为"纯语言形式"。顺便提一个假设，这个假设的形态就是诺姆·乔姆斯基的"生成语法"理论，这一理论从1960年起的几十年间一直支配着作为科学的语言学。直到1919年秋天，当卡西尔越发深入地进行语言学研究时——他的阅读书单上有超过200本专著——他就对自己研究项目的这一具有支撑作用的基本假设抱有怀疑态度了。他必须承认，这种作为所有语言根基的统一基础结构可能并不存在，也可能根本就没有一个"纯语言形式"，根本上有的只是许多各种各样、彼此完全不相兼容的深层结构。（这是目前乔姆斯基之后的语言学中越来越得到支持的一个假设。）可能根本就没有这样**一种纯粹的语言形式**，因此也就没有这种语言的符号形式了。那究竟有什么呢？在卡西尔《符号形式的哲学》第一卷《语言》中，他公开讲到了这个在研究早期就出现的危机：

> 必须努力去获得尽可能远的鸟瞰，不光要鸟瞰单个语言的现象，也要概貌性地了解，各个彼此不同的语言它们各自的结构以及思想的基本类型。还有语言学文献的范围……通过尽可能广的了解，文献范围自然可以得到极大的拓宽，这样就可以一直向远处推进本领域研究从一开始就隐含着的目标……[40]

---

[40] 同上，第 X（10）页。

卡西尔越是深入地探究语言学的研究成果，他脚下哲学根基的裂缝就越多。然而——或者说也恰是因此——他才可能一直往前挺进。他这么做，是希望作为所有语言基础的统一结构可以在未来语言学研究中更为清晰地显露出来。

1919年，一个哲学家如果对语言在人类认知和生活方式中所扮演的角色没有说过什么，那他确实就是对此无话可说。这点卡西尔也是很清楚的。如果存在着一种坚定的信念，维特根斯坦、海德格尔、本雅明和卡西尔在这个（以及在任何其他）思想阶段不厌其烦和无条件接受的信念，那这个信念便是：人类的生活形式是一种言说的形式。在这个意义上，语言并不仅仅是符号形式之一，而是所有符号形式中最为重要和本质的。语言是理解自我和理解世界的真正基础。尤其地，哲学思考作为不可后退的"推理活动"本身，就是在语言这种形式中发生和出现的。用卡西尔1919年的话来说：

> 它（语言）处于精神存在的中心位置，各个不同来源的光线汇聚于此，各种不同领域的路线也由此出发。神话般的时刻和逻辑的时刻，美学直觉的方向和推理思考的方向：所有这些都完结于语言中，而语言却并非产生于它们中任何一个。[41]

就如我们看到的那样，对于这四位哲学家来说，在系统上具有决定性意义的问题都是，是否存在唯一一个具有统摄性的统一语言来作为各种不同自然语言的基础？如果是的话，那是

---

[41] 转引自 A. 舒伯巴赫，2016年，第355—356页。

如何根据其形式来创造这种语言？尤其是，这种语言的意义最终是如何建立的？每种语言和我们的关联是什么？我们是在给我们的话语赋予指称和意义吗？还是说其实是话语和符号本身那建构世界的力量使我们——具备提问能力的我们——拥有了生命、思考和提问的可能？是谁构成了谁呢？以哪种形式？最重要的是，有哪些目标？

IV

形 成

1922—1923

海德格尔做好了战斗准备,
卡西尔失去自制力,
本雅明与歌德共舞,
而维特根斯坦在寻找一个人

愿小屋安宁

1922年秋天,海德格尔家现实生活的负担也越来越重。在布赖斯高的农村,海德格尔家已经算是条件最好的家庭了,但即便如此,他们还是受到了食物供给危机的威胁。如同绝大多数德国人一样,他们在日常生活中要为了获得最基本的生存物资而斗争。由于人们逃脱不了迅速恶化的通货膨胀的影响,时间便成了决定性因素。冬天即将来临,他们得找到聪明的解决方案,特别是要提前准备好柴火和生活必需的食品。"妈妈问我是否需要在10月1日之前寄些土豆过来。我回答她说:是的,同时把钱寄给了她。要是土豆到时候还到不了,我该怎么办。"海德格尔于1922年9月27日给埃尔福丽德写信时这么说道。[1] 当时埃尔福丽德正和两个儿子待在巴符州托特瑙堡刚建好的小屋里,而海德格尔则身处弗莱堡,处在写作一篇新手稿的高压下。

土豆到了之后该怎么处理:存起来——如果这么办的话,存在哪里?自己吃掉?和胡塞尔家分享土豆?还是干脆卖掉算了?这些具体的生存问题一辈子都是由埃尔福丽德负责解决的。尤其是为了让她的思想家丈夫可以持久地从日常单调乏味的琐事中解放出来,她在1922年2月的一次冬季漫游之后制定了一个计划,打算在南黑森林地区的一面斜坡上买一块地皮,找人在上面建一座木屋。为了实施这个计划,他们在当年冬天动用了他们遗产的一部分(整整6万马克)。埃尔福丽

---

[1] 葛尔特鲁特·海德格尔,2005年,第124页。

德制定了木屋的建造计划，组织和监督了木屋施工。因为建造木屋这个事儿也是时间紧迫。为了能够得到有价值的外汇，从1922年8月1日起的几周时间，他们将弗莱堡的住宅出租给了一对美国夫妇。到这个时候他们必须得搬进木屋居住。实际上木屋几乎就快完工了。

1922年8月9日，海德格尔夫妇牵着大儿子、背着小儿子，如今是一家四口的他们第一次来到了那间位于海拔1200米处的庇护所。今天，这里已经成为哲学史上一个传奇地点。直到生命尽头，海德格尔在这里度过的每分钟几乎都是自由的。在这个荒凉的与世隔绝的南黑森林地区，海德格尔作为一个人、一个哲学家真正找到了自己，进入了思考状态。在这个木屋里发生的就是这些。至少，当人们和海德格尔一样如此看待和理解世界时，就是这样的情况。

极其重要的聘任

8月，海德格尔住在黑森林地区山上木屋的头几周就已经产生了惊人的效果。"我必须得说，看到自己在小木屋里面写出来的那些手稿，我觉得它们不能不算成功。"这是1922年9月2日海德格尔从海德堡给他妻子写信时提到的。当时，海德格尔到海德堡找卡尔·雅斯贝尔斯，在他那里待了一周时间以便进行思想交流。雅斯贝尔斯实际上毕业于医科，是精神科医生。1919年，他凭借《世界观的心理学》成为哲学畅销书作者，他在学术和公众方面的决定性影响力又保证了他能在海德堡大学取得哲学教授职位。

在《世界观的心理学》一书中，雅斯贝尔斯从心理学的性格研究中推导出哲学——世界观方面的影响。更重要的是，他设计出了人类存在形式的一幅图景，而人类存在的真正本质恰恰是在极端状况中展现出来的，比如濒死状况。这也总是和解放、解脱相关。雅斯贝尔斯所说的这些内容，其实是哲学探讨中一种接近生活的治疗方法，它特别重视通过极限经历和危急时刻来真正发现自我。这本书就像是为那一代精神受到创伤的战后返乡者和战争失败者量身定做的一般。

海德格尔也感觉自己受到了雅斯贝尔斯这部成功大作的触动。1920年的一个周日，海德格尔和雅斯贝尔斯在胡塞尔家喝咖啡时第一次碰面，两人从1921年开始定期通信。他们对当时学院的标准哲学现状同样感到失望，很快他们就达成共识，觉得有必要在"对抗荒芜的战斗"（海德格尔语）中一起做点儿什么。

因此，1922年9月，海德格尔很快就下定决心接受雅斯贝尔斯的再一次邀请，和他进行对话并进一步发展之前已经意识到的共同点，"在合适的时间里待上几天"研究哲学。海德格尔在雅斯贝尔斯那儿待了将近一周，雅斯贝尔斯考虑到"双方的生活现状"，坚持要支付海德格尔的旅费（1000马克）。雅斯贝尔斯是有着稳定收入和积蓄的大学教授；海德格尔在弗莱堡的职位只发很少的薪水，而且十个月之后工作合同就到期了。海德格尔受聘为大学教授就成了当务之急。如果到时候还无法如期受到聘任，那么这一棘手状况就会导致海德格尔的年轻家庭无法维持生活。海德格尔的妻子埃尔福丽德也担心这样

形成

的状况发生，所以尽管她长期在生活的重压下筋疲力尽，可还是在 1922 年初捡起了她国民经济学的学业。家里总得有人去挣钱。目前看来，埃尔福丽德那位在哲学方面激情饱满的丈夫恐怕是难担此任。

　　从友谊带来的幸福来看，海德格尔和雅斯贝尔斯都觉得在海德堡的那几天收获非常大。在后来的十年中，雅斯贝尔斯不光是海德格尔亲密无间的极少数对话伙伴之一，也是他真诚尊敬的哲学家。不过，职位聘任的某种悖论也给这次见面投下了阴影。正是在两人共同要为反对学院哲学而献身努力的时期，海德格尔最希望的事情就是，能够在分崩离析的魏玛共和国某处成为一位拥有国家公职的终身思想家。在这方面，胡塞尔是具有决定作用的支持者。而雅斯贝尔斯只能排到胡塞尔之后。

　　1922 年 11 月 19 日，海德格尔在给新朋友雅斯贝尔斯的信中写道："在您那里待的八天会始终伴随着我。"他还写道："那几天里突然发生的事——但是对外其实也没发生什么事——'语言风格'的确定性，一天很自然地过渡到另一天，友谊以一种并不多愁善感的苦涩的步伐朝咱们走来，'双方'都更加确定可信赖的战斗共同体在增强——所有这些对于我来说都是悚然无亲的，就如同世界和生命对于哲学家来说是悚然无亲的。"[2] 在何种意义上，世界对于一个从事哲学的人来说必定一直是悚然无亲的，对此，海德格尔在 1922 年秋天最终找到了他自己的语言。

---

[2] W. 比梅尔和 H. 扎纳（编），1990 年，第 33 页。

生存的预防性检查

为了能够在马尔堡得到一个自由的教授职位，海德格尔得以书面形式把最新研究递交上去。在这样的压力之下，他在去海德堡拜访雅斯贝尔斯后的三周里、在山上新建成的小屋里，继续迎来了又一次思想突破。胡塞尔的夫人仔细对着手稿快速灵活地打字。在 10 月初海德格尔就已经把应聘马尔堡大学（还有哥廷根大学）职位的论文《对亚里士多德的现象学解释——解释学情境的显示》提交上去了。其实这篇论文和亚里士多德的关系就如本雅明《译者的任务》和波德莱尔的关系一样——没有太多关系。在论文中，海德格尔再次以迄今为止唯一尖锐和清楚的方式更多地讲了这个问题：哲学的真正任务可能是什么？根据手稿，他的问答可以用很简短的关键句来总结：

哲学研究的对象是就其存在特征而被追问的**人的此在**。[3]

在海德格尔的著作当中，这是第一次出现"此在"概念，它被理解为人的特殊样式和方式，这个世界一直以有意义的方式吁求和要求人去找到它。

世界与我们相遇的特定方式总是吁求我们、要求我们。[4]

---

[3] 《海德格尔全集》第 62 卷，第 348 页。
[4] 同上，第 354 页。

在此意义上,哲学思考是持续不断的自我阐明所构成的一个发问过程。但是"此在"这个概念的革新也明确地连带意指着这一任务的不可委派性:每个人都得自己完成这个任务、在自己的所在之处、所处之时。在生存中没有不在场的借口。至少在哲学存在中没有。用海德格尔的话说:

> 实际的此在,不管它是什么,总得是完全属于自己的此在,而不是某种普遍人性意义上的"总体来看的存在"。[5]

当然,每个此在的过程,尤其是无法保证一定会有什么结果的过程,也是无论如何都无法拒绝和转移的。假如人此在的可能性并不是开放的,那么人的此在就不是人性化的,也就是不自由的。为描述对这种可能性多多少少有意识的忽略,海德格尔选择了——顺便一提,写了《逻辑哲学论》的维特根斯坦亦是这么做的——那个具有神学色彩的概念 Fall(堕落),但意为"沉沦"。沉沦是一个令人遗憾的景象,但根据海德格尔的想法,沉沦也是常见景象:

> 实际的生命,它本来都是这样的个别者,但大多数情况并不是以这样的方式度过,原因在于沉沦的倾向性。[6]

按照海德格尔的观点,绝大多数人的沉沦倾向可不是由于

---

[5] 同上,第350页。
[6] 同上,第358页。

缺乏理智能力，而更多是得归责到一种追求生存舒适性的偏好。简单来说：大多数人一辈子更喜欢避开自己，而不是认真寻找自己。这种自觉回避自我的形式肯定既不会特别痛苦，也不会不舒服。是的，毫无疑问，这是一条更为安全、在某种乏味的意义上亦是一条能保障幸福的道路。但这条路通向的终点只能是，人们永远无法真正成为自己、或者成为本可能成为的人。人们过的是一种自己选择的、持续错过自我的生活，在海德格尔的意义上，这种生活令人担忧的地方主要在于，它所专注的东西都不是真正重要的东西，无法承载生活的意义：在物质生活领域就是专注于流行的消费品；在社会生活领域就是专注于职业平步青云；在人际交往领域就是专注于友谊而不关注真正的对话，专注于按部就班的婚姻而不专注于爱情；在宗教领域就是专注于学会一种信仰，却没去真正感受上帝的存在；在语言领域体现为，人们持续不经思考地应用提前准备好的句子和空话套话，这些内容人人都会说并认为其是对的；最后，在研究领域，人们枯燥乏味地重复一些自认为已经肯定知道答案的问题。

海德格尔过的不是这样的生活。他从周围世界中听到了另一种要求。在过去两千五百年年中——大致从亚里士多德那时算起，有些概念、范畴和规定指引着人类对自己的独特此在进行思考；海德格尔的要求指的是，起码能够对这些概念、范畴和规定进行基本批判。他想要最终严肃地"就其存在特征追问此在"。因而，他在《对亚里士多德的现象学解释》中得出了这样的洞见：这个关于"人的此在特征"的开启性问题，其最终目标必须是，对那些概念和范畴进行一种完全的解构和替代。

海德格尔在这第一篇真正独立的论文中已经体现出了自己的风格,这篇论文就如一种要拆除概念大楼的重锤球一般。追问此在的田野已经被遮蔽和毁坏了,变得毫无希望。这篇论文的目标是重新获得一个看待这片田野的自由视角。

迎向风暴的勇气

战后的德国在凡尔赛政策之下产生了离心力,面临着被这些离心力最终撕碎的危机。正是在这个时候,海德格尔决定要成为一名思想家,他也要思考存在策略,反思可能的基础要素。针对在海德格尔时代中那些看上去毫无指望的离心力,他集中关注的是这些离心力的此在根源是什么。纯粹从哲学来看,具体做法是以看上去尽可能清晰的方式来揭示实质性问题。从概念来说,就是一种更新和奠定基础的意志:即想要适时更新那些被理所应当接受了的传统清单,这个旧清单已经被扭曲了;还要在具体的此在经验中给所有这些传统奠定基础。海德格尔呼吁进行发问式的内省,这种呼吁其实每个存在者都能在自己身上感觉和获知,在此意义上,人们从哲学方面对自我进行阐明,尤其需要强调的是,阐明方式是个性化的。海德格尔对此进行了具体的生活实践,他最终郑重地退隐到思想者的木屋中。木屋位于家乡黑森林地区的山上,秋天在屋里可以感受到外面四处都在刮着大风。

在随后几年中,海德格尔总是把木屋的生活经历,尤其是那里的风暴，等同于思考经历本身。在被误认为是安全的木屋中，人们可以越发深刻地感受到人类完全暴露在大自然原始力量中的那种悚然无亲和根本性的听凭摆布。对此，海德格尔在11月份写给雅斯贝尔斯的信中说到过，这种与哲学思考本质相符的悚然无亲，恰在哲学思考感到深深扎根的地方以全部力量和强度向此在显示出来。

根据海德格尔的理解，哲学思考的目标一定不是持续的安抚此在或者灵魂平静。相反，它展现为这种持久的意志，即要将自己置于极端问题的风暴中；展现为这种探寻的勇气，即在人们曾经错误地以为并且希翼拥有安全根基的地方，去察觉那里其实是个无底深渊。这样一条思考之路绝不好走。这条路最为喜欢的就是极端焦虑和危险的时刻。

转到政治领域来看，这样一种姿态导致对那些例外状况——如极端危机和危险——持特别肯定的态度。而实际上，当出现例外状况时，没有别的解决方法，只能要求针对例外状况进行真正的决定和冷静考虑。

1922年和1923年，不管这所谓的"灾难年份"可能会使现实生活多么艰难，就当时的社会气候状况而言，它在海德格尔那里还是受到了无条件欢迎。作为一种开启性的时刻，它许诺了一个根本上的新开始和一种彻底的思想转变。这样，他在1922—1923年冬天就已经觉察到了一个极具爆炸力的极端时代的到来。而在十年之后，那时，海德格尔处在一个完全不同的、制度稳定的位置上。

职位之战

1922年秋天，此时此地，海德格尔终于算得上是第一次可以占有一个稳定的学术岗位了。海德格尔只想知道他"对亚里士多德的解释"具有多大的哲学爆炸力。"在马尔堡，这项工作取得了成功。"海德格尔在1922年11月写给雅斯贝尔斯的信中以士兵的语言风格报告了情况。他在信件结尾说的话，肯定是能读出多重含义的："我能干地为冬天搜集了柴火，入库备用。"[7]

我们可以体会到，海德格尔等待着、期盼着，也抱怨着那"令人讨厌的状况"，是这"一半前景、一半阿谀奉承等等的纠缠撕扯"将一个人"带进了"这"令人讨厌的状况"中。1923年3月，海德格尔终于间接得到了马尔堡那边的消息。马尔堡并不想要他。起码目前还不想要，或者很有可能就是不要。埃尔福丽德已经超出了自己的生活负担极限，只能在1923年1月最终放弃学业。现在生活就面临着严峻的状况了。"我们不会马上就饿肚子的。"海德格尔在这年3月的一封信中劝慰妻子，想给她打打气。一个月后，海德格尔对生活的期待已急剧降到最低值："够了，只要我们还养得起孩子们，我还有很多比追求飞黄腾达的事业更重要的事情要做。"[8] 现在，就算没有学术职位，也得以其他办法继续生活。不然海德格尔9月时也不会这么写了："陷入困境的现实生活是迂回的。"

---

[7] W. 比梅尔和H. 扎纳（编），1990年，第122页。
[8] 葛尔特鲁特·海德格尔，2005年，第127页。

当时，通货膨胀迅速加剧。海德格尔给自己开发了一个新的收入渠道，就是给一个日本贵族——"九鬼伯爵"（九鬼周造）当私人哲学教师。尽管如此，海德格尔还是有很多忧虑。1923年6月18日，天空放晴，传来了好消息，他受聘于马尔堡了，是一个"额外的大学教授岗位，拥有跟正式大学教授一样的职位和权利"。"终于不再被排除在外了，"雅斯贝尔斯马上就从海德堡发出祝贺，并且他还像父亲一般，给了海德格尔乐观的保证，"关于收入，你几乎不可能要求更多了。"这没关系！反正海德格尔，在一定程度上可以说是按照自己的本性，也并没有计划要"成为一个高雅的、行事小心谨慎的教授，'不斤斤计较'他的收入。"他在1923年7月14日的回信中坦白说道：往后要"以我目前的方式……吓唬吓唬"马尔堡的同事——新康德主义者、卡西尔的同伴保罗·纳托普（他为了海德格尔的聘任事宜付出了巨大努力）；"一个16人的突击队也一起来了，这16人中有些不可避免是随大流者，还有几个是特别认真和能干的。"

海德格尔打算接受风暴中的马尔堡。接受了马尔堡也意味着接受了整个思考着的世界。

坏邻居

就如之前说过的那样，想要让卡西尔不再冷静并不是件容易的事儿。即便是在1922年到1923年的危机年份，他的工作精力和工作效率也丝毫没有受到干扰。卡西尔完成了《符号形式的哲学》第一部分,并直接投入了第二部分的准备工作。第二部的内容是神话思维的现象:因为从原始时代开始,神话以及与其联系在一起的礼仪和禁忌也给人类提供了在世上找到方向的行为导向形式,而且也构成了符号成型的实际源头。"你真的不用担心我,我不光可以如常忍受孤单,而且我恰恰要寻找孤单,因为对于我最近过度紧张的神经来说,孤单就是最好的也是绝对有效的良药。"卡西尔这么写道。[9]1922年7月5日,他在位于汉堡的别墅书房里,淹没在一堆关于宗教史和民族学的书中,给妻子写信。这段时间,他的妻子和孩子们一起待在维也纳的亲戚那儿。上个月与邻居发生的一件不愉快的事情已经抹去痕迹,但在卡西尔身上并没有过去。卡西尔的孩子们,尤其是他当时14岁的女儿安妮,在上下学路上已经时不时"被邻居家喊出来的话语"骚扰,而且上个月这件不愉快的事情更是升级到了一个新的越界层面。就算是脾气沉稳的恩斯特·卡西尔也已无法再忍了。

汉堡,1922年6月10日

尊敬的先生:

　　昨天下午,您趁我不在家时接近我的妻子和岳父,和他们说话,最后还向他们抛出了一些骂人的难听话。对一位您根本就不认识的女士,还有一位76岁的老先生做出这样的事情,本身就已经能够说明一些问题了:无需再给您的性格做多余的评价。自从成为您的邻居后,我已经在咱们之间

---

[9] 转引自托妮·卡西尔,2003年,第138页。

划出了一条清晰明确的界线。我必须提醒您，不能再有下次的越界行为。到目前为止，我已经努力阻止了其他人对您动手，而且考虑到我孩子们的教育，我坚持让邻里的这些父亲们不要去对您的儿子怎么样……[10]

这是发生了什么事儿？住在汉堡阿尔斯特河支流另一侧的一户人家的花园与卡西尔家相邻，邻居先生名叫哈赫曼。夏日里的一天，卡西尔夫人非常有礼貌地询问哈赫曼先生，哈赫曼家7岁的儿子在他自家花园里玩耍时能否声音小一些，或者去别的地方玩耍。因为卡西尔夫人此时正在她的花园里面阅读，她的父亲也来到汉堡，待在女儿这里，而哈赫曼家孩子极具穿透性的吵嚷声很是要命，这让父女俩觉得深受打扰。听到卡西尔夫人的询问，哈赫曼先生怒火中烧，他对着卡西尔夫人叫嚷："您觉得您就没有打扰到我们吗？您那纯种的外貌就已经是在打扰我们了——你们所有人肯定全都是巴勒斯坦来的。"[11]

卡西尔的夫人托妮·卡西尔在流亡美国时回忆到这次栅栏边上的争吵，感到这是一件令人记忆深刻的大事儿："从那天起，我就开始了与德国的分离。"对这件事儿起决定作用的，不光是哈赫曼肆无忌惮直接表达出来的仇恨，托妮还明确感受到，在魏玛共和国这段早期的危机岁月中，反资本主义、反共产主义和反犹主义爆炸似地混合在一起，共同发酵。这种混合在最高的教育圈子里都有了越来越多的追随者，也获得了公众

---

[10] 同上，第132页。
[11] 同上，第131页。

的支持。

关于栅栏争吵这件事儿,恩斯特·卡西尔认为,可以通过明确划定私人边界、践行市民礼仪和学者自觉的退让风度——退回到自己的圈子里——来摆脱这种变得越发日常的令人讨厌的事情。在这段夏日时光里,他丝毫没有和家乡德国做内心告别的想法,他尤其无法和汉堡告别。他始终只有在这里才能感觉到,在此时、在某地受到了完全的承认和接受。这尤其是因为,卡西尔在这个生活阶段发现了他真正的思考场所。这里所说的思考场所,不是黑森林山坡上一座孤单的小木屋,而是一位文化科学学者(不任固定职位)的个人图书馆。这位学者出身世界上最具影响力的银行家家族之一,是家里的长子。他三十多年以来搜集了数万册书籍放到自己家里,内容涉及人文学科和科学史方面稀少独特的研究,并按照自己的想法对这些书籍进行了整理排列。这里说的图书馆,指的是亚伯拉罕(昵称阿比)·莫里茨·瓦尔堡的个人图书馆。卡西尔在 1920 年冬天第一次来到这座图书馆。在后来的十年里,这座图书馆实际成为了卡西尔的创作灵感之地。

好邻居

阿比·瓦尔堡图书馆的首席管理员、助理馆长弗里茨·萨克斯尔博士领着卡西尔,用整整一个小时的时间走过那些书籍排列整齐的——也是按照极度任性的规则排列的——书柜和书架。这之后,卡西尔感到震惊,喃喃自语道:"我不能再回到这个地方，否则我就会在这个迷宫里永远找不到方向。"[12] 这个图书馆的神奇之处一方面在于它的馆藏极其丰富，另一方面在于还有那些从全世界仔细搜集而来的珍贵稀有文献。对于卡西尔来说，这个图书馆真正神奇的地方在于其本身的理念，显而易见，它的目标在于服务于人类精神，不管是这个图书馆的建立，还是其中图书的排列方式都带有此目标。

这里的图书的分类排列依据既不是字母表也不是年份，而是瓦尔堡自己想出来的一个系统，即所谓的"好邻居"规则。这"好邻居"排列系统又是建立在他自己的一个研究体系之上，这个研究体系讲的是人类文化到底是什么，人类文化的特点又是什么，有哪些动力决定了人类文化在近几千年来的发展。

这样，所有馆藏图书被分成四大部分，这四大部分的基础是四个哲学基本概念。（直到今天）这四个概念叫做：[13]

导向（Orientierung）图像（Bild）词语（Wort）行动（Handlung）

瓦尔堡的"导向"概念指的是图书馆的"头部"。这个概念的前提是，世界对于像我们这样的有生命之物来说，并不是理所当然就可以理解的。人类不仅是几乎不受保护、没有理性地来到这个世界，而且首先是几乎一无所知。于是人类就产生了这样的核心需求：要在思考和行为中、在自己和世界的总体关系中首先找到方向；由此核心需求就产生了人们称之为文化的

---

[12] 参看托妮·卡西尔，2003年，第126页。

[13] 参阅 http://www.warburg-haus.de/kulturwissenschaftliche-bibliothek-warburg/。

形成

东西。这曾是康德哲学的实际出发点。卡西尔不仅强烈赞同这个出发点,而且这个出发点还是卡西尔主要著作的实际根基。当时,他的主要著作还处在创作的开始阶段。瓦尔堡图书馆把如下类别的书归到"导向"概念之下:迷信、魔法、宗教、科学——作为人类寻找方向的基本需求之重要文化成果。

通过哪些形式和媒介可以长久提供导向成果呢?在瓦尔堡系统中的"图像"、"词语"和"行动"部分里,已经暗含了这个问题的答案。也就是说,正是通过卡西尔在他哲学里提到的、将其称之为"符号"和"符号系统"的东西。

瓦尔堡把关于图案装饰、书画刻印艺术或者绘画的书籍归类到"图像"部分。归到"词语"部分的书籍有咒语、祷告、叙事诗和艺术文学。最后,在"行动"概念之下,人们可以找到将人类身体本身作为符号形式的媒介来研究的书籍——也就是关于节日文化、舞蹈文化、戏剧和性爱方面的书籍。

所以,当卡西尔第一次拜访图书馆时,肯定就已被一种恐惧、但简直也是难以置信的奇妙感觉所击中。从1917年在轻轨电车上获得灵感起,卡西尔就以他的研究计划和研究重点来指引自己的创作。卡西尔觉得,这座图书馆完全就是按照他那些研究计划和重点来设计和排布的啊:瓦尔堡图书馆的基础不仅在内容上,而且在形式上都精确吻合了卡西尔符号形式哲学的基础!

这还不够,在一个具有决定作用的灵感步骤上,瓦尔堡图书馆还超越了卡西尔著作设计出的系统建筑。因为,在这个已经高度独创的系统中,也就是在上述讲到的每个部分当中,瓦尔堡图书馆并不是按照一贯的时间顺序进行图书排列。拿文化的发展来说，它不是以从起始端的图腾迷信、宗教仪式和神话再到现代自然科学这样一个持续上升、不断接近真正认知世界来作为图书排列的系统，而是以瓦尔堡图书馆的书架中的"好邻居"内部组织编排原则排列。根据"好邻居"原则，学科差异很大和时代差异很大的图书都有可能会摆放在一起，这给寻找这些图书的研究者以启发，使他们考虑到之前几乎没有想到过的图书关系。因为其实在这些图书之间可能存在着某种关系：亲缘关系、准入相似性和具有创造性的影响作用。这样，化学基础著作的直接邻居是炼金术著作；研究古代宰杀动物占卜的书籍放在了占星术论文和现代代数学论文的旁边。

书架里的乌托邦

共时性之中持续存在的文化非共时性，瓦尔堡图书馆的藏书正是建立在这个想法的基础上。在这种非共时性中，不同学科领域和不同地域之间相互影响、相互碰撞。除此之外，图书馆的分类编排系统还承载着这样的信念：存在着无意识的文化记忆。文化记忆不易被看透，默默无声，如同处在每个时代和其研究重点的背后，但却一直在发挥着作用，以隐秘的方式造成了实质性的变化。瓦尔堡图书馆的核心思想是符号和人，这两者持续地教育彼此。在此，人们使用符号思考、说话、咒骂、祈祷、预言、发问和研究——简而言之，人们用符号的方式寻找方向——人们在自己的时代应用符号，根据自己的利益将符号变成自己的。在大多数情况下符号比人要古老得多，在一定意义上也比人智慧。还有这么多事情需要去揭示，这么多沉默的联系和状况必须得表达出来。因此，瓦尔堡把他的图书馆一直置于希腊记忆女神摩涅莫绪涅的保护之下。

从卡西尔踏入图书馆那天起，他的思想就开始持续靠近图书馆的文化景象秩序。最开始是一步步靠近，但是步伐从不间断，并且强度不断提高。在瓦尔堡图书馆的书架中，在单个学科、研究领域或者边缘固定的文化圈之间，并不存在明显的划界。这些书架是完全没有禁忌的地方，图书的归属规则用以鼓励图书馆的访客富有兴趣地去开发尚未开发之处——不管开发对象是未来、现在还是过去。

假设存在这样的场景：卡西尔夫人和哈赫曼先生超越了所有固定的界线、习得的反感和彼此的区别，挨着站在一起，就如瓦尔堡图书馆里摆在一起的书那样，那么这样的世界看上去会有多美好？如果人们真的理解了这个图书馆，那么它不亚于体现了一个世界大同、万物皆有联系的乌托邦。要注意到和承认这个乌托邦，有时候只需要迈开一小步或者轻轻一跃，跨过遗忘的水面。

1920年，来到瓦尔堡文化科学图书馆是卡西尔完全没有预料到的事。当卡西尔接受了汉堡的教职，从柏林来到汉堡时，他完全不知道瓦尔堡图书馆的存在。对于图书馆的相关人员来说，他们同样不知道卡西尔。当卡西尔第一次来到图书馆时，图书管理员萨克斯尔博士确切知道了他面前的人是谁。他在这里等候着卡西尔，然后就带着卡西尔有针对性地熟悉了图书馆。萨克斯尔给瓦尔堡汇报卡西尔第一次到访图书馆的情况时，是这么说的：

我是从第二个房间里"符号"那个书柜开始的,因为我猜想,卡西尔从那儿开始最容易找到他想要的。他马上就愣住了,给我解释道,这就是他长期以来一直接触的问题,也是他目前正在研究的问题。然而在我们关于符号概念的馆藏文献中,他只认得其中一小部分。您的视觉观点(符号在表情和艺术中的可视化),他就完全不知道。我马上给他讲解了一下,然后他让我给他展示,一个书柜是如何被安排摆放到另一个书柜边上的,一个思想是怎样成为另一个思想的邻居,展示时长超过一小时。能够带着这样一位高品质的先生参观图书馆,实属美事一桩。[14]

卡西尔对瓦尔堡图书馆留下了敬畏的第一印象,他觉得那儿就像一座迷宫,他不能再回到那里。不过就在初次拜访图书馆的几个月后,卡西尔就明确表达了最好要在这座迷宫里度过好几年的强烈愿望。[15] 他实际上也是这么做的。卡西尔发现了发挥自己的学识理想之地。图书馆也遇到了它真正被设想去服务的研究者。这便产生了一个完美的共生关系,这个共生关系也涵盖了图书馆管理人员。卡西尔准确的阅读书单扩充了图书馆的馆藏,而不管什么时候出现一个新研究问题,萨克斯尔博士都会为他及时找来相关的书,并以图书馆所代表的精神鼓励卡西尔写作论文。这种极富成效的合作带来的首个成果是卡西尔在1922年7月发表的《神话思维的概念形式》。

---

[14] 转引自 T. 梅尔,2006 年,第 102 页。
[15] 同上,第 103 页。

神话的起点

《神话思维的概念形式》对卡西尔的思维历程起着决定作用，在这本著作里他研究了神话概念的特点和神话世界的结构特点（和现代自然科学形成对照）。在对亚里士多德的研究中，海德格尔如同一位考古学家或爆破工人，细致探讨了某些概念的基础区分在多大程度上决定性地影响了——或者也扭曲了——我们直到今天的整个思维。和海德格尔一样，卡西尔着手对神话的概念形式进行研究，同样也是在探寻一个我们文化历史的可能开端，揭示了思维任性的原始层面在多大程度上影响着我们直至今天对世界的理解，并给我们的理解打上了烙印。

当远离纯粹非理性和任意状态时，卡西尔认识到，神话思维深受最大程度的严格性、必要性和必然性的影响。神话思维的概念性最终确定了所有事物以及宇宙中每个固定不变的地点；确定过程是通过区分绝对的基本核心来进行，而这种区分又遵循了图腾逻辑。一般来说，最开始都是由一个社会群体——通常是同宗同源的——分裂成两个彼此严格区别的群体。分裂标志是稳定确立下来的不同属性、特点，尤其是越界的禁忌。从基本区分出发，可以组成群体之下的子群体，然后就会出现这样的情况："拥有一个特定图腾标志的群体中的男子……只能和来自以某个特殊图腾为标志的某氏族女子结婚。"这样，就形成第一个秩序。不过这个秩序永远不够：

> 事实上，各个氏族按照其图腾而与原先的社会圈产生了

区别，这种区别暂时适用这个圈子，但会越扩越大，以便最终转移到此在的所有圈子，不管是自然此在还是精神此在。不光是部落成员，还有涵盖所有的整个宇宙以及宇宙中的所有，都通过图腾的思维方式联结成各自的组群。[16]

这种巨大的转移效果可以把一个固定地点和固定价值归入到所有总的来说存在的东西中！也可以在神话思维中通过相似关系可以达到更远的范围。在此，神话思维具有决定作用的特色体现在：

> 这里说到的相似性决不能理解为大致源出于我们主观思维的一种"单纯的"关系，而是立刻回指向一个真实的个体身份：事物如果在其本质上不能以某种方式成为一个独自个体，那诸多事物就无法以相似的形态显现出来。[17]

当人们现在认识到，图腾信仰的价值区分自在地需要强烈地承载价值，并由此促进两种逻辑，即绝对排除和绝对限定（价值区分的首个秩序行为就在此），那么人们就能够看到，这种思维方式的政治道德爆炸力成了我们文化发展的根基。直到今天，这一点在我们的日常语言中依旧体现为骂人话语，例如这句话，某人是个"阴险虚伪的人"（linker Hund）[18]。在这里有好几个隐蔽的价值强调。字面上来看，相较于"右边"

---

[16] 《符号概念的本质和影响》，第 21 页。

[17] 同上，第 24 页。

[18] 德语原词 linker Hund，字面意思为"左边的狗"。——译注

(recht)、"左边"(link)的价值更低,具有贬义。这样的价值强调作为一种基本区分贯穿整个西方文化。另外,"狗"身上也被赋予不神圣和肮脏(或者"猪"也是同样情况)的价值含义,这样的赋值出自于亚伯拉罕诸教和其图腾信仰的基本差异。神话概念形式的赋值力量以语言形式存在于我们之中。是的,这种赋值力量可以说话,不管我们现在强调自己想不想要这种力量,它都存在于每个词语中,朝着我们过来了,并且首先还是来自于我们自身。

新的启蒙

对于卡西尔来说,以分析的形式揭示出上述背景,意味着以最吻合康德理念的方式推动了启蒙。也就是说,使"人类脱离自己所加之于自己的不成熟状态"成为可能。对于我们来说,这里的不成熟状态首先指的是:概念的真正背景指引着我们进行思维活动和对世界做整体理解,而当我们面对这些概念背景时,却情愿保持着不清楚和未经省察的状态。

这种舒适感,或者用海德格尔的话来说,这种漠不关心,也是海德格尔 1922 年在其解释学情境的显示中斗争的对象。在论文中,海德格尔强调道,有必要对现存的、尤其是哲学的概念进行一次"解构"。与此相对,卡西尔的分析目标恰不是对现存基础概念进行解构——解构除了不可避免地导致一种神话语言彻底全新的开始之外,还能通向哪里?——而是说,概念承载着一种彻底的启蒙动力,这种动力会让各个可能性和不可能性都形成自己的意识。不管是神话的、宗教的还是自然科学的概念形式，每个概念形式都必然带来意识的形成。

每个现代文化在其任何一个发展时间段里都面临着主要危险。卡西尔认为首先有两种危险。第一，每个文化明显都具有倒退性，它的每个发展步伐都是可逆的。第二，正是在极端危机、极端紧张和极端迷茫的时代中——例如在1922年和1923年——文化会面临着这样的危险：文化以减负的形式倒退到一个最大程度上黑白分明的解释模板中，例如尤其由神话思维提供的那种解释模板。

越过河流

在此背景下，卡西尔夫人和哈赫曼先生之间的栅栏争吵就是当时文化倒退回神话思维的明显例子。当哈赫曼先生从一个终究是图腾式的基本区别"德国人"和"犹太人"出发，单是卡西尔夫人的外表以及住在隔壁这个事儿就让他感觉到是一种侮辱、干扰还有不洁；同时，哈赫曼先生觉得理所当然的出发点还有，每个人根据自己的族群特征，在这个世界上都有一个固定和指定的居留之地：他绝对属于这个地方，也仅属于这个地方。在犹太人的具体例子中，这个地方就是巴勒斯坦。由此，哈赫曼完完全全受到了神话思维的控制性影响。

卡西尔夫人也是这么觉得的："当哈赫曼先生朝我喊叫道，我们所有人都属于巴勒斯坦时，就相当于在说，我们都应该待在粪堆里。当时，巴勒斯坦在这些人的脑袋里就是个骂人的话。对于我们来说，巴勒斯坦是一个和犹太人传统关系紧密的地方；也是俄国和波兰难民逃亡的目的地，他们来到巴勒斯坦，是想要找到一个新的祖国。"[19]

卡西尔夫妇现在明确不想用传统方式或说用顽固不化的方式来感受和思考——也绝对不会让野蛮的人们来强迫自己改变想法。哲学上的蒙昧标准，看的不是人们当下感觉自己无条件地从属于哪个概念形式，而在于追随一个固定不变的想法，也就是认为应该有一个可对全部存在物做绝对详细阐明的形式，这个形式是唯一的、也是统一的。如何从哲学意义上判断一个对象是否蒙昧，这是卡西尔文化哲学的实质精髓。

然而没有哪个概念形式可以丰富到足以充分利用现实空间。另一方面，每个概念形式——从其自身来看——都有一定程度的侵犯性特点。每个概念形式都在努力追求彻底的秩序感和占有他物，由此也是在追求着接受所有他物，虽说这种接受还带有敌意。对于卡西尔来说，在我们的文化存在中之所以总是可能发生灾祸，正是由于上述讲到的侵犯动力：

> 有个特定的思想区分，它形象直观并且根据感觉发生，它并不是停留在初次产生之处，而是会趋向于从产生之处继续发展，延伸到越来越远的范围圈，最终包拢整个存在，并以某种方式"进行组织"。[20]

---

[19] 托妮·卡西尔，2003年，第133页。
[20] 《符号概念的本质和影响》，第38页。

这对于神话、现代科学及其彻底化的内部流派（生物主义、物理主义和经济主义）来说都同等适用。这也适用于宗教和其精神病原教旨主义。在对整个艺术作品进行片面理解的意义上，同样适用上述所讲内容的还有某些艺术的美学全景。要指明各个符号形式之间隐藏着的亲缘关系和显而易见的描写界限，有时候会很费劲儿，但这种指明的行为总是极其富有澄明效果。之前讲到的那些基础区分的对外侵犯的需求无法消除，这些基础区分恰是人对自己讲得最多。根据卡西尔的观点，基础区分的侵犯需求可以通过指明行为得到治疗。治疗过程没有尽头且错综复杂——就如文化创造的空间本身那般没有尽头和错综复杂。

1922年至1923年，卡西尔在文化创造的空间里马力全开。在他身后不仅有他的家庭、妻子，他的自由汉萨城市[21]及其大学哲学系，还有他梦想中的图书馆。就算是经济方面的困难，他也感觉看到了隧道尽头的光。此时，他的妻子正在担忧家庭生计的未来，担心孩子们是否有足够的食物。1923年4月，卡西尔告诉他那心中充满忧虑的妻子：

> 今天布鲁诺（卡西尔的出版人）给我把1923年第一季度的账结了。他在这3个月里卖出了1240册我的书，我由此得到的报酬超过一百万马克。这样，现在我不光可以还清之前的账，还能剩下50万马克。[22]

---

[21] 指的是汉堡。——译注
[22] 托妮·卡西尔，2003年，第146页。

故乡找到了,房子付清了,查阅书的问题解决了。而且还攒下了 50 万!不过,瓦尔特·本雅明如今的日子可真没这么好过。

身陷旋涡

1922 年本应——又一次——意味着本雅明的真正突破。海德堡出版商理查德·魏斯巴赫之前给本雅明承诺过要给他出版波德莱尔译著,现在在魏斯巴赫的启发下,本雅明计划在 1921 年秋天创办一本名为《新天使》的杂志,他怀抱希望,踌躇满志。杂志的供稿作者应该来自本雅明最紧密的熟人圈,总编辑就是瓦尔特·本雅明博士本人,他让好朋友格尔绍·肖勒姆也来当供稿作者。本雅明给肖勒姆这么解释创办杂志的目标:

> 我的计划是要尝试创办一本杂志,丝毫不去考虑杂志受众是否有支付能力,这样杂志才能果断地服务于精神。[23]

这本杂志是根据保罗·克利的一幅画作来命名的(本雅明 1921 年在慕尼黑获得此画作)。1922 年初,原则上《新天使》创刊号就应该准备好交付印刷了。虽然本雅明不断催促,但魏斯巴赫还是阻断了出版进程。作为出版商,他觉得经济方面的风险还是太大。令人痛苦的是,波德莱尔译作的出版(包括本雅

---

[23] 《本雅明书信集》第 2 卷,第 182 页。

明为此所著的序言《译者的任务》)战线也贯穿全年,魏斯巴赫始终都没有承诺一个明确的出版日期。已经开始的通货膨胀狠狠抬高了纸张价格,迫使整个图书出版行业都得特别谨慎。对于一个本雅明般的门外汉——他现在是、首先也一定想要成为门外汉——来说,经济的发展状况已经阻断了差不多所有出版计划的入口。在图书出版方面,本雅明能有些什么?1922年,对于这个问题他只能给出一个诚实的答案,这也包括他那最终一直没引起什么反响的博士论文:什么都没有。

可以想象,本雅明在传播自己思想方面的愿景与现实之间的裂缝继续扩大。与此紧密关联的是,本雅明的学术抱负也遭遇了同样状况。1922年,他变成不知疲倦的旅行推销员,来到萨克森推销他的论文以获得大学任教资格。在德国的主要大学里,很少有哪所是本雅明没有以这样或那样的方式上前去敲门的。他觉得尤其在海德堡大学会有机会,虽然他都还没具体确定好是要去哪个专业、去找谁。哲学、德语语言文学抑或是社会学……雅斯贝尔斯、莱德勒还是阿尔弗雷德·韦伯?本雅明寻找机会与他们所有人取得进一步接触。

1922年深秋,形势对他来说变得更加严峻了。他和父母的关系似乎要彻底断了。本雅明的父亲坚持认为,他儿子应该成为一名银行职员,而瓦尔特坦率同意,原则上任何一种谋生方式都可接受,只要不会让他取得大学任教资格一事泡汤就行。但是取得大学任教资格还没有明确的前景,因此这个前提条件也就悬而未决。本雅明没有足够的时间和悠闲来好好创造出一个靠谱的前提条件,他只能面临着要么去当

形成　　　　　　　　　　　　　　　　　　　　　　　　　171

一名银行职员，要么就再也拿不到父母对他的资助了。1922年，本雅明没有任何自己的收入。

要知道人在这样一种时间段里能落魄到什么程度，就让他注意下 10 月份本雅明的朋友厄利希·古特钦德的例子（本雅明在 1921 年曾经考虑过，在南德的一个农庄里和他一起建立一个田园公社）：

> 我们的境况不好。古特钦德家的境况看上去就是灾难。因为厄利希的妈妈年纪大了，所以他几天前决定……成为人造黄油的本市代理人……可是如果他想取得成功，那亲爱的上帝就得来帮他一起卖黄油。[24]

紧接着这段，本雅明记下了这样的话：

> 古特钦德的……公司吧，失败得一塌糊涂——4 天里赚了 150 马克——这就是说，扣除掉路费，基本是亏损的。我倒是有个相似的挣钱办法，容易一些：收购和售卖图书。方法是，我在城北买来图书，在城西售卖，由于我对旧书以及旧书市场还是有一定了解，这有利于我开展工作……当然，在旧货市场或者小古玩店寻宝也是件有趣的事情……这个工作也面临随时垮塌的危险，因此我不得不坚持下去。[25]

---

[24] 同上，第 270 页。
[25] 同上，第 274 页。

本雅明一辈子都认为，他的正经"工作"是要以笔头形式发展自己的思想，别无其他。不管境况看起来多么糟糕，甚至全无希望，对他来说，在这点上没有任何回旋余地、没有妥协，也没有别的选择。获得大学任教资格——最好是能够以当时才出现的带薪大学讲师形式——看上去是拯救他自己生活方式的唯一可靠途径。为了达到目标，本雅明已经做好了牺牲和受屈辱的准备。

在本雅明的情况中，他面临的相关障碍其实特别难以克服。一方面，在德国教授圈里有一个潜规则，顶多只能让一位犹太人来指导获得大学任教资格的论文。另一方面，从本雅明的人生经历来看，他曾经用装病的方法逃避服兵役。这在哪里都对他没有帮助。对于许多教授来说，这就是一个被排除的标准了。这样一个逃兵役的人，根本就不会被列入考虑范围。

联盟中的第三人？

因此，1922年12月本雅明重新来到海德堡寻求机会，这次的情况当然是特别令人遗憾的。在目前的预算安排下，要在海德堡找到一处舒适的安身之所越来越困难了。这样，整个12月他给自己租了一间简陋而温暖的房间。

> 房间最大的缺点就是挨着一个无产者家庭的厨房。这家有个两个月大的孩子……不过，我是以一种对我来说不同寻常的斯多葛主义来面对这件事的——虽说这个孩子(1)晚上

也睡在我边上(2)是个怀孕七个月就生下的孩子,所以他哭叫得特别凶,就好像在对生活抗议一样。今天周日,所有人都在家里,这如同敞开了地狱的大门。[26]

跟卡西尔一样,本雅明和邻居孩子相处也有困难。对于本雅明的境况来说,想要和邻居之间划出一条明确界线太难了,这好比呼吁这家邻居要遵守市民阶级的礼仪规范。不过就算是在这么艰难的时期,也不能说本雅明真的到了经济上无家可归的地步。首先朵拉在维也纳的娘家一直在给他们提供依靠和支持。1922年,作为总编辑、大批评家、旧书商和大学任教资格申请人的本雅明在全国到处跑,特别忙碌,他毫无讽刺之意地抱怨自己陷入了"各种事情的不同寻常的旋涡"。与此同时,朵拉则和儿子斯特凡几个月都待在她姨妈位于奥地利塞默灵的疗养院里——这里和托妮·卡西尔父母的度假地离得特别近。

不是,还不是所有安全网都已撕破。1922年9月,雅斯贝尔斯坚持要负担海德格尔去海德堡的1000马克旅费,因为这笔支出已经超出了一个弗莱堡讲师家庭的承受能力;与此同时,本雅明在柏林、哥廷根、法兰克福和海德堡逛旧书店时,为了丰富自己的私人藏书,他会毫不犹豫地花同样多的一笔钱来购得这样或那样的稀有书籍。

总之,雅斯贝尔斯,他是本雅明1922年12月逗留在海德堡的一个实质原因。"大学的事情会怎样,我还不知道,"本雅明在1922年12月6日告诉他的朋友肖勒姆,"……我会竭尽

---

[26] 同上,第290页。

全力争取见到雅斯贝尔斯,在他面前介绍我自己。"虽然不是完全不可能,但本雅明也不大可能知道当时雅斯贝尔斯已经刚刚和海德格尔成立了一个"战斗共同体"。如果他知道的话,这事儿真会阻碍得了他吗?还是他只会觉得受到了干扰?

其实在1921年本雅明就已经去大学听过雅斯贝尔斯讲课(那时候本雅明觉得"挺喜欢"雅斯贝尔斯的)。[27] 本雅明在过去几个月遭到拒绝之后,不久前刚成为哲学教授的雅斯贝尔斯成了他真正的最后的希望之一。雅斯贝尔斯和一个犹太人结了婚,他代表着一种相对更加不带偏见、更为自由的哲学理解,远离学校的传统狭隘和共同性最少的主要敌人的束缚。这个主要敌人,这几年来所有自认为具有革新精神的年轻思想家可能会一致同意就是新康德主义。就如海德格尔在1922年于绝望中寻找大学职位一样,本雅明在这个冬天也怀揣着一篇充满极致抱负的手稿找工作。这篇文章非常强大,论点丰富,方法论精细,正如他明确感受到并公开说的那样,简直就"勾勒出了他将来的工作方法"。这里说的文章指的是一篇将近100页的批评论文,研究对象是歌德的长篇小说《亲合力》。

歌德在魏玛共和国

本雅明在他这篇哲学论文中如常讨论了几乎一切,尤其解释了他自己的生活境况。因为这些年来的离心力将他和朵拉的

---

[27] 同上,第173页。

婚姻拉到了破裂边缘。海德堡大学在当时无疑是欧洲大陆人文科学的灯塔之一——马克斯·韦伯和阿尔弗雷德·韦伯兄弟为现代社会学打下了真正的基础；法学家、法哲学家古斯塔夫·拉德勃鲁赫在海德堡大学是一位令人赞叹的自带光环型人物；年轻的格奥尔格·卢卡奇在海德堡大学写下了他的长篇小说理论；弗里德里希·贡多夫主导了德语语言文学领域；诗人、翻译家斯特凡·格奥尔格在1921年夏天沉思着走过城堡废墟，这些城堡废墟当年激发了荷尔德林和黑格尔去实现最高的思想飞翔。在哲学家方面，雅斯贝尔斯成为一颗冉冉升起的璀璨新星。

1921年起，有好几周时间，本雅明规律地在海德堡老城的小巷中走动，实际上是因为一个人——女雕塑家尤拉·科恩。本雅明在柏林的一次朋友聚会上首次见到尤拉时，就对她一见钟情。当然这段爱情并不幸福，本雅明未能如愿得到回应。不过，这不是故事的全部。同一时间段，尤拉·科恩爱上了本雅明的老同学埃里希·舍恩。故事太过老套，不像是真的，或者也可以说很有趣。埃里希·舍恩又和本雅明的妻子朵拉从1921年起保持着一段公开的婚外关系。这便形成了一种复杂的四角关系。说到四角关系，实际上当时在德国，连孩童都能说得出的四角关系经典代表作就是歌德所写的，深刻又复杂的长篇小说《亲合力》。

1921年最后几天，当本雅明坐到柏林的书桌前，再次尝试写一篇论文以取得大学任教资格时，他自己的情感关系状况决定性地推动了他。他把长年对歌德作品和歌德世界观的研究——依据由博士论文所确立的对文学批评的真正任务和方法的坚定信念——打包成一篇将近100页的论文。

这篇饱受赞誉的文本题为《论歌德的〈亲合力〉》[28]，厚厚一沓，直到今天都还是本雅明的代表作之一。它看上去像是一部经典的长篇小说阐释，但实际上是本雅明对歌德这部小说进行的深入研究，是一篇内容包罗万象的评论。可能歌德的小说本身在内容丰富度方面也是如此。人们甚至可以说，它是对市民婚姻制度以及由此对整个市民社会的可能基础的沉思。换句话说，本雅明的论文主题是以发掘的方式揭示出隐藏着的力量和动力，这些力量和动力实际上把现代市民社会与其根本的自由和自我的纠缠、承诺集合到了一起。对于处在"亲合力"中的本雅明来说，这些力量最终是**神话力量**、神话思维模式和神话动力——因此也必然是不祥的，它剥夺人类行为能力，使人类处在未成年状态，使人的思维变窄。在此基础上，一个可以做到自由和自决的主体怎样能够把自己从这些力量的作用中——大多数时候这种作用是隐藏着的——解放出来，过上一种如意的生活——在生活中不光有真爱，甚至可能还有真正的完满婚姻。

本雅明的文章融合了——当然他当时并不知道这两篇同时产生的文章——两篇论文的中心思想：卡西尔关于神话概念形式的论文和海德格尔的作为独立理论形态的《解释学情境的显示》。本雅明的文章另外还融合了形成真正婚姻可能性的条件理论，理解得更远些就是：一种真正的、自由的、实质的生活形式。和卡西尔一样，本雅明觉得有必要在形成自由意识的过程中，揭示出我们文化中神话思维模式的隐藏性作用，这种作

---

[28] 《本雅明文集》第1卷第1本，第123—201页。

用一直存在。和雅斯贝尔斯的朋友海德格尔一样，本雅明同一年的目标也是在一个极端尖锐化的情境中找到出口，可以勇敢地跃入另一种更具实质性的此在形式。三位作者（还有康德）都深信：一个人、一个主体、一种此在，只要对自己了解世界的真正条件还不清楚，那就无法真的做出自由的决定，就不算真正成年。而只有成年的人类——本雅明还补充道——才应该跟彼此结婚，才能在实质意义上与彼此形成婚姻关系。

更多的光

这三位作者在此时间段都认识到，在哲学上有必要让现代的理性主体经受一个概念上"**去教化**"的持续过程，这样才能把主体内在的真实语言力量——也是靠着主体才能产生作用的语言力量——带到它确实可见之处，在一定情况下也是可对其进行处理之处：带到光亮处。

在歌德小说中，那四位主角在市民阶层教育的意义上，统统都受过良好的教育。本雅明在论文开头就把目光投向了这四位主角：

> 从教育程度看来，他们都受制于一些力量：某个人会声称自己已经掌握这些力量，尽管他也证明了自己其实并没有能力去控制这些力量。[29]

---

[29] 同上，第134页。

由此，本雅明说出了一个怀疑，卡西尔、海德格尔，当然还有维特根斯坦也都抱有此种怀疑：我们总是在强调的主体的现代自由意识，其形成是不是恰恰要归功于一些曲折的过程？自由意识在努力自决的过程中错误地自认为是自由和把握十足的；还有要感谢那些压抑排挤和变得黯淡无光的过程，这些过程尽管不是耗尽所有，也还不会导致整个社会沉沦，但最终也会带来糟糕的情况。一个自由的现代市民主体做出了自由自决的选择，对此具有说服力的准确例子就是：婚姻。在婚姻里，正如歌德小说的标题所建议的那样，成年了的主体还可以跃过自然的最后边界，甚至可以选择将完全陌生的人毫不受限制地变成自己的亲合对象。

自由抑或命运

本雅明认为，每个现代的此在都处于两个核心概念之间，即"自由"和"命运"。如果存在真正的自由，那么命运力量在人类意志面前最终就是无力的。而如果是命运格局占据了优势，那每种自由和选择就都仅是表面现象——特别是包含道德含义的概念"罪责"在其应用中就变得空洞了。命运不识罪责，只识赎罪。自由不识赎罪，只识责任。

根据本雅明的观点，歌德的亲合力展示了一种存在形式的必然失败——就算这是一种现代市民阶层的存在形式——这种存在形式不能够完全从天命的神话思维形式中挣脱出来。处于这种存在形式中的个体也没能力为自己做出的选择，以及为自己行为的后果负上全部责任。

所有这些，整个市民阶层的生活方式，以及魏玛共和国时期影响着全部现代生活的矛盾感情，如今特别清楚地体现在浪漫爱情和其必然的社会道德结局，也就是婚姻上面。因为在一般的理解中，这样的爱情一方面肯定总是带有些宿命的特点，模糊中已经命定了一些事情，无法解释得明白（大多数情况下会通过神话得到美化，例如在回望过去时觉得相爱之人的第一次碰面绝对是难以置信的）。另一方面，这种命定的爱情又得根据有意识的选择变成婚姻，也就是将关系合法化，完全进入理性和自决的空间。**是的，我愿意！**但是，当人们以此将上述两个方面都看清楚时，就会发现，这两方面彼此是矛盾的，由此在存在上也是无法都得到弥补的。

用本雅明的话来说，这种"无法决定"的必然后果是形成了一种存在方式，它的特点是"既有罪又无罪地停留在命运空间里"。正如歌德在《亲合力》中示范性阐述的那样，这种存在方式不可避免地走向灾难。"既有罪又无罪地停留在命运空间里"无法得到理性解释，是一种无法决定的悲剧状态，在这种状态中必然会导致"在婚姻崩坏时就是暴力取胜。因为这也是一种命运"。[30] 根据本雅明对歌德小说的解读，这里的暴力指的是自然和自然力（环境、水域、预兆、占星学、诅咒……）意义上的神话暴力，超出了人类意志，在此意义上使得人类生存失去行为能力。

人们倾向于将自己婚姻的失败——也正是在失败的过程中——最终归咎于"更高的力量"。在本雅明看来，这是个有力

---

[30] 同上，第139页。

的例证，证明了人们追求生存舒适和不严肃的漠不关心。海德格尔在他《解释学情境的显示》中把舒适和漠不关心看成了所有现代人自我过失的源头。用卡西尔的话来说，舒适和漠不关心其实是一种退却——退却到神话思维形式中，人们对这种退却负有责任。在神话形式的思维中，人们再也不能真正做到自己决定自己的行为，不能负担起责任。

让我们再次全神贯注地来看看神话形式的思维，在这种思维中，自然界里的每个状况都会成为命定计划或者命运的可能先兆或象征。这样，人作为一种自由生物就失去了自我——按照本雅明的想法，其实是人太乐意失去自我了，因为人想要尽可能回避这件最令人讨厌的事情：必须为自己的行为承担真正的责任。即便是歌德自己，他也会在自己身上感觉到这种回避责任的倾向，他太能够意识到自己的这一倾向了。本雅明是这么描述这种状态的：

> 他（即歌德）僵化在了"象征"的混乱中，失去了古人们所不知道的自由。他在行为上受征兆和占卜所左右。歌德的生活从不缺两者……是的，歌德在《诗与真》中曾讲过，他在漫步途中是如何通过占卜来决定是该听从文学的召唤，还是绘画的召唤。在歌德由于其本质而产生的恐惧中，对责任的恐惧是最具有精神性的。这种恐惧是他对政治问题、社会问题以及大概晚年对文学问题持保守看法的缘由。这种恐惧亦是他情爱生活中的疏忽的根源。[31]

---

[31] 同上，第154页。

本雅明用歌德在婚姻危机方面的例子揭示了一种剥夺行为能力的形式：倒退回对世界的描绘和世界观，去研究对剥夺自我行为能力的愉悦渴望。这便是倒退回神话思维形式的例子。在本雅明（还有卡西尔的分析）那里，神话思维形式包含了迷信决定论的每种形式，特别是占星术。

不过刚才讲到的歌德的疏忽指的是一种状态——在这里不幸爱上别人的已婚男子本雅明也是这么对自己说的：人们在这种状态中没有勇气抓住放纵的机会，而从机会的本质看来，这也是进入一段新爱情——一段新生活——的不可挽回的机会。

选择抑或决定

然而这样岂非是把一切想得太过一成不变，特别是想得太过暗了？夫妻绝对自愿地说出"**我愿意**"，这难道不就是成年人进行承诺的一个贴切例子吗？夫妻承诺要长久地进行自我约束，要准备好不光是对自己的生活，也对选中配偶的生活终身负责。

对于上面提到的问题，本雅明式的回答是这样的：如果说婚姻真是建立在选择的基础上，那么就不可能建立在真爱的基础上了，而真爱本应是婚姻的基础。因为根据本雅明的想法，只要"选择"在这里意味着从一些确定好了的选项里有意识地挑出其中一个（就类似于从两双鞋中挑出其中一双），那么真爱并不是人们可以选择的东西。命运的要素完全从爱情中淡出，这看上去肯定也意味着爱情本身被抹杀了。形容这样一种关系的一个常用概念是：理性的婚姻。可能有这种东西，甚至有可能直到今天它都是最常出现的婚姻形态。但是理性的婚姻无法在定义上符合真正婚姻的理想。光从这一面看来，市民阶层浪漫的婚姻理想就被毁了，最终想要自由地摆脱神话思维框架是不可能实现了。在这些事情上，不能太过于理性和自主。谁想要真的被爱神之箭射中，也无法找爱神订购这么一支箭。

根据本雅明坚信的观点，当一个有爱的能力的人说完"我愿意"进入一段市民婚姻后，就不可避免地进入了一种由责任思维和牺牲思维构成的关系中。婚姻中的"我愿意"除了意味着承诺之外，还能意味着什么呢？人们承诺要在未来和余生断念，放弃唯一一次能够开启存在的事件，而这事件构成了给出的承诺的真正根基。人们还会期望这里有理性的、真正的生活幸福？就算是人们真的可能与这种自己选中的持续自我断念状态取得和解！歌德正是不相信这一点。作为一个有血有肉的人，作为一个有七情六欲的自然物种，歌德对此的体验基本上是不同的！就如本雅明记录下来的：

> 对神话力量的惊人的基本经验是，与神话力量取得和解是不可能的，除非通过持续牺牲。基于这种经验，歌德起身反对这些力量。[32]

由此，对于本雅明来说，歌德的小说是一个极其充满艺术感的冷静证人，见证了对两股势均力敌力量的反叛：希腊神话

---

[32] 同上，第164—165页。

中小爱神厄洛斯的神奇力量（人类作为热情的自然物种）和具有吸引力的希望，即可以通过理性、权利和自由意志的道德自我教化，在自然力量面前成为一位受过教化的人（人类作为具有语言和教化能力的理性物种）。在歌德的时代，这是"狂飙突进"与"启蒙"之间的一个经典局面。现在，婚姻的例子清楚地说明了，最终不可能在这两股不同力量之间取得一个令人满意的和解。只要在市民阶层设计生存方案的前提下，就**不可能**会有一种真正达到自己愿望的、真正自决的生活。市民阶层对自由的承诺必然是一种欺骗的、扭曲的、受困于命运的承诺。承诺的自由也是纯属幻觉：

> 因为作家百倍沉默不语的，却可以足够简单地从小说整体发展中看出来：根据道德法则，只要激情寻求与市民阶层稳定富裕的生活订立契约，就会丧失其所有权利和幸福。[33]

在市民阶层的条件下不存在真正的婚姻，在虚假的爱中不会有真正的爱。市民阶层的稳定婚姻会走向某种状态，令人遗憾的是，这种状态无法自行决定，是一种"既有罪又无罪地停留在命运空间里"的状态。按照歌德和本雅明的想法，婚姻的稳定性可能会越发变成表面现象，萧条的每种形式其实都只是沉沦的隐蔽形式，它最后只能激发出其内在破坏力中的神话力量，将选中的婚姻关系引向衰亡。

---

[33] 同上，第185页。

离异共和国

对那时具备阅读能力——远不只是能够从歌德小说里天才式地分析和破译出哲学内容——的每个人来说,这就是1922年的状况。如果人们有意愿阐明,本雅明指定婚姻制度作为每个市民社会可能的基础或者细胞,作为市民民主状态即魏玛共和国的代号,那么随之而来,他对这个共和国可以预见的命运所作的预言式哲学判决也就清楚地写下来了。如果魏玛共和国继续在支付战争赔款和拒绝赔款之间犹犹豫豫、无法做出决定,依旧魏玛式地"既无罪又有罪地停留在命运空间里",那它必然就会倒退回神话形式的思维,最终也将被其毁灭。

救赎之跃

这样的过程真的无法避免吗?真的找不到从这些既定的选项中逃脱出来的出路?没有可能债务全免、一身轻松吗?没有可能跃入自由、跃进一个幸福的"婚姻"吗?有,在本雅明看来,完全有这种出路。起码在歌德的长篇小说《亲合力》中,更准确地说,是在位于长篇小说中心位置的、和整体情节看上去完全脱离的中短篇小说《离奇的邻家儿女的故事》[34]中,这种出路得到了细微地暗示。因为这里面"邻家儿女"的婚姻是小

---

[34] 这是长篇小说《亲合力》中英国游客讲的故事。——译注

说中唯一真正成功的婚姻，在本雅明的解释中，这段婚姻的基础并不是传统意义上的**选择**，相反，是存在意义上的**决定**。而且这个决定是在具体生活困境和生活威胁的特殊情况下做出的。

在由市民传统力量造成的最严重窘境中，邻家女儿决定跃出正在行驶着的小船，跃入有可能夺走她生命的水里，最终被邻家儿子——就是她后来的新郎——救了上来，而邻家儿子同样是做好了赴死的准备，最终下定决心去救邻居女儿。本雅明——也许特别直接地估摸着雅斯贝尔斯就是他这篇申请书的理想读者——把这紧急情况修辞学的整幕场景当作是真正找到自己的前提条件：

> 不过，这个中短篇小说充满着明亮的光。所有一切从一开始就轮廓清晰地处于顶点位置。这是审判之日，它的光芒照进了这部长篇小说昏暗朦胧的地府……因为这些人（邻家儿女）并不会为了一种被错误理解的自由而什么都敢做，在他们当中并没有出现牺牲者，有的只是他们做出的决定……而对于长篇小说的人物，正是这种空想式的对自由的追求导致了这种命运。中篇小说中相爱的人超然于这两者，而他们所做出的勇敢决定，就足以粉碎即将降临在他们头上的命运，就足以看清想把他们拉入选择的虚无中的自由。[35]

---

[35] 《本雅明文集》第1卷第1本，第169—170页。

"勇气"、"审判之日"、"空想式的对自由的追求"、"命运的粉碎"、"选择的虚无"……本雅明强加给歌德摆脱其时代必然困境的出路看起来就是这样的。要是海德格尔在1922年读到这段文字，他肯定会在下面立刻无条件签上自己的名字。而雅斯贝尔斯若是读了必会考虑要让刚建立的战斗联盟再加一名成员进来，成为联盟中的第三人。这名成员候选人正用所有的力气和魅力向他展示自己。也就是说，要是当时雅斯贝尔斯拿出一天时间来读一读本雅明的论文，或者哪怕是拿出一小时，让本雅明过去拜访他。

拯救性的超越

本雅明完全有意识寻找的跃入，与生存论上的跃入、真正自由的跃入，大概存在概念上的亲缘关系，但也存在一种本质区别。海德格尔的跃入果断地放弃了任何形式的彼岸、超越，由此，也放弃了任何形式的宗教。有限的此在只有从自己本身出发才能摆脱错误的（市民式的）存在框架，摆脱现代主体的错误的（亚里士多德—笛卡尔的）基础。关于哲学，海德格尔在1922年明确断定："哲学在原则上是无神论的。"对自身实际性进行的自我澄明，发生在完全意识到了自己有限性——海德格尔称之为"即将会死亡（对死亡的悬临着的拥有）"——的状态下。在自己的苦恼中，自我澄明可以直接进入这种有限性的彼岸领域。与此相反，本雅明指出了相爱的邻家儿女的跃入——与存在主义大思想家索伦·克尔凯郭尔的跃入概念完全一致——明确是跃入了对上帝的信仰,即相信有可能从最终错误的选择当中解脱出来、获得救赎。这些错误选择必定导致每种纯粹的此岸存在,并最终会破坏此岸存在。

歌德在这篇中短篇小说中表达了这一点,在这对恋人一起甘愿去死的那个瞬间,上帝的意志赋予了他们新的生命。对此,那些旧的法律已失去了干涉的权利。这里,他从婚姻为虔诚者保存生命的角度,展示了这对恋人的生命得以获救的原因:在这对爱人身上,他描绘了真爱的力量。对这种力量,他禁止自己以宗教的形式来表达。[36]

是的,本雅明在论文中甚至认为每个真正意义上的决定都指向彼岸和超越:因为"选择是自然的,可能甚至具备彼岸和超越的成分;而决定是超越的"。[37] 决定比人们想要和能够做到的更能发挥作用。1922 年,这点也能很具体地转移到本雅明的**政治神学**上。正如歌德描写的那对邻家儿女一样,他看到魏玛共和国也处在巨大的旋涡之中。想要获得拯救、从棘手的困境中真正解脱出来,光靠选择已经无济于事了。持续和越发不抱希望地走向灭亡并不受欢迎,更受欢迎的是鼓起勇气以类似宗教的形式跃入一个新系统,是决定采取一种极端的新形式,通过救世主得到解脱,共同生活在一起。

纯粹从私人生活角度来看,这种做法在尤拉·科恩身上已

---

[36] 同上,第 188 页。
[37] 同上,第 189 页。

经失败过一次了。她根本就没有接受本雅明。1922年，本雅明既没有必需的实力，也没有必需的金钱，用以从学术事业的市民抱负框架中勇敢地自我解脱出来。在永久从漩涡中挣脱出来的意义上，应该服从什么样的魏玛共和国政体形式，对于这个问题，本雅明当时同样还不知道怎么去准确表达。顺便提一下，海德格尔亦是如此。在此背景下，卡西尔牢牢坚持着他模范市民阶层婚姻的决心——尽管他和托妮·卡西尔之间的婚姻可能已经毫无激情——赢得了其特有的、清楚的政治特点：千万不要有极度混乱的革命冒险或内战冒险，特别是不要在这个极度危险和极度充满危机的时代发生。这只会让一切变得更糟！

那维特根斯坦呢？现在，就如之前已经说过的那样，他沿着克尔凯郭尔和托尔斯泰的足迹，冒险进行了完全独特的跳跃，跃入了一种新生活，现在带着这个决定的后果继续生活下去。

毫无仁慈

"咱们祷告吧。"老师把他的怀表虔诚地放到讲台上面，把拐杖靠到讲台边上。他双手交叉，闭上眼睛，用低沉的声音给教室里的40个学生朗诵每天早晨必会祷告的诗行：

> 神圣的主啊，
> 请赐予我们您的仁慈之光，

> 好让我们继续前行，
> 学习我们的义务。
> 我们要记住我们之所学，
> 和平地不使其消退。[38]

这些宗教仪式对于维特根斯坦来说是神圣的。这周，他照旧又一次给学生尽力讲了最好的故事，"在这些故事里，为宗教信念而进行的斗争把人们带入了极其危险的境地"。[39] 然后，他眼里开始闪着激动的光芒，其余时候他的目光都是羞怯的。他用手来遮挡自己的目光，指甲在额头上抠出了深深的刻痕。每个学生都了解，维特根斯坦和学校里的其他人都不一样。昨天他还用一本本子砸学生的脑袋，本子都砸得松散开来了，一页页纸掉到教室地上。而被砸脑袋学生的过错在于，他对维特根斯坦的问题"耶稣是在哪里出生的？"给了这个回答："在耶路撒冷。"[40]

维特根斯坦每一天都带着这样的任务重新开始斗争：就他而言首先是记住哲学上已认识的东西，然后是记住宗教上已做的选择，同时不在善良上失去热情，不失去自我控制，此外不要失去每种可能的生活意义。

> 我本应让我的生活变成一种良好的生活，我本应成为一颗明星。但现在我坐在尘土之上，慢慢死去。我的生活实际

---

[38] K. 温舍，1985 年，第 202 页。
[39] 同上。
[40] 同上，第 140 页。

上已经变得没有意义了，因此我的生活只由多余的插曲构成。我周围的人当然没有注意到这些，也理解不了这些；但是我知道，我缺少一些基本的东西……[41]

上面是1921年1月他从位于小山村特拉滕巴赫的首个教师生涯驻留点写给朋友保罗·恩格尔曼的。到1922年11月，他已经换过两次工作，希望——或者说仅仅是以希望为借口——在普赫贝格的乡村小学起码能获得在一定程度上可以忍受的条件。

维特根斯坦对自身意义的怀疑，尤其是对生活价值的怀疑越来越严重地蔓延到了他身边的人甚至朋友身上。"我必须很羞耻地承认，我可以谈话的对象数量越来越少了。"他在1922年8月对恩格尔曼提到。在这个阶段，维特根斯坦选择交谈对象的决定性标准是，这个人要坚定地表明对天主教的信仰：如果谁——首先就是伯特兰·罗素，他后来写了一部世界范围的畅销书《为什么我不是基督徒》——没有达到这个标准，那么维特根斯坦就会担心这个人能否理解他了。因此罗素和维特根斯坦之间的友谊隐藏着一个严重危机。维特根斯坦刚开始在特拉滕巴赫当乡村小学教师时，给他的朋友和支持者罗素讲述了对他人的那种可怕的不信任，而且这种不信任还在增长。但他的不信任越发波及最紧密的朋友圈："在平均程度上人并没有什么价值，这是真的；但这里的人们比其他地方的都要更一无

---

[41] 这是维特根斯坦1921年1月2日写给恩格尔曼的信，收录于 I. 索玛维拉，2006年，第32页。

是处和没有责任感……特拉滕巴赫是奥地利一个尤为劣等的地方，而**奥地利人**——自从战争以来——已跌入了无底深渊。"[42]在维特根斯坦任教的前两年，他被下沉的力量拽进了无法挣脱的厌世情绪中。在这种下沉的力量中，恨自己和恨他人的情绪越发彼此强化。

理解了四分之三

当维特根斯坦在 1922 年秋天把工作从特拉滕巴赫调动到偏僻的小地方哈斯巴赫时，他在那儿也仅能坚持待上几周，当地居民对他来说"**简直**就谈不上是人，只是令人恶心的幼虫"。直到 1922 年 11 月他来到下奥地利州的普赫贝格，情况才稍微有所好转。但这并非因为普赫贝格的人们比其他地方的人令他觉得更舒服。在普赫贝格，他也是觉得自己身边的那些人最多算"四分之三的人，还有四分之一是动物"。不过维特根斯坦迄今为止名义上还算是教育师资，这个月他就参加了"最后的教师能力"考试。之后他在课堂组织上会拥有更多自由。他在同事圈中的地位也确定下来了。但是首先，普赫贝格时期这种相对放松的状态，或许跟他的某些发展有关，这些发展提示我们注意他过去放弃的生活。虽说维特根斯坦和罗素在纯私人层面上的关系变得越来越成问题，但是罗素 1921 年 8 月从中国回来时，还是如之前的承诺那样，加倍努力促成维特根斯

---

[42] 《维特根斯坦通信集》第 123 页。

坦著作的出版，并且最后成功了。1922年11月15日左右，维特根斯坦《逻辑哲学论》德英对照版本第一版样书寄到了普赫贝格。这本书的标题最终确定采用拉丁文名称 Tractatus logico-philosophicus。

维特根斯坦对收到的第一版《逻辑哲学论》表示十分满意。哪怕他没有从凯根·保罗出版社那里得到一分钱、没有任何出版报酬，哪怕仍存在这样的事实：他依旧在等待第一个能够读懂他论文的人类灵魂出现。无论如何，他的论文在英国出版了，其中没有错误，翻译得也不差。最终这本著作是所有人都可以理解的一部分世界，是一个大家都能看到的实际情况：事实。而这肯定不能完全排除一种可能性，即有朝一日可能某个人会理解这篇完完全全从伦理角度进行阐释的论文之真正的治疗生活的目的。

在治疗中

《逻辑哲学论》的实质目标在于，"正确地看待世界"，从这个完全得到澄清的视角出发去过一种得到澄清的生活。而这个视角又是以一个清楚的划界为基础：什么是可以有意义地言说的，什么不能。也正是这个想法促使维特根斯坦——基于乔治·爱德华·摩尔的启发——同意了这个标题：Tractatus logico-philosophicus（《逻辑哲学论》）。这个标题明显地受到了巴鲁赫·斯宾诺莎的主要著作之一《神学政治论》标题的启发（其标题亦是拉丁文，叫 Tractatus theologico-politicus）。这本写于17世纪的《神学政治论》，其完全明确的目的是，将其读者从有关人类精神自然的错误想法中解放出来，而这些错误想法最终又是由思维错误和概念错误所产生。尤其是，人们把和上帝启示之间的关系当作是理解伦理和政治行为方式的基础。斯宾诺莎已经认为，哲学研究首先意味着根据实际情况指出现存错误，通过逻辑澄清的分析来揭示那些起主导作用的错误想法。由此，人类作为世界的一部分，最终有可能"正确地看待"世界。斯宾诺莎的想法最开始在如下意义上也是具有破坏性的——从以语言为发生条件的、日常习得的错误想法和困惑中以语言的方式解放出来。这些错误想法和困惑会持续扭曲我们自己的视线。

就维特根斯坦而言，此类错误想法在1922年时当然绝对不只是、甚至不首先是宗教信念，而首要是在现代自然科学自以为已完全得到澄清的世界图像中占主导地位的那些基本想法。恰恰是这样的世界观——它并不知道，首先也不愿意承认——深受极端原始的以及在维特根斯坦看来没有明确依据的信念束缚，这些信念最终会再次落回到每种已得到澄清的宗教信仰背后。恰恰是这种经过科学启蒙的现代性和它所相信的必然的自然规律不可改变的观点，建立在概念持续的自我欺骗上。这种观点认为自然规律可以解释已经发生的所有一切，最终也认为可以预测未来的一切。自欺的原因在于，它没有把"逻辑的必然性"概念和"自然规律的必然性"概念清清楚楚地分开。

海德格尔、卡西尔和本雅明这几年里研究的正是上面的难题。在此难题背景下，人们也可以简单说，作为哲学家的维特根斯坦首先做的就是以解释性的方式揭示如下几对关系:"罪责"和"命运"、"自由"和"必然性"、"信仰"和"知识"、"此在"和"如此—在"——这些是任何真正成年生活的决定性主导概念。在维特根斯坦现在可以拿在手中的这本第一次印刷出版的书里,我们可以清楚地读到:

6.36311 明天太阳会升起来,这是一个假设;这也就是说:我们不**知道**它是否会升起来。

6.37 不存在这样的强制性:按照它,一个事件发生了,另一个事件就必然发生。只存在一种**逻辑**的必然性。

6.371 整个近(现)代世界观都是建立在这样的幻觉基础之上的:所谓的自然律是对自然现象的解释。

6.372 因此,正如前人在上帝和命运面前止步不前一样,他们在自然律面前就如同在某种不可触犯的东西面前一样止步不前了。

事实上,他们都既是错误的,又是正确的。古代的人们承认有一个清楚的重点,就此而言他们的确更为明白,而在新的系统那里,似乎**一切**都得到了解释。

但事实上并没有什么东西得到了解释,尤其是这个问题无法解释:为什么有现在这个世界——我们可以描述这个世界的规律性——而不是相反地,一无所有?而且这个问题以后也不可能被解释清楚,因为每个解释都得回溯到处于这个世界**之外**的一些东西上面,解释就会由此最终必然变成胡扯。一个真正信仰宗教的人正是会按上述步骤进行解释,就像维特根斯坦表现出来的那样,目前他也坚持认为自己决定性地超越了每个信仰现代科学的人。

但这样也并不意味着,在可以言说的界限之外将不能感觉到真正的意义中心,而只是意味着,人们过去在这种界限之外以百分百确定的方式感觉到的东西,不一定适合于给这个世界提出理由或对这个世界做出解释——不管这些给出的理由会具有事实属性还是伦理属性。

6.41 世界的意义必然位于世界之外。在世界之内,一切都是其事实上所是的那样,一切都如其所发生的那样发生着;**在**其**内**不存在任何价值——如果存在着什么价值的话,那么它没有任何价值。如果存在着一种具有价值的价值,那么它必然位于一切发生过程和如此—是之外。……

从上往下

根据维特根斯坦自己的标准,上面这些话严格看来就是无意义的。但其中正包含了他在去概念形态方面的真正天才诀窍。除了语言本身的手段之外,人们还能怎样去澄清一个由语言引起的困惑呢?

这样,最终就只剩下一把梯子,一把促进认识的"命题梯"。人们凭着《逻辑哲学论》,顺着梯子努力往上爬,把自己从自身内部解放出来。

但是,到达一个新要求的高度,没了梯子,该怎么办呢?

现在怎样才能重新找到回到地面的保障？实际上只有一点：决定跃下来！决定跃入信仰！跃入一个真实的伦理存在，跃入自由！而且，作为一种跳跃，它的特点是完全知晓跳跃的外部条件：基本上是无可依靠和坠入无底！也就是说，只要"东西"在这里意为一个内心世界的真相，一个基础或者一个事实，那么这就是跃出虚无。只有名副其实的无底之跃才能带来真正的信仰支撑，因为只有这种奋不顾身的跳跃才能从一开始就让自己对一些合理期待断念：断绝对获得回报、公平、灵魂治愈、不死的期待，或者断绝对任何一种看上去是典型宗教形式结果的期待。这一点，我们也可以在《逻辑哲学论》中逐字读到：

> 6.422 在建立一个具有"你应当……"形式的伦理学规律时，人们首先会想到：如果我不这样做，会有什么后果？但是，显然，伦理学与通常意义上的惩罚和奖赏没有任何关系。因此，这个有关行动的**后果**的问题必然是不重要的。——至少这样的后果不应该是发生于世界中的事情。因为在这种提问方式中的确必然含有某种正确的成分。尽管必然存在着某种伦理学的奖赏和伦理学的惩罚，但是它们必然是存在于行动本身之中的……

决定过一种自由的生活，这种决定的价值如何为自己辩护呢？通过真的去实现这种生活（而不是这种生活的外部结果）。那么行动指的就是跃入这个具体的生活，而不是另外的生活、后来的生活或甚至永久的生活：

6.4312 人的灵魂的时间上的不死——因此也即它在（他）死后的无穷的生命延续——不仅根本没有任何办法获得保证，而且这个假定首先根本就不能实现人们一直想要通过它所达到的目标。通过我的永恒的生命延续的方式，某个谜题获得了解决吗？这时，这种永恒的生命难道不是和现在的生命一样令人迷惑不解吗？时空之内的生命之谜的解答位**于**时**空之外**。

这种跃入信仰的决定，更宽泛地理解，这种跃入一个真正的伦理存在的决定，需要寻找的保障和理由不是别的，而是去实现生活本身。首先海德格尔、本雅明和维特根斯坦在 1922 年就用所有修辞力量和概念强度要求他们的读者做出跃入动作。谁现在严肃地提出这个问题：为什么人要决定过这样的生活？这是一种更加轻松、舒服、悠闲、没有烦恼的生活吗？——只能证明，他还没有理解这种"跃入"的可能的**精妙**在哪里。是的，提出问题的他或者她，最终什么都没有理解。既没有理解自己，也没有理解世界。维特根斯坦也是这么认为的——而且不止他是这么认为的。

维特根斯坦解释过的动机状况和期待状况尤其说明了"选择"和"决定"之间的区别，这个区别在本雅明、海德格尔和卡西尔自己与维特根斯坦同时代的著作中肯定也非常重要：一个选择在可以预见的结果中寻找它的合理性，一个决定却偏偏不是。在这个意义上，选择总是有条件的，而决定是无条件的——由此实际上是自由的。选择保持着神话式的纠缠状态，而决定是以解放的方式突破了——在理想情况下——理性逻辑，即原因和结果、命运和必然性、罪责和赎罪之间可能主导着生存的理性逻辑。正是突破理性逻辑这点给决定赋予了神圣性。路德维希·维特根斯坦的哲学教育学解放理论或解放神学在 20 世纪 20 年代走到了这么远的程度。

然而，恰恰是在维特根斯坦完全意识到他执行了 1919 年那次跃入新生活成为小学老师的行为时，他再不可能否认这点：这种生存的可能意义无法在日常的生活中向他显示出来。无论如何这种生活都不能充实他，而是让他几天几周地留在麻木的空洞中，他其实希望自己有决心逃离这种空洞。他自己在普赫贝格的忧愁程度不是一点点，而是深受折磨。他这个时期的信件千篇一律地诉说着，他明显感觉到自己不可能逃离性格中的黑暗力量，也摆脱不了他自己的本性。普赫贝格的生活总是全力把他拉回到更深更暗的自我层面中。

当然，他非常努力地建立社交关系，和同事一起在饭店里吃午饭。他甚至还发现了同事鲁道夫·科德足够符合他对音乐的要求，很快他就每天下午和科德以钢琴和单簧管二重奏的形式演奏勃拉姆斯和莫扎特的作品。但是最后，科德和其他维特根斯坦身边的人都明显感觉到，在维特根斯坦和外部世界之间隔着一面玻璃，这玻璃好似看不见，但也因此无法穿透。关于隔着玻璃这事，维特根斯坦自己也曾经跟姐姐赫尔梅娜非常坦诚地谈到过。在 1922 年冬天和 1923 年春天，维特根斯坦首先体验到的一点就是：悲惨的孤单。

维特根斯坦的书出版了，但这根本就没有改变他的状态。相反，著作出版还加深了这种命运般的持续孤立感。他每天都在布置简陋的小房间里重复看着自己的著作，这无非证明了这样一个简单事实:通过具有解放作用的哲学思考来摆脱自己的苦恼,这个办法有其明确的、作用可期的限度。要是身边连一个可以分享的人都没有,那么"正确地看待"了世界又能带来些什么呢?

IV

你

1923—1925

维特根斯坦咒骂，卡西尔痊愈，
海德格尔有魔力，而本雅明是多孔性的

那个笨蛋

在普赫贝格,维特根斯坦没有任何一个时刻觉得找到了渴望的内心安宁,更不用说生活的幸福之类。在狭窄的学校圈子或乡村生活圈子里,维特根斯坦一直是个局外人。这里流传着关于这个局外人最为特别的传说。众所周知,乡村圣人距离乡村笨蛋只有一步之遥。有些人把维特根斯坦当成是"男爵"或者"富有的男爵",另一些人则讲述着"他自愿放弃了所有财富"的故事。最后,还有些人说道,维特根斯坦在一战中是军官,头部受过伤,是的,"子弹还在他的脑袋里面,给他带来了极大痛苦"。[1] 这里没有一个说法是完全正确或完全错误的。在这样的标签解读下,一个人是无法感到自己受到真正认可的。维特根斯坦过着苦行僧般的生活,他也确实曾经想要成为苦行僧,他住在一间未曾粉刷过的简陋小房间里,只有一张床、一把椅子和一张桌子,再没有别的什么了。他非常重视的是,他的住处应该要远离舒适,远离所谓现代文明的成果。他这个时期的服装也完美地吻合了这样的追求:皮革上衣、带有绑腿的皮革裤子、笨重的登山鞋。他从来不会根据天气情况来穿衣穿鞋,也从来不换衣服和鞋子,这令他的同事们感到不舒服。人们窃窃私语道,他身上发出霉味了。

在越发频繁的失眠之夜,当维特根斯坦透过房间窗户盯着普赫贝格的星空想起人生中少有的幸福阶段时,所有记忆都带着他回到了战前英国的学生时代。在英国,他不仅拥有真正的

---

[1] K. 温舍,1985 年,第 180—181 页。

精神快乐,还在大卫·平森特身上找到了人生之爱。平森特在战时的一次飞机试飞失事中身亡,维特根斯坦甚至把《逻辑哲学论》献给他以示纪念。[2] 维特根斯坦曾经和平森特一起骑着小马穿越冰岛,还一起去了挪威,住在一间偏僻的小屋里。和平森特在一起时,维特根斯坦感受到了人生可能存在的意义。

早在 1920 年夏天,维特根斯坦就开始讲到他因为痛失所爱而感到了绵绵无尽的悲伤:"我再没有能力去获得新朋友,而我又已经失去了老朋友。这真是可怕的悲伤。我几乎每天都会想起可怜的大卫·平森特……他带走了我的半条命。还有半条命就只等魔鬼来取了。"[3] 三年之后,就连他和罗素的友谊也在慢慢枯萎,正如这两人在去年夏天就已经明明白白承认的那样。去年夏天他们原本约着在因斯布鲁克见面,但最后没有见成。友谊枯萎的原因首先是罗素的离婚,另外还有,在他儿子出生之前他才将和朵拉·布莱克长期的"野合"关系合法化。这段婚外关系挑战了维特根斯坦的道德感受。而罗素则是越来越不想去理解他这位天才学生的过分虔诚和偏执的神秘主义。

情况有些复杂

维特根斯坦清楚地看到,他有可能会失去与生活的最终联系。他用尽所有力量下定决心走上了一条极端的新道路,但是未来并

---

[2] 维特根斯坦在《逻辑哲学论》扉页写道:"谨以此书纪念我的朋友大卫·平森特。"——译注
[3] 《维特根斯坦通信集》第 109 和 115 页。

不乐观，这样的前景刺痛了他。当他与别人交流这些内心感受时，此种失去的恐慌感令他感到更加复杂和敏感。就像他在1923年春天写给约翰·梅纳德·凯恩斯的一封信中表现出来的那样：

亲爱的凯恩斯！

您给我寄来了《欧洲重建计划》，对此我向您表示最衷心的感谢。不过其实我更想知道的是，您最近怎么样了，哪怕是只言片语也可以。还是说，您实在太忙了，没有时间写信？我倒觉得不是这样的。您见到约翰逊[4]本人了吗？如果见到了，请您为我向他转达诚挚的问候。我也希望可以听到关于他的消息（**不是**想听他对我的书进行评论，而是想听他说说他自己的情况）。

那么，如果您愿意屈尊的话，请给我回信。

您真诚的朋友
路德维希·维特根斯坦[5]

可以想象，这封信的语气使得对方没什么回信的兴趣。尤其是因为，实际上凯恩斯在这段时间事情非常多：就如特洛伊公主卡珊德拉一样，凯恩斯也好像拥有预言能力，他预言了即将来临的灾难，在一战后成为了世界上最有影响力的经济学家之一。他曾作为参加凡尔赛和约协商签订的英国代表团成员之一警告过即将来临的灾难，同时也于1919年在他的著作《和

---

[4] William Ernest Johnson，威廉·欧内斯特·约翰逊，逻辑学家。——译注
[5] 《维特根斯坦通信集》第126页。

平的经济后果》中预言了，如今的恶性通货膨胀将会把德国和奥地利带到政治崩溃的边缘。欧洲大陆的命运再次岌岌可危。法国和德国之间可能爆发新的战争冲突。列宁久病缠身，他的革命苏维埃同样面临着内战的可能性，其后果无人可以预见。凯恩斯为英国政府提供咨询，他作为全球知名的政治评论家积极投身于自己的政治信念，而在剑桥国王学院教授经济学则像是他的兼职一样。当维特根斯坦在普赫贝格教他的学生们数学基本运算法时，凯恩斯正坐在权势人物的咨询室里，为他们解释被严重忽视的经济学基本动力。维特根斯坦为了保持理智，每天都得进行艰苦的斗争。凯恩斯也同样在斗争，不过为的是将欧洲大陆置于一个新的国民经济学基础之上。维特根斯坦和同事鲁道夫·科德在普赫贝格的房间后室里演奏莫扎特，而凯恩斯周末与剑桥布鲁姆斯伯里团体的老朋友们共同采摘草莓，同时滔滔不绝地讨论经验世界的可能形态——这些老朋友中有女作家弗吉尼亚·伍尔夫和她的丈夫莱纳德、作家爱德华·摩根·福斯特和里顿·斯特拉奇。

1923年春天，维特根斯坦生活的死胡同越变越窄。如果他不想失去最后仅存的、对他来说很有价值的关系，那必须得发生点儿什么。多少还是有些好消息的。当时有位思维非常敏捷的年轻数学家可堪典范地把维特根斯坦的《逻辑哲学论》从德语翻译成了英语，出版人查尔斯·凯·奥格登认为这个译本是最好的。那么这位数学家叫什么名字呢？

亲爱的拉姆齐先生！

最近我收到了奥格登先生的一封信。他在信中说道，您在未来几个月中的某个时候有可能会来维也纳。现在，因为您已经把《逻辑哲学论》很好地译成了英语，那么您毫无疑问也肯定能翻译一封信，所以我就用德语来写这封信剩下的部分了……[6]

这封写于1923年春天的信，剩余用德语写作的部分并没有保存下来。不过，维特根斯坦肯定在这封信中邀请拉姆齐在方便的时候过来施内贝格山麓的普赫贝格拜访他。对于当时刚刚20岁的拉姆齐来说——他生于剑桥最优秀的学者家庭——这是他一辈子难得的机会。他有机会和维特根斯坦一起仔细研读《逻辑哲学论》，更何况这还是一本在出版短短几周之后就使剑桥大学年轻的思想精英着迷和心烦意乱的著作。1923年9月，拉姆齐抓住了这次机会。他来到了普赫贝格，每天维特根斯坦一放学，俩人就会花四到五个小时逐句研读《逻辑哲学论》，中途没有休息。这样的研读工作持续了足足两周。很容易理解拉姆齐为什么要过来找维特根斯坦一起研读著作。不过维特根斯坦的本质动机就比较令人费解。拉姆齐这么给他的母亲报告拜访进展状况：

当他问我"清楚了吗"，而我却说"不"时，他就说"该死的，又得再审阅一遍，够讨厌的"。这种情况令人害怕。有时候他说，我无法理解某些地方，那我们必须让这些地方保持原状。他时常会忘记自己刚刚写下的东西是什么意思，仅

---

[6] 同上。

仅五分钟之后，他又能想起来。有些句子他要故意制造出双关语义，这些句子既有惯常含义，又有隐藏含义，他同样相信这些隐藏含义的存在。

几天之后，拉姆齐给《逻辑哲学论》的出版人奥格登写明信片，表达出来的基本观点跟他对母亲说的版本几乎相反：

> 路德维希·维特根斯坦每天从 2 点到 7 点给我讲解他的著作。通过讲解，我感觉到特别豁然开朗。他看上去很享受讲解的过程，我们大概每小时能讲一页……讲解过程中他全神贯注，虽然他的精神，就如他自己所说的那样，已经不再灵活敏捷，而且没办法再写任何一本书了……他非常贫穷，苦熬着一种悲伤的此在，在这里他只有一个朋友——他大多数同事都觉得他已轻微发疯了。[7]

拉姆齐，这位轻微超重、脸色略微苍白的年轻人胖胖的圆脸上戴着圆框眼镜，身上有着漫不经心、无忧无虑的气质，充满了好奇心，特别还闪耀着理智的光芒。在维特根斯坦眼中，实际上他是能够读懂《逻辑哲学论》的第一个读者。因此，1923 年 9 月的这两个星期，对于维特根斯坦来说也是唯一的机会和经历，可以让两人共同的潜力得到充分发挥。最终，这本著作在尤以形式和逻辑为导向的哲学圈子内部里完全流传开来，并且是以全然曲折的方式进行的，不过维特根斯坦宁愿忽

---

[7] 转引自 K. 温舍，1985 年，第 195 页。

视这种方式。

因此，除了维特根斯坦的出版人——文学家、语言学家和哲学家查尔斯·凯·奥格登外，没有人会在1923年春天出版一本反响巨大的书《意义之意义》。这本书试图承袭维特根斯坦的核心观点，力图解释语言意义的基础。1923年2月，奥格登满怀骄傲地将这本书寄往普赫贝格——同年3月，他收到了维特根斯坦的如下反馈：

……我现在已经读过了您的书，我不得不完全坦率地承认，我觉得您对于那些实质问题，那些——比如——我阐述过的问题，并没有正确地理解（这和我对那些问题提出的解决方案是否正确没有关系）。[8]

奥格登（直到今天都还是语言哲学领域的畅销作者）建议，可以通过因果范畴，还可以通过建立说话人与指称对象之间有意识的联系，来解开语言意义之谜。而维特根斯坦认为这个建议从一开始就已经走偏了，没法严肃地作为一种可能的答案。难道维特根斯坦没有明明白白地展示给读者，关于句子逻辑结构和世界逻辑结构之间的关系——这种关系可以给出意义之理由——并不能说出什么有意义的东西，也没法进行探究，而只能简单地接受其是预先设定好的，最多也只能对这种关系表示惊叹？

4.12 命题可以表现全部的实际，但是它们不能表现它们为

---

[8] 格奥尔格·冯·赖特，1975年，第69页。

了能够表现实际而必须与实际共同具有的东西——逻辑形式。

为了能够表现逻辑形式，我们必须能够将我们自己和命题一起摆在逻辑之外，也即世界之外。

4.121 命题不能表现逻辑形式，它映现自身于它们之中。

语言不能表现映现自身于它之中的东西。**我们**不能通过语言来表达表达**自身**于它之中的东西。

奥格登正是想要通过他的意义的因果理论来尝试做到上面第二个条目中的内容。他想通过语言来表达那些表达自身于它之中的东西。尤其是因为维特根斯坦坚信，最终适用于解释我们与世界关联范畴的因果关系或者因果律之类的，不可能成为解决方案的出发点。

6.36 如果真的存在着一条因果律的话，那么我们可以这样来表述它:"存在着自然律"。

但是，人们当然不能说出这点: 它显示自身。

直到1923年8月他在维也纳休假逗留为止，维特根斯坦已经得知，他的《逻辑哲学论》如今在维也纳的大学也已经开始鼓励着讨论课课堂和科学对话圈子（也就是后来著名的"维也纳学派"），不过他对此依旧抱有怀疑，类似于他在上文中表现出来的怀疑。维也纳学派想要通过对严格自然科学世界观的信仰来拯救和治疗社会。可这恰恰不符合当时维特根斯坦希望选择的突击方向。维特根斯坦认为，纯粹自然科学世界观是他所在时代的又一条歧途。这条歧途看似清晰，处于不带任何价值评定的澄明状态，但实则建立在特别固执的误解之上。

要把这本该死的《逻辑哲学论》再次逐句研读一遍，这对于维特根斯坦的精神来说有多么痛苦——但他还是得去解释一些东西。1923年，真正折磨着维特根斯坦的生活难题并不在于，成为一名不受人理解的哲学家并且必须一直保持如此，而在于他那与日俱增的隔离感和孤单感，他没有朋友。在这样的背景下，他首先把拉姆齐来到普赫贝格当成一次机会，好试探一下自己将来回英国的可能性。当然他总在掩饰自己想要回英国的想法。很明显，维特根斯坦如果要回英国，就得付出在他看来极大的代价，重新融入当地的学术生活。无论如何，他得靠剑桥所有领袖人物——摩尔、罗素、凯恩斯——同样还有神童弗兰克·拉姆齐才能成功融入。剑桥的大人物们对他一向极力支持和关怀备至，1923年10月起拉姆齐就成了维特根斯坦的英国"密使"。作为"密使"，拉姆齐的首个任务是去打听一下，剑桥曾经的学子和《逻辑哲学论》的作者维特根斯坦是否还有机会在剑桥取得学位。"我还没碰到凯恩斯，还没法问问您关心的毕业和学位问题。"拉姆齐在1923年10月用电报般的简短风格往普赫贝格发去这样的讯息。一个月后，这事儿已经有了明确具体的答案。

亲爱的维特根斯坦！

非常感谢您的来信！

我给您带来了好消息。如果您想访问一次英国，那么有50英镑（1600万克朗）的垫款可供您使用。所以就请您过来吧……关于您的学位问题，我问过凯恩斯了。这件事看来是这样的,由于相关规定已经更改,人们无法凭借为期两年的学习和提交一篇博士毕业论文来取得文学学士学位。不过,您可以在完成三年学习和通过博士毕业论文之后获得哲学博士学位。如果您能到剑桥继续进行一年学习,那么您将可能获得准许,将您之前在剑桥学习的那两年时间也计算进去,通过这种方式来获得哲学博士学位。[9]

提供给维特根斯坦使用的那 50 英镑,换算成克朗就是 1600 万克朗,来自于凯恩斯。他作为资助者并不希望自己的名字被提及,还担心维特根斯坦会立刻拒绝这样一笔金钱。维特根斯坦并不想接受任何形式的施舍和资助,他也越发清楚地让拉姆齐明白了这个想法。维特根斯坦最在乎的并不是一个正式的学位,不是任何一种对他哲学能力的证书认证。凯恩斯现在也了解了维特根斯坦的想法,他在沉默了超过 12 个月之后坐到书桌跟前,动手写信邀请他那位性格极其复杂的朋友维特根斯坦到英国来找他。两人之间的这种通信交往值得我们去援引几乎全部原文:

伦敦布鲁姆斯伯里戈登广场 46 号
1924 年 3 月 29 日

我亲爱的维特根斯坦!

一整年已经过去了,我一直还没有给您回信,这令我感到羞愧。但是迟迟没写回信并不是因为我没想起您,我也一

---

[9] 《维特根斯坦通信集》,第 129 页。

直感到必须得重新证明我的友情。拖着没写回信的原因是，我在回信之前想要试着彻底读懂您的书……对于您的书，我一直不知道该说些什么，我只有一种感觉，这是一部极其重要的天才著作。不管现在书里的内容对不对，自从成书之后它就主导了剑桥的所有基础讨论。

我把我从一战以来写的书用一个单独的包裹给您一道寄过去……我非常乐意再见到您，与您交谈。您有没有可能来英国访问一趟呢？

致以我的忠诚和友好
约翰·梅纳德·凯恩斯

我将竭尽全力帮助您减轻之后工作的负担。

然而，由于凯恩斯想要特别礼貌和谨慎地进行沟通，他没有回应维特根斯坦的询问语气，没有击中维特根斯坦最为关心的东西。1924年7月，维特根斯坦这么给凯恩斯回信：

我亲爱的凯恩斯：

您在3月29日给我寄来了您的书和回信，对此我非常感谢。我推迟这么久才给您写信，是因为我一直没有决定用英语还是德语给您写信……因此，我首先再次感谢您的书和您友好的回信。我特别忙，我的大脑接收不了任何科学内容了，所以我只读了读您其中的**一本**书（《和平的经济后果》）。这本书引发了我极大的兴趣，虽说我对书中主题几乎可以说是一无所知。您在信中写道，不知道您能否做些什么，使我重新可以从事科学工作：不，在这件事情上您没法做些什么，因为我自己并没有强烈的内在动机来从事这样的工作。我之前该说的也都已经说过了，由此我的思想之源已枯竭。这听上去有些奇怪，但事实确是如此。——我乐意，**非常**乐意再见到您。而且我知道，您人真的很好，要资助我钱财以便我在英国能待上一段时间……但是当我想到，如果我真要利用好您对我的好意，那么各种各样的考虑就涌入脑海：我应该在英国做些什么呢？我仅仅是过去跟您见面，用所有可能的方式去散心？还是说，我应该单纯地为了表示我的友好而去英国？现在我不认为表达友好是不值得的——如果我也只能做到表达**真正的**友好——同样我不认为去经历一些友好的事情是不值得的，如果说有些事情事实上确实**非常**友好的。

但如果我就只是待在房间里，每两天跟您喝一次茶或者诸如此类，这并不是足够**友好**的事情。为了这些小小的友好，我得忍受由此带来的巨大的负面影响，即我得看着我那短暂的假期如幻影一般消失……去英国拜访您一段时间当然要比孤零零身处维也纳好得多。不过在维也纳我倒是可以集中精神，虽说我的那些思想也还不值得集中精神好好搜集，但总比完全的思想涣散要强一些……

咱们有十一年没见过面了。我不知道您在这十一年里是否发生了什么变化，但我肯定是变化非常大。可惜我必须得说，我并没有变得比以前好，我只是变得不一样了。因此当咱们再度见面时，您可能会觉得，过来拜访您的我并不是那个您想邀请的我。就算是咱们还能够彼此很好地沟通，但毫无疑问，仅仅一两个小时的聊天也达不到这样的目标。这样的话，咱们见面的结果对于您来说变成了失望和厌恶，对于我来说变成了厌恶和绝望。——要是我在英国有份工作——例如街道清洁工或者给人擦靴子——那我就会非常开心地到英国去，友好也会随着时间的推移自然而然地产生……

　　致以我衷心的问候！

您的
路德维希·维特根斯坦

　　另外，如果您见到了约翰逊，请代我向他问个好。[10]

　　一开始维特根斯坦并没有立刻回剑桥。不过，这次通信已经显示出了一个基本矛盾，这个基本矛盾在接下来几年中直到维特根斯坦真的回到剑桥——事实上往后还是如此——一直困扰着双方对于彼此的期待：维特根斯坦想要他的朋友们归来，而剑桥大学希望维特根斯坦这位哲学世纪天才归来。剑桥大学已经准备好尽力迎接维特根斯坦归来。维特根斯坦也展现出了令人惊讶的灵活性，他甚至可以忍受回归到哲学圈。毕竟，这终究胜过待在普赫贝格的小房间里等着他那越发孤独的理解力最终离他而去，或者无情地背叛他。

热情好客

　　卡西尔亲自领着他的客人参观瓦尔堡图书馆，这对他来说

---

[10] 同上，第142页。

是件义不容辞的事情。这位客人来自马尔堡,刚刚在那里晋升为教授。头一天晚上,也就是1923年12月17日晚上,海德格尔受汉堡康德协会的邀请,做了一场关于"现象学研究的任务和道路"的报告。而汉堡康德协会就是由卡西尔领导的。海德格尔看向了瓦尔堡图书馆书柜和书架上那些珍贵的馆藏。参观图书馆时,海德格尔和卡西尔可以深化前一天晚上的对话。卡西尔赞同海德格尔的一个核心论点,即人们当然不能把"人与世界产生关联的基础是什么?"这个问题完全交由经验科学去回答,例如心理学、人类学或生物学。举个例子,神话的概念形式作为世界锁闭的文化先行方式,其身上的烙印并不是由科学世界图像的范畴和观点打下的,而是由其余范畴和观点。

当然,海德格尔点头道,此在的自我解释中出现了一些误解,正是"原始现象"可能会帮助阐明这些误解。另外,当人们集中于神话形式的思维形式时,存在着混淆"原始"和"源始"的危险。难道神话中的符号使用本身不正是建立在一种世界开启形式的基础上吗?符号使用并不能自我开启,而是更多地以特别的方式解释开启。如果是这样,那么获得一个真正源始的世界概念不就意味着,从日常概念出发去描述世界概念?也就是说日常性是一个基本方向,对于此在来说,此基本方向必须要在所有符号形式之前存在和被推导出来?原始此在难道不具备一种日常性吗?正如现代科学的此在是具有日常性的一样。

当两人参观完毕,再次站在主题为"符号"的书柜前时,卡西尔答道:"确实,只是并不是在所有的符号化之前,而是独立于所有的符号化。否则,又该如何思考和解释在日常性中显现出来的方向指引呢？""我问自己的，"海德格尔笑着回应道，"正是这一点。"

从汉堡到贝尔维格

当时在汉堡瓦尔特图书馆里，海德格尔和卡西尔首次长时间的私人讨论应该就是如上所说的样子，或者起码是差不多的场景。无论如何，这就是海德格尔在他后来的主要著作《存在与时间》里回忆 1923 年冬天与卡西尔会面场景的上下文。[11]

海德格尔在参观图书馆时很有可能也打听了图书馆的实际建立者和背后的主人阿比·瓦尔堡。他还活着吗？如果是，他在哪儿？过着怎样的生活？

就算对于卡西尔这样一个善于交际的世故之人来说，要回答明白这些问题也非容易的事儿。图书馆的主人和建立者阿比·瓦尔堡患有严重神经疾病，1918 年病情突然恶化，因此他已经在精神病院接受了多年治疗。1921 年春天起，他被安置在博登湖畔克罗伊茨林根的一家瑞士治疗机构——贝尔维格疗养院，这是欧洲大陆最著名、也是最先进的神经疾病治疗机构之一，由医生世家宾斯旺格运营。1857 年，老路德维希·宾斯旺格在一片废弃的修道院场地上建立了贝尔维格疗养院，1910 年起由路德维希·宾斯旺格，也就是罗伯特·宾斯旺格的长子、老路德维希·宾斯旺格的孙子负责疗养院的领导工作。贝尔维格疗养

---

[11] 参看《存在与时间》第二篇，第 50—51 页。

院并不是一家封闭医院，而更像是一个森林社区，其中有单栋房子，也有公寓住房，使病人能够在这样的环境中最大程度地感受到自由和尊严。每位病人都可以享受宽敞的居住空间，还配有私人护理师。阿比·瓦尔堡也是如此，他独立居住在一个套房里，内有卧房、书房和浴室。独立居住是因为他患有严重的精神分裂症，主要表现症状是受迫害妄想症和强迫症。如果病情深入发展，还会爆发严重的愤怒和暴力行为。可以由此确诊的，特别明显的表现是瓦尔堡持续紧张的状况，他总是担心自己被下毒，尤其怀疑别人其实是拿他妻儿的内脏喂他，或者很快就会把他连带他家人全部杀害。瓦尔堡的紧张症状阵发时，人们会看到他强迫自己不停地洗澡洗手，重复同样的话语表达，还往往会不停整理和打扫他房间的某些地方。在1918年他承认自己患有强迫症之前，他的强迫症其实就已经主导了他的日常生活。

阿比·瓦尔堡住在克罗伊茨林根期间，时而完全失控，时而神志清醒、充满活力，但他住院期间还是——主要通过与萨克斯尔博士保持联系——持续关注着瓦尔堡图书馆的发展情况。恩斯特·卡西尔来到汉堡，这特别引起了他的兴趣。

关于蛇的重要实验

瓦尔堡身上的症状是一种遭受神经疾病折磨的罕见的、尤其在医学上特别令人感兴趣的病例。他患有妄想症和强迫症，时时被畏惧感笼罩，而这些病症几十年之前也构成了他文化科

1. 路德维希·维特根斯坦肖像，1929 年获得三一学院津贴之际

2. 马丁·海德格尔，1922 年

3. 恩斯特·卡西尔，1929年被任命为汉堡大学校长时

4. 瓦尔特·本雅明，1925 年

5. 维特根斯坦家的兄弟姐妹，后排从左往右依次为：赫尔梅娜、海伦娜和玛格丽塔；前排从左往右为保罗和路德维希

6. 维特根斯坦家族在新森林犁地人街的家中，1899年5月23日路德维希的父母银婚之际；身穿水手服的路德维希·维特根斯坦在照片中央的前排左侧

7. 乡村小学教师维特根斯坦和他的学生们在普赫贝格，1922 年

8. 剑桥大学三一学院的庭院

9. 维特根斯坦建造的房子，位于维也纳昆德曼街，1928年

10. 婚礼上的玛格丽塔·斯通博罗（娘家姓维特根斯坦），古斯塔夫·克里姆特绘，1905年

11. 马丁·海德格尔、妻子埃尔福丽德以及两个儿子约尔格和赫尔曼，1924 年

12. 汉娜·阿伦特，1927 年

13. 马丁·海德格尔，约 1922 年

14. 马尔堡大学风光，1930 年

15. 恩斯特和托妮·卡西尔夫妇，1929年

16. 位于汉堡的瓦尔堡文化科学图书馆，1926年

17. 恩斯特·卡西尔在他位于汉堡布鲁门大街 23 号的住宅中，20 世纪 20 年代末

18. 瓦尔特·本雅明，1924 年

19. 朵拉和斯特凡·本雅明，1921 年

20. 阿西娅·拉希斯，1924 年

21. 卡普里岛上的"公猫希迪盖盖"咖啡馆，1886 年

22.1929 年冬天的达沃斯

23. 达沃斯国际大学课程的参加者，1929 年

24. 海德格尔在达沃斯帕森地区，1929 年

25. 恩斯特·卡西尔和马丁·海德格尔在达沃斯，1929 年

26. 以卡西尔和海德格尔为核心的与会者在达沃斯，1929 年

27. 柏林经济危机初期，1929 年

学研究的核心。瓦尔堡的文化理论特别建立在图像媒介和图像表达的基础上。根据他的文化理论，所有文化和教化的实际源泉其实是人们渴求给自己最深层的生存之畏冠以符号表达，也就是给这些畏惧感赋予一个固定形态，并以这种方式使其变得可以处理或者变得可以被驱除。人类精神本身从未能够凭借其最为敏锐和抽象的能力——比如艺术或者科学——完全克服或者否定此种来自于感受的文化源泉：生存之畏的感受、遭受外界自然力量侵袭的感受，不管这些感受是真实的抑或是想象出来的。这种文化源泉一直存在并发挥着作用。

正是借由宗教仪式的主导符号或者原始——或如今天人们所说的土著——民族和文化的礼俗，这种克服畏惧的动力才能够特别清晰地显现出来。由此，这些主导符号能够超越地域界限和时间界限，体现出惊人的相似性和重叠性。例如，瓦尔堡在关于"北美贝勃罗印第安人的蛇礼俗"报告中就提到了人们通过主导符号来克服畏惧。这篇报告是瓦尔堡在他的主治医生路德维希·宾斯旺格启发下，于克罗伊茨林根住院期间草拟出来的。最终，瓦尔堡于1923年4月21日为疗养院的病人和工作人员脱稿作了这场报告。

在报告中，瓦尔堡（联系了圣经中提到的原罪）这么描述具有神话意味的蛇："针对这个问题：实质的破坏、死亡和痛苦是从哪里来到这个世界的？那么蛇便是一个国际化的答案符号。"[12]

根据瓦尔堡的观点，正是畏惧、魔鬼和强迫症位于我们所有文化存在的根基之处，并在文化早期发展阶段实施了魔法

---

[12] 阿比·莫里茨·瓦尔堡，1995年，第55页。

般的礼俗专制统治。在统治的病态形式中——就如瓦尔堡有意识提到清晰的统治发展阶段——人类精神占据了一席之地。畏惧、魔鬼和强迫症决定了人类的思维、感受和整个日常。

对瓦尔堡的治疗具有决定作用的问题是，能否通过对这些强迫症作科学反思和分析来使自己成功得到解脱？他，或者说他作为整个人类的代表，能否与这些狭隘的魔法与图腾式符号意识的原始阶段再次保持距离，通过保持距离使自己得以解放？还是说，他只能一直不断旧病复发？

隧道与光

1923年，瓦尔堡成功地作了关于蛇礼俗的报告，这标志着瓦尔堡个人神话学中一个决定性转折点。具有解放作用的启蒙精神多年以来第一次战胜了畏惧和强迫的神话魔力。卡西尔是当时少数关注瓦尔堡笔头报告的人之一。这也使萨克斯尔博士更加相信，卡西尔和瓦尔堡的私人会面可能是瓦尔堡康复的最后一步，也是具有决定性的一步，这样就可以帮助瓦尔堡回到汉堡了。

1924年春天卡西尔受邀去瑞士做报告，他打算借此机会去贝尔维格亲自拜访那位神奇的研究界同事和资助者——瓦尔堡。[13] 这次会面需要做审慎的准备和安排。萨克斯尔和瓦尔堡的夫人玛丽·赫尔茨在卡西尔到达的前几天就已经出发，去往

---

[13] 双方见面的上下文和具体情况请参看H. 布雷登坎普和C. 韦德波尔，2015年。本书此处根据此文献进行描写。

克罗伊茨林根陪伴瓦尔堡。此时的瓦尔堡正处于期待与卡西尔会面的极度欢乐之中，当然也有些紧张。对于瓦尔堡来说，这是多年来第一次与一位陌生人会面并开展较长时间的研讨，而且还是跟卡西尔这样一位思想家。瓦尔堡对卡西尔充满了最深的崇敬之情，他有充分理由相信，卡西尔是世上极少能够深度理解他图像历史学说及其可能影响的人之一。

瓦尔堡连续数日为和卡西尔的会面做深入准备，他把对他来说特别重要的疑问和难题都记录在纸条上并做整理。在卡西尔到达克罗伊茨林根的几分钟前，瓦尔堡突然觉得他桌上那些小心翼翼整理好的纸条全是禁忌之物，不管身旁的人怎么劝，他都坚持要把这些纸条和其余不祥之物全部都清理出去。**必须**得这么做。此时卡西尔正在走廊里等着，看看什么时候可以跨过书房门槛，进去见瓦尔堡。

虽说会面开头出现了这样的麻烦，不过两人在自由的谈话中很快就相处融洽了。卡西尔将人类的符号化视作一种持续的解放行为，这种行为的出发点在于主导神话思维的那些概念形式。瓦尔堡肯定赞同这种设想，对于他来说，重要的是在此持续的进步过程中，如何证明神话图像世界不可磨灭的能量和启迪作用。在见面第一天，瓦尔堡这么总结那种使他获得解脱的印象："我的感觉是，我好像听到了隧道的另一端有人在敲门。"他终于找到了一个志同道合者。

瓦尔堡和卡西尔的讨论不可避免地集中在文艺复兴和近代早期阶段，这是一个欧洲思想的过渡阶段。这个阶段的特点是神话与魔法思维方式同时存在，例如星相学思维方式和相对具有逻辑数学特征的天文学。在公园散步时，他们主要谈论开普勒（重新）发现了天文学的椭圆定律。瓦尔堡规律地打断谈话，紧张地补充解释和说明道，这段时间有人把他的妻子抓起来，关押在了疗养院诸多楼房中的某一栋，他还告诉了卡西尔具体是哪一栋。而实际上，此时此刻瓦尔堡的妻子正与他并肩走在一起。[14] 瓦尔堡认为，椭圆形这样一种具有双焦点的几何图形，最为清晰地表达出了所有此在的完美两极性。在这个值得纪念的1924年4月10日下午，此两极性也体现在瓦尔堡身上：他完全是一个理性和非理性的生动混合体，身上既有天才式的科学直觉，亦有疯癫的观念浓缩。不过现在他再次抓住了希望：他看到了进入一个研究者新团体的希望，看到了继续进行他终身科学项目的希望，还有在卡西尔身上找到自我的希望。这个自我追随着本身的思想动力，以自己的方式接受自我、阐明自我。

回到汉堡后，卡西尔马上就往克罗伊茨林根寄去了关于椭圆问题的新书目。而瓦尔堡在卡西尔动身离开克罗伊茨林根的前一晚上，就已坐到书桌前给"贝尔维格疗养院的领导"写信，解释了自己的现状，并请求道："就像我的医生先生们确认的那样，我如果继续从事科学研究工作，将在主观上有利于我的康复……您可能不是很清楚——或许卡西尔已经和您谈过此事了——我还可以概略地给您叙述一下，文化心理学的历史方法是站得住脚的。"[15]

瓦尔堡现在只想回到他的图书馆，别无所求。多年来他第一次感到自己有了足够力量可以回去。1924年8月，医生已经

---

[14] 参看托妮·卡西尔，2003年，第150页。
[15] C. 马拉齐亚和 D. 斯蒂米利（编），2007年，第112页。

认同了瓦尔堡对自己的判断。宾斯旺格医生在瓦尔堡的出院日1924年8月12日这么记录道："**今天**上午，瓦尔堡在负责人的陪同下**出发**去往法兰克福，由埃姆登博士在法兰克福接待他们，然后他们又继续前往汉堡……我们为这趟旅途做了平静客观的准备工作，瓦尔堡启程时状态也很平静。前往法兰克福的旅途井井有条、周到友好、充满平静的氛围……"[16]

瓦尔堡在与自己的魔鬼斗争中，重新找到了支柱和安全感。虽说他还没有完全从对死亡的深度恐惧中解脱出来，但也不再是其奴隶了。正是在这种情况下，每个人应该认识到自己是在世界之中存在的一种真实分析结果。任何一种其他形式的安抚都是错误和糟糕的。1924年秋天，马丁·海德格尔也是持同样看法。在这之前不久，他的生存被一种迄今还不认识的新魔鬼抓住了。

魏玛蹒跚

海德格尔在马尔堡担任教授的第一个秋天是和家人分居的。当时，要在马尔堡找到一套合适的房子极其困难，尤其是因为法国军队占领鲁尔区后，从鲁尔区涌出了难民潮。这也使得马尔堡在住宅业已短缺的情况下，还是被强制将住宅分配给无家可归的家庭。同时，货币危机继续恶化。仅在短短几分钟内，同样的钱就只能购买到原先一半的东西——要是大学

---

[16] 同上。

财务处目前还有足够的现金来支付教职工工资的话。1923年10月底,海德格尔最终还是给家里汇去了"3个200亿"。汇完款后,他很快就问埃尔福丽德,这笔钱实际到达弗莱堡了没。

很多人都有这种感觉,好像是现在才输掉战争了一样。城中各处,人们饥肠辘辘,这导致了暴动和抢劫的恶果。魏玛共和国在这个秋天已经走到了经济崩溃的边缘。巴伐利亚州在9月独立,宣告进入紧急状态,并在保守派人士古斯塔夫·冯·卡尔的领导下实质上进入了一个专制独裁的统治阶段。魏玛共和国的其他部分,例如尚年轻的联邦州图林根或萨克森,也有可能会效仿巴伐利亚州的做法。在大一些的城市里,共产主义小组和民族主义志愿军之间在街道上展开了数日战斗。魏玛共和国事实上已身陷内战。对此,国家几乎无能为力,它丧失了暴力机关的垄断力量。

时任魏玛共和国总理的古斯塔夫·施特雷泽曼来自宣称国民自由的"德意志人民党",他在1923年9月末宣告共和国进入军事紧急状态。灾难就好像是预先设定好了一般。问题仅仅在于,灾难具体是以什么形式出现的。

巴伐利亚州首先酝酿着革命的潜流。1923年11月8日,在慕尼黑一家名为"贝格勃劳凯勒"的大型啤酒馆里,革命潜力尖锐化:阿道夫·希特勒在一队人数众多的冲锋队民兵和突击队保护下朝着天花板开枪,打断了当时巴伐利亚州州长古斯塔夫·冯·卡尔的演讲。卡尔只能逃出啤酒馆。希特勒呼吁在场的人参加第二天"向首都进军"的活动,追随呼应墨索里尼的光辉事例和其在意大利的法西斯运动。几千人回应了希特勒的呼吁。不过这次啤酒馆政变在慕尼黑市中心宣告终结,参加活动的游行队伍在进发短短几公里之后，卡尔就下令巴伐利亚州警察朝游行队伍开枪，导致20人丧命，希特勒则开着一辆救护车成功逃离了现场。

身在柏林的施特雷泽曼还没有被现状击倒。为了抑制住通货膨胀，施特雷泽曼政府在慕尼黑啤酒馆政变仅一周之后，便发行了地租马克。令所有人惊奇的是，事实证明发行地租马克的手段是成功的，地租马克明显稳住了整个局面。1923年底至1924年初，法国人宣布从鲁尔区撤军。魏玛共和国再次活过来了。但是，政治界有不少人恰恰从中看到了真正的灾难。

坚固的堡垒

1924年初，海德格尔一家的情况也明显稳定下来了。最后，他们在海德格尔的同事尼古拉·哈特曼教授家附近找到了一套房子。虽然房子并不理想，也不带花园，但起码海德格尔一家于1924年1月在马尔堡高兴地团聚了。马尔堡总能让人想起弗莱堡的调子。只是马尔堡的山并没有那么高，山坡也不陡，教堂看上去不是那么令人心生敬畏，还有巷子也没有那么惬意。虽然对马尔堡无法产生一见钟情的感觉，但是对于海德格尔一家来说，马尔堡显得足够熟悉，也足够有小城市的情调。

在马尔堡大学——之前几十年间由于赫尔曼·柯亨、保罗·纳托普、恩斯特·卡西尔这些大人物的存在，马尔堡大学成为了新康德主义"马尔堡学派"的堡垒——的第一年，海德格尔连同他的"突击队"已获得了良好反响。海德格尔凭借自己的思想在马尔堡大学赢得了许多学生的亲睐：汉斯·格奥尔格·伽达默尔、格尔哈德·克吕格、卡尔·洛维特、瓦尔特·布勒克、汉斯·约纳斯和列奥·施特劳斯。这个名单读上去就像是德国战后哲学和哲学新闻学的名人录。

在初到马尔堡那手忙脚乱的几个月里，伽达默尔给予了海德格尔特殊的支持，因为伽达默尔就是马尔堡人，他的父母在马尔堡享有很高的声望，也非常乐于在解决一些大小问题方面提供热情帮助。在哲学方面，海德格尔首先在新教神学家鲁道夫·布尔特曼身上找到了一种志同道合的感觉，布尔特曼可以丰富海德格尔的思想。布尔特曼受克尔凯郭尔和雅斯贝尔斯的影响，在创作中涉及的主题是重新赢得基督教中真实存在的力量——远离所有神话和错误学说，也远离所有制度方面的强迫和束缚。布尔特曼研究的也是一种基督教**神话解除法**。他想要在人类存在的全然荒谬和赤裸中揭示人类存在本身，使得人类存在首先变得敏感起来，能够听到基督教解放福音的力量。[17] 而当时的教会思想家海德格尔想要的也正是这个——只是他并不把基督教的解脱承诺与此关联起来。

本有

在马尔堡的头几个月，海德格尔作为一个个体越发看清了自身存在是基本无根据的，尤其是通过在存在状态中同时对必

---

[17] 参看吕迪格尔·萨弗兰斯基，2001年，第156页及其后几页。

死性发生的认识。不过人类无法从外界、从别的地方使自身得以解脱和救赎，也没有谁能以承诺或完全启示的方式救赎自己。人类只能坦然而又畏惧地望向一个深渊，在这个深渊里，人类可以看到自己生命的有限性，但只有通过这样的目光，人类才能获得解脱和救赎。最终，对于人类此在来说，只存在这么一个无法避免的确凿事实：死亡正在一步步逼近我们，而且死亡在任何瞬间都是一种真实的可能性。基督教信仰承诺让每个人都可以从这种受苛求的状态中得以永恒解脱。正是因为这样，海德格尔才觉得基督教信仰特别值得怀疑。

布尔特曼和海德格尔在马尔堡时期的学说都在于，要为每个人开辟出一条具有卓越意义的决断之路——这是走向自由的、真正生存方式的第一步。人人都知道布尔特曼和海德格尔的亲近关系，当然也了解这两人之间的不同。这种哲学—神学局面恰恰可以激发哲学系和神学系的年轻学子。1924年在马尔堡发生了某种精神运动。这件事情在学生间很快也流传开来，不光在附近流传，还流传到了柏林以及更远的地方。

海德格尔在思维中寻找的那种强度，也是他作为老师确定要去产生的那种强度，绝对无法容忍任何敷衍和调和。在海德格尔这里，每个妥协都是懒惰的借口。这是一种思想上的懒惰。海德格尔要调动起"畏惧感"、调动自己"作为此在要跑在过往的前面"——就如他在1924年夏天对学生表达的那样——此般调动可能也是一种补偿的因素。海德格尔当时35岁，已婚，有两个孩子，正处于他生命和创作的中间点。他太确切地知道，自己从未亲身体验过濒临死亡的临界经验，和绝大多数同时代人相比并没有具体地奔向死亡。不管怎样，他身着为其量身定做的紧身马裤和长款大衣——半民族服饰半西装的搭配穿法——走进讲座课大厅，开始轻声说话，轻到几乎就是耳语，眼睛看向窗外；他脱稿表达，看上去好像也没有特别备课，他越发有力和深入地陷入哲学思考，这个时候他身上就好像迸发出了火花，有某种东西在闪闪发光。这位男士成为了他自己想要成为的本有。

你这个魔鬼[18]

直到1924年至1925年的冬季学期，海德格尔才第一次亲身体验到他迄今为止如此具有说服力地说过和写过的东西："在我身上从来还没有发生过这样的事情，"1925年2月27日他承认道——而且不只是对自己承认，"我碰到了魔鬼般的东西。"[19] 海德格尔说的并不是他在讲座课中提到的畏惧体验或濒死体验，也并非**纯粹**与"我自己"相关的例外状态。相反，这是关于另一个人的体验——是爱情的体验："别人的存在闯进了我们的生活，我们克服不了这种情绪"，因为"我们无从知道，我们通过自己的存在会变成另外的什么。"在这样一种例外状态中，深陷爱情的海德格尔提笔写信，他也只能做这么一件事情："人类的命运屈服于人类的命运，爱的职责是要让这种屈服保持如第一天般的清醒"。信的开头是这么写的：

---

[18] 本章内容，之前曾有一个旧版本发表于《哲学杂志》，第 5/17 期。
[19] 汉娜·阿伦特和马丁·海德格尔，1998 年，第 14 页。

1925 年 2 月 10 日

亲爱的阿伦特小姐！

我们之间的所有一切应该是纯朴、明确和纯洁的。只有这样我们自己才配得上与对方相遇。您成了我的学生，而我是您的老师，这只是我们之间发生的事情的起因。

我将永远无法获允占有您，但是此后您将继续属于我生命的一部分，而且它应该会随着您一起成长……[20]

这里说到的"小姐"——海德格尔面对这位"小姐"如此不加自我保护地进行坦白的表达——指的是当时年仅 18 岁的汉娜·阿伦特，她来自柯尼斯堡，在马尔堡大学学习古希腊语言文化、哲学和新教神学。在 1924 年秋天来到马尔堡不久之后，她便被看作学生圈中的一种本有和独特的存在。这不仅仅是因为她生得特别漂亮，着装风格夸张、色彩斑斓。就如海德格尔在 1923 年把一整个"突击队"——如他自己所称那样——的大学生，包括博士生一起从弗莱堡带到了马尔堡，阿伦特这位学识出众的女大学生身边簇拥的很多朋友和大学同学，也跟着她一起从柏林转来了马尔堡。她就像是众人的领导和精神首脑。他们来到马尔堡是为了亲眼亲耳感受一下在整个魏玛共和国哲学专业学生中窃窃私语流传的消息：马尔堡大学新来了个卓越非凡的人，人们从他那里可以"学到新的思维"。这个人正是此在预言家马丁·海德格尔。

---

[20] 同上，第 2 页。

于存在之中

此时，海德格尔"此在"的根本标志是，"此在"没有也不可能有复数形式。在海德格尔这里，"此在"一直是一种单个存在，是单独的，或者像他说过的，"**总是我的**"。如果此在想要解放和理解自己，就必须凭其自身的意志。而如今却突然出现另一个此在，一个"你"。1924年11月的一次答疑是两人第一次见面，就在这第一次见面时，另一个此在带着一见钟情的力量深深闯入海德格尔的此在。海德格尔也进入了这另一个此在中。难怪这位年轻的思想大师一开始就承认，自己没有能力去驾驭这件事情。这可能尤其因为，就如海德格尔在写给他新欢的信中坚持的那样，人们无法知晓，一个陷入爱恋中、闯入他人此在的"你"会在"我"当中发挥什么作用，造成什么结果。"你"是否有可能从内部分裂"我"，由此造成异化的效果？是否会将其它此在的闯入当成是与"我"敌对的事情？或者甚至，在哲学意义上更为根本的：会给自己带来永恒无疑的安全？

突然间，所有这一切一下子看起来变得具体、可能了。因为马丁爱着汉娜，他此生还从未像这样爱着一个对象。他几乎每天都给汉娜写信，向她袒露心中的春天：我身上出现了些新的东西，这便是一个大大的"你"，你就存在于我的自我中、存在于我的存在中。

两个人的关系很快就找到了纯粹实际的经典解决方案：海德格尔小心翼翼地安排着两个人的会面，当然主要是要保护好汉娜。两人的联系方式是窗前的灯光信号，还有公园里最喜欢的那张长凳上画的粉笔记号。阿伦特紧跟海德格尔之后出发去听报告，有时候会在电车再开两站之后的站点等着他，或是在城外几公里处的乡村旅店门口等他。[21] 人们经常会在这样一种关系中这么做。

两人从一开始就清楚地知道，他们"从来无法完全占有"彼此——起码在市民婚姻的意义上是如此。海德格尔从来没有考虑过或提到过要和妻子埃尔福丽德分开的可能性。然而他也没有考虑过要结束和汉娜的关系。这段关系的吸引力太强了，两性关系中的心醉神迷太令人无法自拔了。爱情的诱惑力首先把年轻的阿伦特拖到了失去自我的边缘。她写了一封题为"影子"的长信，用比喻的方式坦诚了自己的感情，确定地表达出，面对海德格尔时她的状态就是一种令人喜悦的四分五裂感。一方面，她通过这段爱恋感受到自己从黑暗的孤独和非本真中解脱出来，她的此在犹如最终从一个洞穴中走出来，走到日间的阳光下。另一方面，她也表达了严肃的怀疑：爱情魔鬼令她产生迷醉之感，在此影响下，她还能找到真实的自我吗？

最艰难的思考

这个春天，海德格尔的哲学感受也一直在解脱和困扰之间来回摇摆："你知道一个人必须得承受的最艰难的事情是什么

---

[21] 关于阿伦特和海德格尔之间情人关系的具体描写，可参阅 A. 格鲁嫩伯格，2016 年。

吗？"1925年3月13日，海德格尔给阿伦特写信时这么说道。"对所有其他事情来说，都有出路、帮助、界限、理解——而在这里，一切只意味着：处于爱恋之中就等于被挤入生存之中。"[22] 这是些值得注意的话，尤其是当人们把这些话和海德格尔前些年写给妻子的信做对比时。在写给妻子的信中，海德格尔一直把哲学思考称作是他生存中最艰难和最具深度的挑战。但现在这挑战却不再是哲学思考了，而是爱情本身。通过和阿伦特的关系，海德格尔无法抗拒地进入了一种新的本真性的对话形式。如果他的哲学还想继续存在，那就不能是这种情况。

因此，短短数周之后他就在信件中给自己发明了一种说明性的调解方式，并把这种调解方式从哲学角度也推荐给了阿伦特：正是目前经历的这种四分五裂感才能够保障一个人找到真正自我。正是别人的闯入成为了最本真的一种解放。正是恋爱中典型的无助感——人们无法阻止事情发生——是最坚决的证明。换句话说，海德格尔并不是要承认别人的闯入带来的那种全然分裂力量，而是要在高压之下寻找辩证法出路，在他极端个体化的哲学框架内给分裂此在的力量以一席之地。以一种英雄式的本真性的生存理想之名，他拒绝给闯入自己生活的那个"你"以最终承认。只有这样他才得以满足。而深爱着他的年轻哲学家汉娜·阿伦特却非如此。她没有提前告知海德格尔，便于1926年夏天离开了马尔堡，前往海德堡，在卡尔·雅斯贝尔斯门下开始写博士论文。她选择的论文题目是《论奥古斯丁"爱"的概念》。令阿伦特特别感兴趣的问题是，爱情经历对

---

[22] 汉娜·阿伦特和马丁·海德格尔，1998年，第31页。

于存在者来说扮演着什么样的角色？爱情经历的此在总是无休无止地与其他人的存在保持着一种关联。这事实上颠倒了海德格尔的出发点。[23]

爱世界

阿伦特于1928年完成了博士论文的写作（这段时间她其实还是会时不时地跟海德格尔秘密见面）。她的论文思路始终和海德格尔的工作有关联，但这并没有影响论文的独特性和意义，因为阿伦特的哲学思考继续以其独特能力著称：她能够发现和"你"之本有相关联的生存方面，能够澄清和完善这些方面，而海德格尔在其思想的住处却必定对此视而不见，他也不会拿完全被赶出家门和无家可归来冒险。而阿伦特觉得自己此生一直处于这样的角色中：就如她在二战后给海德格尔写信时说到的那样，作为一个"来自异乡的小姑娘"，她的思想以一种解放他者的方式闯入了别人的房子和躯壳，将其从内部打开。正如海德格尔的传记作家吕迪格尔·萨弗兰斯基那颇为贴切的记录："对于**奔向死亡**这个问题，阿伦特将会以一种出生性的哲学来回答；对于向来我属性的存在唯我论，阿伦特的回应是一种多元的哲学；对于沉沦至常人世界中的批评，她会回答说'爱世界'。对于海德格尔的澄明，她会使公开性显示出

---

[23] 想进一步了解海德格尔和阿伦特"爱"的哲学概念，可参阅 T. N. 特梅尔 2013 年出版的研究《意志与热情》。

哲学上的高贵，以此来进行回应。"[24]

和马丁·海德格尔相反，汉娜·阿伦特显示出能以哲学的方式克服自己那拥有复杂爱情的本有。而对于"你"之魔鬼式的闯入，海德格尔在其思想中从未为这种闯入找到一个实质位置。他在写给汉娜的信中起誓将这种闯入看成是一种存在的解放。缺失对话成分给他的哲学——也给与他关联在一起的存在主义——加上了沉重的负担，严重限制了他的哲学与存在主义。

作为恋爱中的人，海德格尔从来没有放下过阿伦特。但是对于阿伦特来说，海德格尔——顺便一提，就如他在早期信件中提到的希望一样——从1925年起就成了阿伦特走上自己道路的根源。

饥饿疗法

在德国1923年的危机之秋，正在申请教授资格的瓦尔特·本雅明宣布自己已经完全准备好了："无论如何我已经下定决心要写一篇手稿，也就是说，我宁愿背负骂名和受到羞辱，也不能再退缩了。"[25] 他在1923年9月底写给佛罗伦斯·克里斯蒂安·朗的信中这么说道。在两年多到处寻找的游牧式生活之后，本雅明至少找到了一个固定主题，另外还找到了一个

---

[24] 吕迪格尔·萨弗兰斯基，2001年，第163页。
[25] 《本雅明书信集》第2卷，第351页。

起码可以想象会给他提供一个工作机会的院系。有几个人大力倡议他在大学找工作：他的叔公、法兰克福大学的数学教授阿图尔·莫里茨·舍恩弗利斯，还有家里的好朋友——社会学家戈特弗里德·萨洛蒙-德拉图。最终，本雅明为了找到进入大学生活的机会在法兰克福度过了1923年的整个春天。虽说本雅明看到了希望，可以把他关于歌德《亲合力》的文章直接当成申请教授资格的论文提交上去，但很快这个希望就破灭了。不过起码他的努力还是取得了一定成功，他找到了文学历史学家和德语语言文学专家弗兰兹·舒尔茨作为他的支持者和导师：舒尔茨建议他写一篇关于"巴洛克悲剧形式"的论文，特别要写一下所谓的西里西亚学派。对于本雅明来说这自然是一个理想主题，但他对与此主题相关的时代——17世纪末期——并不熟悉，也不熟悉与此主题相关的作品和作者。因此，要写作这个主题就必须进入一个全新的话题领域，还得起码阅读大量作品。这并不是本雅明希望的可以快速推进的方式。

那本雅明还剩下什么？但凡涉及法兰克福学派美学，其代表科尼利尔斯教授就会将本雅明的所有想法和合作可能性都坚决排除掉。本雅明在法兰克福的那几个月里和一位极具天赋的年轻博士生西奥多·维森格兰德·阿多诺成为了朋友。就算是阿多诺的支持也无法改变本雅明当下的现状。本雅明本人和舒尔茨教授并不熟，他也不是本雅明心中崇敬的学者，而这时候他成了本雅明唯一的希望。"我现在正在忙您之前给我推荐的关于悲苦剧形式的论文题目。"1923年10月，本雅明从柏林给他的新庇护人舒尔茨教授写信说明情况。此时的柏林正经受着街道巷战、停电和由饥饿引发暴动的折磨。在这个深秋，财政局势比以往任何时候都要严峻。朵拉在美国传媒集团赫斯特公司的外国办公室找到了一份外汇秘书的工作，但在仅仅几周之后就又失去了这份工作。本雅明一度憎恨的德尔布吕克大街现在又一次成了全家人最后的退居之地。此时，本雅明的父亲刚刚做完右腿截肢手术，正与死神进行抗争。本雅明回到了德尔布吕克大街，从那里给他的朋友朗写信："谁想在德国正儿八经地从事脑力工作，那么就会以最严峻的形式遭到饥饿的威胁……当然挨饿的方式有许多种。但是没有一种比活在一个挨饿的民族中更加糟糕。这里所有一切都在憔悴等死，这里食物匮乏。我的任务，如果还有任务的话，在这里是完成不了了。目前我就是从这个角度出发来看待我移居国外的问题。要是有上帝在就好了，他能帮我解答这个问题。"[26]

本雅明一家在德国看不到任何未来的希望了。朵拉希望能去美国，但是本雅明没有考虑过去美国。他连一个英语词都不会说。巴勒斯坦也无法成为选择。肖勒姆和他的妻子于1923年秋天移民去了巴勒斯坦，并在当地找到了一份图书管理员的工作。可是本雅明就算想去巴勒斯坦的话，也不具备基本的语言能力。就算不需要好几年深入的大学学习，他还是得花好几个月的时间学习希伯来语。他没有足够的时间和精力再学习希伯来语了，而是希望把精力都投入到申请教授资格的论文中去，成功写完这篇论文。这篇论文给本雅明带来了很大压力，萨洛蒙-德拉图建议他要快些交稿，如果可能的话要在未来一年之内交稿。因为舒尔茨教授只在这个时间段内继续担任在

---

[26] 同上，第370页。

法兰克福大学的系主任,并且拥有很大的决定权。尤其还因为在今年秋天流传着这样的传言,由于出现了财政困境,在一战后才建立的尚年轻的法兰克福大学有可能要面临破产清理或者合并到马尔堡大学的命运。

尽管面临着各种不确定性,也被多次拒绝驳回,但是对于本雅明来说,申请教授资格仍是他通往目标的唯一路径。他还抱着起码能够"借到一笔私人贷款"的希望。1923年至1924年之交,本雅明感觉自己就如一只掉进陷阱中的狐狸一般,他决定要采取一些极端措施了。陷阱中的狐狸必须得自断一条腿,跛行着从陷阱中离开,走得尽可能远。这也就是说,在不到四个月之后,他要在柏林完成关于巴洛克悲剧的论文,从中摘录出整整600处可以被引用的地方,并将其整理成目录形式。这样他就能做成一个基础材料,这份材料"会出奇地——是的,特别地——微不足道",而且"只是提供了很少一点戏剧知识,当然还远远不是全部知识"。[27] 包括这个基础资料在内,本雅明制定了一个计划,要在僧侣般与世隔绝的某处、在一个"自由的环境"中急速地写出论文,特别是可以考虑去位于南边的某国,花销也比较合理:远离他不喜欢的家庭争端,远离令人感到陌生的德国,远离所有日常的琐碎事件和大都市的诱惑。为此,他已经着手变卖自己的部分藏书——这比什么都能证明他此时决心。

---

[27] 同上,第406页。

再见德国

本雅明咨询了旅游经验丰富的朋友古特金德和朗的意见，最后决定去意大利的卡普里岛。4月1日，本雅明在柏林闲逛时——这有可能也只是一个根据现实编出来的笑话——在一个售报亭读到了一个消息，为了防止由于富裕市民出境造成的资本外流，有可能马上要发布出境限制令了。读完这个消息后他慌慌张张就决定要出发。1924年4月9日，他已经带着他那600处摘录材料到了卡普里岛。

卡普里岛的春日风光和自然盛景令人陶醉不已，所以一开始就想要集中精神投入工作自然是做不到的。再加上古特金德夫妇和朗夫妇此时也到了卡普里岛，本雅明想专心工作就更不可能了。他们一起住在一栋夏日别墅的同一层，这座别墅拥有岛上最高的阳台。本雅明觉得自己度过了人生中"最美好和最特别的时光"。三周后，朗夫妇就已经要启程回去，古特金德夫妇也打算往北走，而本雅明则是一行字也没写，钱袋就已经空荡荡的。对，他缺钱。这个时候给他的海德堡出版人魏斯巴赫写封信或许能帮上点儿忙：

非常尊敬的魏斯巴赫先生！

……有一些之前未预见到的情况，使我花掉了一部分旅费，因此我现在身处最窘迫的经济困境中。我请您不要怪罪我的问题或提出的请求，我请求您可以友好地用外汇汇给我相当于60马克的一笔钱，汇到费尔马，可以以预付款的形式，也可以以借钱给我的形式（我到1924年7月1

日可以还钱)。[28]

但是信中没有清楚说明"未预见到的情况"到底是什么，假如这些情况真的存在的话。不过本雅明第一次跨过海湾到那不勒斯去旅行的时候，"钱和证件在眨眼之间就全被偷光了"。这就不难想象，他指的情况到底是什么。[29] 奇迹如常发生了。魏斯巴赫真的把钱汇过来了，而本雅明此时越发沉醉在卡普里岛的魔力中。他每天做的事情主要就是漫步和郊游，还越发频繁地前往那不勒斯，那里对本雅明产生了一种特别病态的致命吸引。5月份，那不勒斯大学庆祝成立700周年，借由这个契机召开了一个大型国际哲学会议，吸引着本雅明前去。大会的流程和内容最后让他得出这样的结论："哲学家的收入是最差的，因为他们成了国际资产阶级最多余的奴仆；而哲学家们要用如此可怜巴巴的方式到处向人展示自己的从属性，这我还是第一次见到。"[30]

本雅明在这个哲学会议上一天也待不下去。

葡萄酒和杏仁

在本雅明的理想之岛——卡普里岛上充满了十分活跃的对话氛围。进入20世纪以来，卡普里岛已经成为左派知识阶层

---

[28] 同上，第445页。
[29] 参看《本雅明文集》第4卷第1本，第308页。
[30] 《本雅明书信集》第2卷，第448页。

向往的疗养地。人们宁愿把自己描绘成知识阶层,而不是国际资产阶级。俄国作家马克西姆·高尔基——作为革命文学的偶像——甚至在这里建立了一个自己的学院,尽管这个学院的存在时间很短暂。1924年夏天,由于卡普里岛上生活费用低廉,地租马克也得到了稳定,这里尤其成了德国思想家和艺术家的避难所。本雅明绝非思想家处于潦倒生存状况的唯一例子,他希望在四季如春的卡普里岛过上品质更高的生活,也希望能够在这里与其他人聚到一起进行思想交流。由一对德国夫妇开的名为"公猫希迪盖盖"的咖啡馆成了大家的碰头地点。在本雅明的朋友们离开之后,人们越发频繁地看到他下午来到咖啡馆,津津有味地慢品咖啡。他一边吃着披萨,一边搜集着自己的想法。有时候他会读报,一遍遍地祈愿能在这个偏远的梦想之岛、在最舒适的五月暖阳中,见证某种程度上正步步逼近的西方国家之衰落。

不过在卡普里岛也并非一切都是美好的。本雅明还没动笔写的论文就给他的精神和心情带来了很大影响。他总是处于高压之下,因此患上了噪音敏感症,这在意大利乡村地区是个特别顽固的难题。在这个月内他急切地四处寻找可以付得起租金的新住处。由于那时白天特别炎热,本雅明就选择在漫长的夜晚写作。只可惜"家禽在夜里还是很兴奋"。几周以来,本雅明在咖啡馆的座位上默默观察着一位年轻女士,观察她和她年幼的女儿怎么一起买东西,或者看她晒着日光浴做短暂的休息,而她女儿手里拿着冰淇淋围着广场上的一口井跳舞。这位女士肯定不是德国人,这点是可以肯定的。她那高高的颧骨、偏窄的圆脸表明她不是德国人。还有她每次大笑的时候,大眼睛就会眯成一条极小的缝,看上去几乎像是亚洲人。这是五月底,本雅明着迷地看着,这位美丽的陌生人想从街边商贩那里买一袋子杏仁,但他们无法用意大利语顺利地沟通。这个时候本雅明把握住了机会。

"尊贵的女士,需要我的帮忙吗?"

"是的,请您帮我一下。"

站在这位女士面前的本雅明有着浓密的深色头发,戴眼镜,"眼镜镜片就像小探照灯一样投射出光芒"。[31] 窄窄的鼻子,没有干过什么体力劳动的双手。她认得这种类型的人:"一个典型的资产阶级知识分子,或许是很有钱的那种"。除去经济状况,她还是猜得很准的,事实马上就能证明她的猜测。本雅明自愿效劳帮她提袋子,但马上就笨手笨脚地把袋子掉到地上,袋子里的东西散落出来在广场上滚动着。"请允许我做个自我介绍,我是瓦尔特·本雅明博士。"

本雅明陪着这位年轻女士和她女儿回到家里,并马上邀请她们第二天晚上一起品尝意大利面和红酒。6月开始,正如他给身处遥远的巴勒斯坦的肖勒姆的信中说的那样,他的工作时间变得更晚:"随着时间的推移,尤其是古特金德他们离开之后,我在希迪盖盖咖啡馆(这个咖啡馆只有名字令人不舒服,其余都很舒服)认识了一个又一个人……一位布尔什维克的拉脱维亚女士来自其首都里加,她是基督教徒,也是剧院演员、导演,她最引人注意……今天是我给你写这封信的第三天,我和这位布尔什维克女士聊到了夜里12点半,然后我工作到4

---

[31] 阿西娅·拉希斯,1976年,第46页。

点半。现在是上午，天空阴沉，我正坐在阳台上——卡普里岛的最高处之———吹着海风。"[32]

可能本雅明会在一两个晚上工作到更晚。谈话肯定不是他和这位年轻女士的全部。本雅明人生第一次深深地陷入恋爱，他爱上了阿西娅·拉希斯。他在写给肖勒姆的信中赞美道，"这位来自里加的俄国革命家"或者说"一位出色的共产主义者，自从杜马革命之后她就在党内工作"，是"我认识的最为出色的女士之一"。

拉希斯那时32岁，比本雅明年长一岁。她与当时的生活伴侣——德国戏剧导演伯恩哈德·莱西——也是于4月份从柏林来到了卡普里岛，主要是想在这里治疗她三岁女儿达加的一种呼吸道疾病。莱西在5月份时已经回德国了。阿西娅和达加单独留在岛上继续接受治疗。在阿西娅去到柏林之前，她是俄国先锋派演员和导演，20世纪20年代初她在俄国中部城市奥廖尔建立了一个自己的青年剧场。

对于一位身处南方异乡的德国人本雅明来说，与拉希斯的这段关系开辟了他新的体验范围。既有精神方面的，也有肉体方面的。他向朋友肖勒姆介绍道，爱情飘荡在这个充满魔力的明亮夏天；他还讲到了岛上葡萄园晚上的神奇景象："你肯定熟悉这种感受：当果实和叶子沉入夜的黑暗，而你——为了不被发现动静，不被逮住——摸索着寻找饱满的葡萄。"为了让肖勒姆能够理解他究竟想说什么，本雅明还补充道："但是这里面更多的东西，或许就是《圣经·雅歌》的注释会讲到的那种情

---

[32]《本雅明书信集》第2卷，第466页及其后面几页。

况。"[33] 拉希斯后来打趣地回忆那段与本雅明共度的时光："你一天 24 小时都躺在我身上。"

觉醒

与拉希斯的这段关系对本雅明与世界的整体关系产生了深远影响，这种影响不容低估。他曾说过好几次，自己好像被改变了。自从成年之后，一次早期的巴黎之行开始，他就成了妓院的常客。与朵拉的婚姻多年来早已成为一种兄弟姐妹般的关系，对尤拉·科恩的爱慕则没有得到回应和满足。因此不必多说便能明白，和拉希斯的这段关系——一位在身体上极度吸引他，才学上也令他非常敬佩的女士——使他在男女之事上苏醒过来，就如触发了他的感官一样：一种全感官式的爱情。当然，和这位坚定的共产主义者和活动积极分子展开谈话也在精神上为本雅明开辟了新眼界和新天地。拉希斯在理论和实践、艺术和政治、投身行动和分析的关系上与本雅明迄今为止的相关观点都恰恰相反。可能这位俄国活动家无法理解，在遍布革命浪潮的欧洲，为什么有人恰恰要研究德国 17 世纪的巴洛克戏剧。对她来说，这是资产阶级逃避现实的强有力的例子，而本雅明在那不勒斯哲学大会也正是这么谴责他同行的。通过拉希斯，共产主义作为一种实用的重要理论选择闯入了本雅明的思考。他将余生致力于在精神上驾驭这种闯入。虽说最终结果

---

[33] 同上，第 486 页。

是徒劳的。

很快，人们在卡普里岛上就能看到两个外地人带着一个孩子在规律的时间于田间散步，开着玩笑，彼此讨论着，两人彼此倾慕的感情也必然体现在肢体动作上。他们越发频繁地到海湾另一端的城市去郊游，这座城市对本雅明和拉希斯都产生了一种催眠式的吸引力。这就是那不勒斯。当拉希斯在日常生活过剩的感情中认识到自己革命潜力的时候，本雅明看到的是一部作品中原始符号的力量。拉希斯在广场上看到喜剧角色表演时，就想起了多个舞台上的先锋表演场景，而同样的场景本雅明则觉得是寓言式的巴洛克神秘剧得到了自由的展现。当拉希斯最终分析具体物质性和即兴作品艺术时，本雅明看到的是永恒的物质状况在当下得到了体现。就如热恋中的情侣习惯做的那样，两人都太过于渴望用对方的眼睛来看世界，太过于渴望将对方的视角接收到自己的中心位置来。

1924年夏天，由两人共同创作的城市印象文《那不勒斯》[34]成为了他们当时生活的见证。这是对当时发生的事情唯一的记录文件，两种不同的世界观向彼此敞开了：一种是先锋共产主义坚定有力的文化实践，另一种是理想主义意识秘教对构造做出的超越时间的分析。因此，在《那不勒斯》中总是会出现多孔性现象，[35] 这是一种具有产出能力的易碎式多孔性，克服了当时固定的二元论，成为了开拓城市精神的引导概念。多孔性是那不勒斯真实的生活原则：

---

[34]《本雅明文集》第4卷第1本，第307—316页。
[35] 此处可参阅 M. 米特尔迈尔内容丰富的研究，2013年。

在石谷那里人们凿出了一个洞穴,到了洞穴就到岸边了。就像14世纪的隐士图中一样,岩石间的某处会出现一扇门。门开着,人们往里可以看到一个巨大的地下室,这里既是睡觉的地方,又是仓库。台阶通向大海,通向建在天然岩洞里的渔夫小酒馆。晚上,小酒馆昏暗的灯光和微弱的音乐声渗透出来,从下往上飘去。

跟这些岩石一样具有多孔特性的是这些建筑。建筑物和人们的行为在院子里、在拱廊中、在楼梯上互相融合。在所有地方,人们都保留了活动空间,这样就可以在这里建造起无法预见其结构的观景场地。人们避开了明确的风格。没有任何情境看上去像是为永恒而设计的,没有任何造型声称"应该这样而不是那样。"[36]

……因为没有任何东西处于完成状态。多孔性不仅仅跟南方手工业者的懒惰和冷淡相关,还特别与即兴的热情相关。无论如何,必须要为即兴留出空间和机会。建筑物被用作了民众的舞台。所有东西分成了无数同时活跃的舞台台面。阳台、建筑物前场地、窗户、大门通道、楼梯、屋顶都同时既是舞台又是包厢座位。即便是最不幸的生存,在这种模糊的双重知识中也拥有主权,即:以他所有的腐败,一起塑造那不勒斯街道不会再现的画面之一,并在其优美中享受悠闲,欣赏着开阔的全貌。楼梯的形态是高级导演的杰作。这些楼梯从未完全暴露出来,也并没有封闭于模糊的北方建筑风格的房子中,而是从房子中逐个

---

[36] 《本雅明文集》第4卷第1本,第309页。

展露出来，突然出现个拐角的转向，然后就消失了，为的是再次冲出来。[37]

毫无疑问，上面我们读到的语言就是本雅明的语言。但是引导这种语言的观感来自于拉希斯。[38] 对此在的纯粹兴趣、永恒的多余和变化的快乐，这些元素在本雅明之前的文章中都是找不到的。在这种新观感的辩证法中，不可融合的矛盾持续地互相渗透：好与坏、外与内、工作与玩乐、死与生、理论与实践。本雅明没有一层层剥蚀挺进到本真之处，而是将不同的地点重叠到一起，这些素材由此获得了全新的角度和品质。根据马克思的观点，液化趋势和蒸汽趋势构成了资本主义，而且最终必定导致所有引导生活的传统关系走向一种毁灭和消亡。而在这个新的思维图像里，液化趋势与蒸汽趋势则经历了一种乌托邦的重新解释："那不勒斯"作为一个图像象征着另一种具有生命价值的持续革命化的现代主义。而就如同在一场秘密对话中，只有说情话的人自己才能懂得其含义那样，在这个城市图像中，每一个自然段也都布满了彼此最喜爱的那些概念。从前有一对幸福的爱人就是以这样的方式在异乡写下了他们的文字。

1924 年夏天，本雅明成功突破自我，形成了一种新的写作风格和视角。这种新的写作风格和视角一直伴随着本雅明。与几乎同一时期海德格尔与阿伦特之间的爱情状况做一对比，

---

[37] 同上，第 310 页。

[38] M. 米特尔迈尔也持此观点，2013 年，第 44—45 页。

人们就会发现，思想家本雅明在他的爱情中表现出足够的多孔性和立体性特点。他的爱人以惊人的方式闯入了他自己之内，他也以哲学的方式把这体验成是一种根本的更新。

本雅明开发了一种新思维方式，从写作申请教授资格的论文看来，这种新思维方式的开发自然导致了进一步的紧张和时间压力。在这一时间段，本雅明主要对迄今为止的想法以尽可能清楚和合理的方法进行整理，准备进入一个之前只是碎片化认知的主题领域。9月底，拉希斯带着她的女儿从卡普里岛返回柏林，去找她的生活伴侣伯恩哈德·莱西。这时候本雅明几乎还没有完成论文的三分之一，并且已经严重拖延了之前接的一个翻译任务：翻译普鲁斯特的一部长篇小说。本雅明给出版人魏斯巴赫写信，继续希望得到经济上的支持，但是这次他没有如愿。他之所以再次请求经济援助，首先是因为他患了败血症（但他并不确定患病原因到底是虫子叮咬，还是吃错了什么东西）。不过到了八九月份，他就康复得差不多了，可以去游览意大利帕埃斯图姆的古希腊神庙。另外他还给这个时候刚过来岛上的恩斯特·布洛赫当向导。到了深夜，他回到为了减少开支于7月份新选择的住处，坐到书桌前。这个住处原来是个废物间，四面都是白墙，大小就如一间供僧侣居住的小房间，不过在房间里总还是能"清楚地看到卡普里岛上最美的花园"。

秋风刮进窗子，越来越冷。是时候该回去了，从梦境中走出来。10月10日，本雅明离开了卡普里岛。他先去仔细游览了罗马和佛罗伦萨，然后于1924年11月中旬再次回到柏林，回到了朵拉身边——现在也是回到了阿西娅身边。当然最重要的是回到关于德意志悲苦剧的论文工作上来,他一直还没有完成这篇论文。没有这篇论文,通向更加美好未来的出口就还是堵着的。

VI

自由

1925—1927

本雅明哀悼，海德格尔产出，
卡西尔变成明星，而维特根斯坦成了孩子

红星

四个德国人坐在一家街边咖啡馆里——前一年，本雅明曾频繁地出入其间，很难说他们对广场上经过的那不勒斯人会产生怎样的影响。这些可敬的德国男士身着市民阶层的夏款西装，尽管他们互相调侃取笑时说的是意大利语而非德语，可当地人面对这个热闹的场面，肯定还是几乎一个词也听不明白。他们讨论时的语言风格听着像是那不勒斯当地的，但谈论的内容还是德国人关心的典型主题。譬如，"异化"、"物化"这样的概念扮演着核心角色，还有"内在性"和"本质认识"。他们还一直说着"源始"、"启示"或者"蒙蔽"这些概念。当然还有"阶级意识"！[1]

西奥多·维森格兰德·阿多诺是这场讨论的参与者之一，他在一封给他的作曲老师阿尔班·贝尔格的信中描述了那段回忆："这是一场哲学战役，我们声称要占领这片领地，但很快就发现，我们必须得重新分配我们的力量。"[2] 这里的"我们"指的是阿多诺自己和年长他14岁的朋友兼生活伴侣齐格弗里德·克拉考尔。阿多诺当时22岁，在法兰克福获准申请取得哲学专业教授席位；克拉考尔是《法兰克福报》副刊的主编。在意大利逗留的三周时间里，他们之间总是显得困难的关系达到了最终的临界多孔性阶段；鉴于咖啡桌上敌人的实力，他们还是展示出了最高度的团结。因为咖啡桌并不在别人心里，而是

---

[1] 此处也可参看 M. 米特尔迈尔，2013 年，第 52 页及其后几页。
[2] J. 斯贝特，2016 年，第 177 页。

在内心其实是那不勒斯人的瓦尔特·本雅明和他的老熟人阿尔弗雷德·索恩－雷特尔心里。索恩－雷特尔已在多年前离开德国，来到意大利阿尔马菲海岸边一个名为索伦蒂诺的村子里深入阅读马克思的《资本论》。红色议会党团有着主场比赛的明显优势，另外——望向广场一眼就够了——他们那边还有具体的视觉优势。

克拉考尔由于说话结巴，战斗力有限，因此艺术先锋态度的防守重担——它要以一种不太容易弄懂的方式实现与克尔凯郭尔的"内在性"和"个体性"[3]理想相一致的目标——就落到了年轻的优秀学生阿多诺身上。不到一年前，他在导师科尼利尔斯教授的指导下，凭借题为《胡塞尔现象学中事物的东西与意识相关项的东西之超越》的文章在法兰克福大学获得博士学位。周围圈子里的人都打趣称阿多诺为维森格兰德，人们想把很多重担都放到年轻的维森格兰德身上，但他并不是一个能说会道的人。他当年在法兰克福上学时也并没有因为过度理论化的自我满足而引起别人注意。阿多诺朋友圈里的人在法兰克福上学时代已经彼此熟识，与那不勒斯相似的咖啡馆讨论也是当时大学生活的一个固定组成部分。确切来说，甚至是当时激进的市民阶层知识分子生存方式的核心体现。现在说来就是，这像是天才班的全班旅行。

根据人们的回忆，本雅明当时在那不勒斯的讨论中表现特别激烈，从不肯退让，他根本就不愿与他人达成一致意见。那么这也就难怪，本雅明在两个半月以前，也就是1925年7月，

---

[3] 参看 M. 米特尔迈尔，2013年，第52页。

提交到法兰克福大学的申请教授席位的论文《德意志悲苦剧的起源》得到了这样的专家意见：哲学家汉斯·科尼利尔斯，也就是阿多诺的博士导师认为，本雅明凭借这篇论文还不够格获得教授席位。为了不留下文献记录方面的拒绝痕迹而让本雅明觉得不光彩，哲学系在8月初的一封信中建议本雅明自己撤回对教授席位的申请。经过一整天的灵魂斗争后，本雅明最终接受了这个建议。典型的本雅明事件。又一次发生了。

批判的序言

事情是怎样发展到这个状况的？同年2月，也就是本雅明提交论文第一部分的前一个月，他还给身处遥远的耶路撒冷的朋友肖勒姆写信："事情目前看来并不是处于不利的状况：舒尔茨是系主任；其他方面亦是如此，一些事情的实际情况良好。"在论文提交上去之前，实际情况确是如此。本雅明在2月和3月还一直在写论文和辛勤工作，所以论文在春天被陆陆续续地交到舒尔茨教授那里。直到1925年5月，本雅明才提交了论文全稿。这个时候，文学史家舒尔茨[4]或许只是在浏览了一下本雅明论文的前言《认识论批判序言》之后，就已经给出了评判。作为论文导师和主题提供者，他宣布自己对本雅明论文的内容并不负责，并把论文的鉴定工作转交给了他的同事——哲

---

[4] 关于舒尔茨固执的评价和反犹主义的偏见，可参阅 L. 耶戈尔，2017年，第151页起事实充分和令人信服的论证。

自由

学和美学教授科尼利尔斯。这样,这篇论文的主题就不再是落在文学史范围里,而是美学。科尼利尔斯在读完本雅明的前言之后也同样丧失了信心,不再花力气去读懂这篇论文,而且非常固执地认为自己没有能力给这篇大作一个合理的内容评价。舒尔茨当时的助手马克斯·霍克海默博士和阿德玛尔·戈尔贝博士也有相同感受。科尼利尔斯在交给系里的评价意见中这么写道:"虽然我好意地觉得本论文作者具有洞察力、思想丰富,但是我不得不考虑,本文作者的表达方式无法让人理解,这实际上必然表示作者本身对于一些内容还看不清楚,因此他也无法在本领域引导大学生。"[5]

就本雅明论文的前言部分来说,以上这个评价绝对可以理解,就算是本雅明本人也会给出相同评价。他告诉过肖勒姆,前言是"整篇论文中最伤脑筋的一部分"。事实上,本雅明构造文章毫无策略的笨拙程度,让人怀疑他这是故意要制造出一种阻碍。无论如何,本雅明文章极端复杂,措辞深奥,比他自己的波德莱尔译文前言有过之而无不及。这让读者不禁猜测作者的态度,他是不是因为害怕遭到拒绝而选择干脆由自己来主宰这篇文章可预见的命运,他自己给所有参与者提供了做出消极评价的最佳理由。还有另外一种严肃的考虑也有一定价值:如果论文鉴定者从前言部分就能推测出他论文的价值,那么这对于他未来申请教授席位的前景来说,就能减少些困难。本雅明对肖勒姆描述道,他觉得自己论文的前言部分是"毫无限度的厚颜无耻——恰恰是作为认识论的前言,这是我较早期语言

---

[5] 转引自 L. 耶戈尔,2017 年,第 153 页。

工作的第二个阶段，我不知道是不是更好的阶段。你知道的，我的语言工作被美化成了（柏拉图的）理念论。"[6]

一个亚当的案例

"较早期的语言工作"，本雅明在这里指的是他于 1916 年写作、去世之后才发表的文章《论语言，尤其是人类语言》。[7]这篇浸泡于犹太神学主题中的文章，分析了现代哲学时代，特别是语言哲学时代。他认为后者是远离真理的沉沦时代。沉沦的结果是深深的悲伤，这种悲伤笼罩着整个自然和现代人类。这些思维主题如今又深刻影响着《德意志悲苦剧的起源》的《认识论批判序言》。

1925 年时，人们还是从文化角度来理解现代哲学，把它看成是认识论，而《认识论批判序言》标题中使用的概念"认识论批判"明显与此有着清晰的关联。这恰涉及康德的首要和核心问题："我能知道什么？"康德并不想直接回答这个问题，他觉得最重要的是——正是在此体现出了他思想的时代天才性——要先彻底检查一下人类认识能力本身的条件和界限。也就是在他的《纯粹理性批判》（1781 年出版）框架内进行检验。

但是现在本雅明的《认识论批判序言》恰恰不是在康德框架内继续演绎，而更多的是对那种广为人们接受的想法——未

---

[6] 《本雅明书信集》第 3 卷，第 14 页。
[7] 《本雅明文集》第 2 卷第 1 本，第 140—157 页。

来哲学的任务必定或可能首先取决于一种具有康德特征的认识论——所进行的一种诗意分析式的正面进攻。或者换句话说，本雅明批判的是，现代哲学现在已经被狭义化成了认识论本身。这样的一种狭义化对于本雅明来说就是一种完全被误导的发展，从整个文化角度来看具有可怕的毁灭性。

由此，本雅明申请教授席位的论文首先并不是分析"巴洛克悲苦剧的形式"以及它的可能始源，而是以文学分析的形态来对"悲苦剧"进行基础批判，而在本雅明眼中悲剧已经变成了现代哲学。因此，与此相吻合的是，这篇前言所谈的并非是揭示**认识的可能性条件**，相反，是以可以想象的集中方式阐述**真实的认识的不可能性条件**，这些不可能性条件具有现代性，目前继续占据支配地位。

这些不可能性条件在巴洛克悲剧的现象中以绝无仅有的集中方式得到了艺术地描绘。它们以堪称榜样的清晰性**显现**于巴洛克悲苦剧真实存在的作品中，并在其中得到一种有示范作用的艺术的体现。艺术作品内部具有真理，通过对这些隐藏了几个世纪的真理的发掘，本雅明确实已经在他1919年的博士论文中认识到**批判**的真正功能。

如果说本雅明论文的目的正如上所述，那么实际上就还有三个实质性问题需要重视，这些问题和本雅明悲苦剧作品的结构最终完全吻合。这三个实质性问题是：把现代哲学当成认识论，这样做的严重灾难体现在哪里，其核心错误想法是什么？（《认识论批判序言》）把现代哲学当成认识论，这种理解方式会产生怎样的悲哀方式？（第一部分：《悲剧和喜剧》）另外，认识论的特殊功能在多大程度上适宜于本分析中的寓言的语言

艺术手段？（第二部分：《寓言和悲剧》）

就如艺术家工作室中的速写页远多于实际产品一样，本雅明的基本论点范围远远超出了《认识论批判序言》的地界。因此，《认识论批判序言》是当时用德语写作的最不清楚、也是最丰富的文章之一。这篇文章重于分析并追随着作者的指示，它本身集中于认识论语言角色问题，可以被视作本雅明所有哲学核心信念的一部诗集。这些核心信念从 1916 年开始影响和引导本雅明的思维道路。对于每个读者来说，本雅明的《认识论批判序言》就如同斯芬克斯式的谜语，读者想要解开谜语，在本雅明的思维空间里自由活动。这样的尝试可能是值得的。

丧恸

本雅明认为，现代语言哲学的真正原罪首先在于其语言符号的根本的专断性或任意性。根据语言符号的任意性，例如"桌子"这个词和其所指之物并非处在一种实质关系中，而更多是一种完全随意的关系。实际上几乎不会有人探究现代思维中的这种基本观点，也就是将语言符号和一个所指对象任意联系在一起。而本雅明则将一种亚当的或天堂的语言构想置于这种现代思维的基本假设之对立面。本雅明的"纯语言"是一种源始性的、能够赋予意义的语言。在纯语言中，事物的符号/名字与所指之间的关系并不是随意的，而是必然的、本质上决定性的。亚当的命名远非游戏和任意，甚至可以说，恰是在这种命名中，这种天堂的状况得以证明自己，证明它不用跟话语传达的意义进行搏斗。[8]

因此，现代语言哲学的第二个基本错误假设是，交流中的真正任务就是去认识语言本质。根据本雅明的想法，语言很明确不是向其他人传达可利用信息的一种**手段**，而是一种**媒介**，**在**这种媒介**中**人们可以觉察到自我和其身旁环境中的事物，并且用命名的方式去认识它们和自我。不是人类通过语言表达出了自我，而是语言在人类中表达出了自我：

> 人们必须了解这个基本常识：这种精神的本质**在**语言**中**，而不是**通过**语言传达了自我。如果人们认为有人通过语言传达了自我，那么就不会存在语言的表达者。精神的本质在一门语言中，而不是通过语言传达了自我……[9]

本雅明在1916年还将其称作"精神的本质"的东西，到了《认识论批判序言》中就将其称作"理念"，以便能够"将整体都美化成理念论"。本雅明的论点是，语言绝非服务于人世间的信息传达，而是服务于存在之启示。如果正确理解的话，语言是一种启示事件，而不是一种传达事件。顺便提一下，这也跟《逻辑哲学论》中维特根斯坦的想法以及海德格尔在1925年左右慢慢形成的关于语言本质的想法所见略同。

但是启示并不能由渴望认知的主体自行产生。明敞事件想要被觉察到，就得要求人类用某种偏向被动的静听态度来面对

---

[8]《本雅明文集》第1卷第1本，第217页。
[9]《本雅明文集》第2卷第1本，第142页。

存在。这种静听态度的对立面就是如下这种现代主动性：以现代科学研究的方式询问自然（大概表现为科学实验的形式）以及现代主体积累自己感兴趣的知识。

在现代时期，历史哲学的符号表现是所有领域中逐步发生的社会进步——并且最终将会到达真理、自由和公平。这样的历史哲学走到了启示事件或者明敞事件的位置上。启示或明敞事件在某些特定的瞬间具有救赎作用，只不过按照本雅明的说法，这种事件很清楚地并不属于这个世界，也无法在这个世界中主动产生出来。人类处于持续进步中，这种景象鼓舞了整个启蒙运动，尤其是伊曼努尔·康德的哲学。与之相对，本雅明提出了具有破坏性的转折的逻辑学，后来他称之为"震惊"。对于这种具有扭转和创造整个世界图像作用的"震惊"事件来说，如今最好的例子就是**起—源**（Ur-Sprung）（大概例如《悲苦剧的起源》）。因为：

> 起源所指的并不是已生成者的变化，而是指正在生成者的变化和流逝。起源作为变化之流中的旋涡，把形成生成者的材料卷进了它的节奏中。[10]

对于本雅明来说，起源并非**位于**历史时间**中**的事件，而是新历史纪元和世界状况的开端。[11] 在此，哲学现代性的起源和所有先前知识的起源，是本雅明变化发展的思维，在整体上的

---

[10] 《本雅明文集》第1卷第1本，第226页。
[11] 此处可参看马丁·海德格尔《艺术作品的起源》，收录于《海德格尔全集》第5卷，第1—74页。

自由

实质对象。起源的旋涡吞噬了先前的知识，吞噬的目的是为了让起源自身凸显出来。

知觉在回忆

在这里我们已经能够认识到，从文章开头和文章提交方式来看，本雅明的论文无论是在标准上还是在要求上都与一篇以学术为目的的论文相去甚远。难怪论文鉴定者们深感震惊和惊讶。他们有充分理由要求和期待看到一篇质量上乘的论文，但拿到的却是一篇哲学誓言。而且这篇誓言并不是要表现作者的思想贫瘠，而是哲学家所处时代全部哲学思考的贫瘠。本雅明的《认识论批判序言》本身想要成为一个事件——还要成为一种起源，能够吞噬所有、打开所有的起源，由着这个起源开始了一种新思维，以便能够克服现代哲学。确确实实，太厚颜无耻了。

首先人们清楚地看到，本雅明给现代哲学推荐了怎样一种具有彻底反动色彩的起源选择。最终如本雅明所说，只有上帝——一种神圣的本有——才能保证真正的救赎。语言现象本身也是那样一种神圣的东西。就如语言——它是了解这个充满意义的世界的基础——对于本雅明来说并不是人类起源，那么觉察真理（真理存在于"纯语言"中）的神圣本有也不可能是起源，这种神圣本有令人震惊。和维特根斯坦完全一样，本雅明也一再坚持不能**用**一门语言来解释这门语言本身的奇迹。充其量最多只能通过特别的语言表达方式来**显示**语言和语言奇迹之间关系的真正本质。

本雅明将如下行为命名为哲学：从事实上知觉不到的某个具体时间范围出发，给出对"知觉起源"真正原因的集中指示。而且是以回忆形式进行的：

> 理念在词的符号性质中可以认知自我，这种认知自我是与所有的向外传达行为相对立的。哲学家要做的事就是，通过阐述再次赋予词的符号性质以优先权。因为哲学不能妄称可以敞开地言说自我，所以只能通过一种回溯到未知觉状态的回忆来实现上述之事。[12]

回忆行为的发生方式首先在于，要沉入为了回忆而创造出来的艺术思维图像中。确切来说在这点上，回忆所具有的是一种知觉的被动的特点，而不是那种积极主动的认知特点。关于这一点，本雅明谈到了一种"富有成果的怀疑"。他明确强调在这点上他关心的仅仅是洞悉一种不可能性。要落实这种怀疑，那么就要在所有可能的经验库中刻意使自己的感官对全部现象的明显特点变得敏锐，并要深思熟虑地重复进行这种敏锐化。这就有点儿像是佛教的曼陀罗[13]，搜寻着的精神主体在曼陀罗的花纹绘饰中必须进入沉静状态、内心澄明、抹去所有杂念图像。用本雅明的话来说：

---

[12] 《本雅明文集》第1卷第1本，第217页。
[13] 曼陀罗，意译为坛场，是为修行需要创建的一个小土台，后来也用绘图方式制作。——译注

自由

这种怀疑可以比作思想的深度喘息。在这喘息之后，思想可以悠然忘我于最细微处，而毫无任何忧愁之迹。因为在观察深入艺术的作品与形式以探测其内涵时，往往都是在谈论最细微处。以消耗他人财物的那种草率手法来对待艺术品，这种急切是因袭成法者固有的，与庸俗之辈的热情相差无几。而真正的冥思则与之相反，对于这种冥思，对演绎方法的拒斥则伴以一种不断扩充的，日益热切的对现象的回溯。这些现象绝不会陷入始终是某种阴郁惊诧的对象这一困境，只要对这些现象的表现同时也就是对理念的表现，而且现象的个体也在表现中得到了拯救。[14]

对本雅明的沉沦诊断具有决定作用的乃是这种洞见：一种天堂式的"回归到现象"、回归到"事物本身"的理念，是否无论如何都无法导向哪种评判形式呢——答案是，无法导向一种道德意义上的**评判**。

所谓非常具有判断力的现代主体提出了无理要求，鉴于世界的需要，将自己提升成法官，对善恶进行评价，并宣传这样的观点：人类伦理学可以建立在现象学——语言现象本身——的基础上。[15] 这种无理要求对于本雅明来说意味着现时代真正严重的、扭曲了所有东西的原罪。根据他论文的主旨，他把这种原罪和德国的巴洛克悲苦剧起源连接在一起，将其作为一种衰落的典型，也就是说：

---

[14] 译文参照《德意志悲苦剧的起源》，瓦尔特·本雅明著，李双志、苏伟译，北京师范大学出版社。后文不再另注。——译注
[15] 此处有影响力的例子可以参看尤尔根·哈贝马斯，1991年。

巴洛克所含有的这种可怕的、与艺术相悖的主观性在这一点上与神学的主观化实质相汇合。《圣经》以知识的概念引入了邪恶。蛇预言说，第一个人将会"认识善与恶"。但是上帝在创世之后说的是："上帝看到所创造的一切都是好的。"因此，关于邪恶的知识根本是没有对象的。邪恶并不存在于世间……关于善和恶的知识因而也就是所有实际知识的对立面。在牵涉主观化的深度时，这知识基本上就只是关于邪恶的知识。按照克尔凯郭尔所理解的深刻词义，这知识就是"无稽之谈"。作为主观性的胜利和对实物的专制统治之肇始，这知识是所有寓言式观察的起源……因为善和恶是无法命名的，是无名者，是外在于命名语言的，而天堂中的人正是用这种语言来给实物命名的，在质疑的深渊中他离弃了这种语言。

主观性的胜利、本着内在固有精神而产生的对事物的独断统治、尤其是对符号之下自行物化的自然界的统治，这些最终也会导致人类无可救药的物化。一句话说，真正的现代悲剧正是在此之上建立起来，本雅明在他著作中讲的就是现代悲剧的不幸始源。特别是围绕着善和恶的知识事实上并"没有对象"，"不存**在于**世界间"的问题。用本雅明自己特有的命名存在论来说就是：善和恶的知识"**外在于**命名语言"。

对于不可言说的东西，人们必须保持沉默。而现代主体在其彻底自我授权的意志中却不是这么做的，而是要去"胡扯闲聊"那些不可言说的东西，并在这一过程中越来越深地陷入一种麻木的无知觉中。其最终效果就是悲伤，虽然悲伤的效果自然总是以隐晦的方式被觉察到的。

如今，以上这些就是本雅明对自己所处文化状态的诊断，也是对号称学术学科的哲学状态的诊断。就如我们看到的那样，维特根斯坦和海德格尔也都完全同意这些诊断结果。英雄所见略同之处还尤其在于，他们都坚信，并不存在哲学伦理学。任何一种想要本着内在固有精神来论证哲学伦理学存在的尝试无非是一种最清楚的症状，表明作为命名者的人类已经在多大程度上深深陷入了废话之中。

在这三位思想家中，没有任何一人曾写过传统的现代意义上的伦理学著作，连起码的尝试都没有。卡西尔也是如此。这些思想家对于自己的舍弃都是具有洞见的。

悲伤的比喻

这种特殊的悲伤和现代起源越发给整个世界现状蒙上一层阴影，抑制了世界发展。对本雅明来说，这种特殊的悲伤并不仅仅涉及那些误以为自己是决定他物之主体的人们，还以同样的方式涉及了可能是缄默的所谓自然客体。现代人类认为自己已如此自由和随意地支配了自然，就如支配那些任意的符号一般——通过这些符号，人们对自然进行命名。但是从自然的本质看来，自然对于本雅明来说绝对不是缄默无声的，它只是在"沉沦之后"的时代变得越发沉寂，即为了我们才沉寂的。

自然用"真正的语言"对我们说话，就如我们用真正的语言对它说话那样。在此，没有一方给另一方赋予意义，而是意义自己产生出来了。

自然和人彼此偷偷地知觉对方，但此关系在现代完全被扭曲的认知前提下导致了这样的结果：产生互动关系的双方——自然和人——都得承受相互之间加剧的共鸣丧失。彻底的意义丧失或者更准确地说语言丧失导致的令人近乎抑郁的现象（"再没有什么东西对我说话了"），本雅明确切地称之为悲伤：

> ……自然的悲伤性令它自己沉默。所有悲伤中最令人伤心的是失语的趋势，这比没有能力传达或者不乐意传达还要强无数倍……但是在人类的语言中它们[自然之物]被过度命名……过度命名乃是所有悲伤和（从物的角度看来）所有沉默的最深层语言根基。[16]

从现时代由好奇而生的"过度命名"[17]中产生了沉默无声，正是这种沉默试图以艺术的方式来弥补巴洛克时代。也即，当德意志悲苦剧在舞台上将所有这**一切**都呈现为语言时，可以想象德意志悲苦剧是无助的，还受到了形式上的苛求；当它使所有这一切——哪怕这一切其实是最为偏远和遥远的东西——都成为需要传达给观众的戏剧对象时，一样可以想象德意志悲苦剧的无助和被苛求状态。就好像是，以始源性意义丧失的自由落体方式盲目飞奔。这是认知方面的一个真实悲剧，对于本雅明来说，随着十年的开始，出于可以看到的沉沦原因，这种悲

---

[16] 《本雅明文集》第2卷第1本，第155页。

[17] 参看瓦尔特·本雅明的《译者的任务》，收录于《本雅明文集》第4卷第1本，第9—21页。

剧必须在表现主义的语言无节制中不断重演，本雅明明确把这种无节制等同于巴洛克无节制。

在此背景下，作为艺术表达中典型的巴洛克手段；起着决定作用的寓言角色也明朗起来。首先这里说到的寓言（比如一位女士手中拿着秤寓意着公平公正，或者较近的长篇小说《百年孤独》寓意着哥伦比亚的殖民命运）指的是一种间接表达形式。人们不是直接说出什么，而是进行了间接象征。作为巴洛克悲剧偏爱的表现手段，寓言对于本雅明来说首先能够达成一种效果：寓言可以一目了然地表现出毫无希望的不属同类、互不相适的情况。由此，在沉沦*之后*也是最适合通过寓言将世界的真实特点展现给受众。恰恰寓言作为"魔鬼式的凶暴认识方法"，是一个从属于完全任意的（语义）规则世界中的一种杰出的艺术认识手段。用本雅明的话来说：

> 寓言的意图是如此对立于追求真理的意图，以至于一种只为获取知识的纯粹好奇与人类不可一世的独立姿态之间的统一在寓言这里体现得最为清楚。[18]

只要哲学的真正任务在于"回忆，一种全然回归到无知觉状态的回忆"，那么在现代"沉沦"之后的时代中，哲学就必然只能存于这种揭示，即揭示出事实上人们不可能真正地进行认识。那么揭示的条件是什么？在此就没有任何一种认识方法比下面的做法更加适用于揭示：以尽可能令人印象深刻的方式将

---

[18] 《本雅明文集》第1卷第1本，第403页。

完全任意性和矛盾性展现出来。而我们当下的时代就是在任意性和矛盾性上与众不同。也就是说，这种认识方法如此清楚和确定地对立于探寻真理的实际研究意图，以至于在这种方法中，人们可以特别清楚地了解到丧失的深渊在哪里，它就如同摄影中的负片（其明暗和被摄体相反）一般自己**显现**出来。

在沉沦至现代之后，就再也没有直接表达真理的方式了。在这方面，语言本身早已被消耗殆尽。幸而在这种复杂纠结的联系中还有些办法，可以将出现的无知觉度变得可视和可忆，也就是寓言。在思维图像的书写方式和认知方式中，寓言决定了本雅明1924年到1925年的创作，并由此将其创作带到了一个新形式的高潮。

批判的纪念册

想要从整体上理解本雅明系统思考和实践的哲学方案，重要的一点是要强调：对于本雅明来说，他的寓言表达方式指的是一种杰出意义上的反认知手段。其余的手段目前无法使用（而且可能也不会再被使用），就如事物处在其语言整体之中。这就像维特根斯坦为了"正确地看待"世界，一开始还是得借助没有意义的梯子——即他写下的那些远离真理的命题——向上攀爬。本雅明借助着寓言和寓言阅读方式手段以达到以真理为导向的批判，批判他所身处的现代状况。在本雅明这里，真理无法在语言和文化状态中被表达出来，却可以显现或显示出来。而本雅明自己最终就身处这种文化状态。

因此，在寓言性思维图像的符号中，纪念册逻辑就取代了严谨论证的逻辑。纪念册逻辑指的是，将一个完全交错分布的思想领域——交叉的、直穿的、跨越楼层和岩石的，如同没有目的地漫步走向任何方向的，相同的点或者几近相同的点——重新导向各个方向，构成新的局面。这种新局面向观察者打开了一幅清晰的视野画面。本雅明的《认识论批判序言》本身含有高度分散的论据，拥有纪念册或者速写特点。谁要是不能自己把这些碎片重新组合为拼图，那么谁就无法了解自己当下时代的这些符号。因此，本雅明的《认识论批判序言》可以作为一种检验方式：谁要是不能理解这篇序言，就最好保持沉默，绝对不要去做什么判断，或者评价。

这么看来，并不是本雅明和他的论文在法兰克福失败了，而是法兰克福在他的论文中失败了。而且，不仅仅是法兰克福人，还有很大一部分的本雅明狂热崇拜者——他们直到今天都还很活跃——一直更喜欢把他们的英雄本雅明抬高到富于吸引力的特异功能者的讲台上，而不是去接受他非常系统化的建议和启发，这些建议和启发持久存在，拥有着面向未来的特点。在这个意义上，悲伤的时代一直延续到了今天。

巴勒斯坦还是共产主义

本雅明由于经济方面捉襟见肘，一直在强化自己从事学术职业并取得成功的想法——这种想法在清醒的一些瞬间"别无其他，仅是空虚无望"——这种想法也意味着他人生悲剧的起源。尽管他试图证明自己的能力，但还是遭到了非常明确的拒绝。这样的拒绝从根本上否定了他在学术领域和机构工作的可能性。本雅明意识到，自己在受到拒绝的同时，也从他迄今为止成年生活的重心中解脱了出来。尽管拒绝必然带来各种负面情绪，他还是把法兰克福的判定结果当成是一种解脱。就如他于1925年8月写信告知他的"经理"、也是他在法兰克福唯一真正的支持者戈特弗里德·萨洛蒙-德拉图的那样："在我的自我评价中，如果我有一丁点儿依赖于他人的表态，那么他们与具有决定权的有关当局以一种不负责任和草率的方式来处理我的事情，给我带来极大的震惊。我的写作产出也由于这样的震惊无法马上得到恢复。但事实上——就算是相反的——并非如此，这是我自己私人的事情。"[19]

由此，1925年年中，本雅明第一次真正成为一个自由人——当然也包含了挨饿的自由。他未来的创作方向，当然还有与此相关的未来如何糊口的问题，都要求他做出一个明智决定。在他关于悲苦剧起源的著作中，在他迄今为止的重要作品——也就是《论语言，尤其是人类语言》、《性格与命运》、波德莱尔译文的序言以及关于《亲合力》的随笔——的所有核心洞见以一种独特的密度彼此关联和交织在一起。1925年，本雅明拥有了整全独特的哲学视角和声音，这些都在第一批思维图像那里，比如关于那不勒斯的文章，开始越发自由和快乐地表达出来。系统看来，《德意志悲苦剧的起源》中的分析给他带来了两条不同的研究之路和生活之路，这两条道路几乎拥有

---

[19] 《本雅明书信集》第3卷，第73页。

同等的联系能力，但彼此却又是无法统一的。简单说来，这两条不同的道路可以总结为巴勒斯坦之路和莫斯科之路，他必须要在其间做出选择。

巴勒斯坦之路，在持续寻找已遗失的亚当语言，保留犹太弥赛亚主义具有超越性的真正神圣领域的意义上，意味着通过其著作最大程度地沉浸到犹太教神学中。本雅明最好、最信任的朋友肖勒姆已经在1923年移民到巴勒斯坦，他一直努力吸引本雅明也一起来到这片福地。不过如果要走上这条路，必要的前提条件是希伯来语，迄今为止本雅明既不会说也不会读希伯来语。

另一方面，就如本雅明1924年夏天在卡普里岛上经历的梦幻般"枕头共产主义"阶段一样，他的许多洞见都指向了对时代的一个诊断结果，就像格奥尔格·卢卡奇在其近期作品中，尤其在1923年出版的著作《历史与阶级意识》里对时代做出的诊断那样。本雅明和阿多诺、克拉考尔还有索恩-雷特尔都很重视这部著作，并且曾深入讨论过这部著作。

本雅明关于《亲合力》的随笔中隐藏着对市民意识起支配作用的神秘力量，毫无疑问这些力量可以破译或改写成阶级斗争的力量。同时本雅明毫无保留地对整个现代悲剧和现代哲学进行了批判，批判的核心对象是"物化"——自然的物化，尤其是人类的物化。

卢卡奇认为，资本主义的核心原罪在于其异化力，也就是将工人身上具备的人类个体化品质特点同人本身分离开来。[20]他批判了资本主义制度将无产阶级进行物化式的异化，这种批

---

[20] 根据 M. 米特尔迈尔，2013年，第36—37页。

判角度非常契合本雅明设计的去异化图景，也契合所有事物之间本着语言哲学精神的随意可交换性。语言哲学宣称每个符号都具有任意独断性，不想再承认命名行为具有神圣意味、命名时具有始源性的意义联系。根据本雅明的分析，巴洛克寓言艺术的特点在于其遵循了由此产生的混乱，这种混乱遗忘了事物的个性：

> 每一个人、每一个物、每一种关系都可能表示任意一个其他的意义。这种可能性对世俗世界来说是一个具有毁灭性但却公正的判决：世俗世界会被刻画成这样一个世界，在其中起决定作用的不再完全是细节。[21]

由此，就像人们可以明确补充的是，这里讲的并不是作为个人的人类个体。那么它到底指向哪里呢？1925年5月，在本雅明申请教授席位明确失败后，他非常清楚地写道："对于我来说，所有一切取决于我和出版人的关系怎样。如果我什么都没有做成功，那么我可能将会加速对马克思主义政治进行的研究——我还有可能在不久的将来起码暂时去趟莫斯科——去入党。这一步不管时间长短，我都会走的。我的工作视野不再是之前的旧视野，我也不能人为地把我的视野变狭隘。当然这首先是一种（我个人）力量的巨大冲突，在冲突中必然会出现的要素就是学习希伯来语。我也无法预见到一个根本性的决定，但是我得去实验，从这里或那里，反正得从某个地方开

---

[21] 《本雅明文集》第1卷第1本，第350页。

始。我发现我的视野不管是明是暗，我都只能从这两种经验、两条道路中去获取我视野的完整性……"

作为强调紧要关头、决定和始—源的理论家，本雅明在所谓的现实生活中一直是个踌躇犹豫的人。就像大家都知道的跳蚤，它每跳一次的距离只有到达目标距离的一半，因此它就倾向于在现实生活中只做半程跳跃。本雅明在1925年秋天也是如此。

当本雅明和罗沃尔特出版社签订合同的时候，他和"出版社之间的关系"得到了很大改善。罗沃尔特想要在下一年出版本雅明关于《亲合力》的随笔、《德意志悲苦剧的起源》和另外一部著作（也就是后来的《单行道》），由此也可以保证本雅明每月有固定收入，哪怕这笔收入还几乎不能保证本雅明的基本生活。另外，本雅明还跟罗沃尔特出版社签订了合同，翻译出版普鲁斯特《追忆似水年华》的后续卷本。

本雅明无可避免地面临着二者择其一的真正决定。1925年11月，强烈的第六感把本雅明吸引到了拉脱维亚的里加，在那里待了好几周，这也象征着他当时的精神状态。他来到里加是为了阿西娅·拉希斯，她彼时正在里加忙于几个演出工作。肉体的欢愉击败了与肖勒姆之间的友情。本雅明良心上过不去，便从里加给肖勒姆写信，告诉他自己现在正勤奋地学习着希伯来语（未来几年，他还是会一直假装自己在学习希伯来语），而且，他甚至在里加——这座波罗的海海湾边冬日阴郁的城市——看到了好几个形单影只的"东欧犹太人"。[22] 这毫无疑问是个符号。只不过，这是代表什么的符号？

---

[22] 《本雅明书信集》第3卷，第102页。

在身边

当瓦尔特·本雅明在法兰克福等待着《德意志悲苦剧的起源》的评价结果时，马丁·海德格尔在1925年初夏体验着两性关系的亢奋。就算是马尔堡小城乏味的雾天和在大学授课的厌烦日常都无法影响海德格尔的这种情绪状态。"我现在非常生气，因为有人拿他完成了的博士论文突然来找我。我必须要把这篇论文仔细看一遍——哪怕我只是为了最终否决这篇论文，我还是得把它看一遍。这样，在最美妙的工作过程中，我失去了半个星期。希望我在你到来之前就能完成这项工作。起码我是非常希望这样的。因为我喜欢从工作中走出来，待在你身边……请你在周五傍晚过来，就像上次一样。"这是海德格尔在1925年7月1日给他的汉娜写信的内容。当时的情况对他们见面特别有利，因为海德格尔的妻子埃尔福丽德带着儿子约尔格去威斯巴登找她的父母——两天之后就是她的生日。因此海德格尔也给埃尔福丽德写了封信。他看破了如今越发功能性质的婚姻的相处特色："我最真挚地祝福你生日快乐。在此我想要感谢你对我的照顾和支持。这种支持——除了现象学批评之外——还在于最难的几个方面：放弃、等待和信仰。如果我从你的角度来看，那么这样的一个学期需要付出很多精力。在义务要求和善意的尽力付出之间总还是有些差别的。即使我没有向你提到这些，你肯定也能够明白我之所想。可惜你今天不在我身边，我不能当面对你说出这些感谢的话语，写得再多也是白搭。不过你去看望你爸妈，给你自己和他们带来快乐，对此我当然感到高兴。"[23]

几十年后,汉娜·阿伦特评价海德格尔的为人时,认为他并没有什么明显不好的性格,甚至根本就没有。现在人们读到的这两封信很有可能写于同一天,我们可以试着去理解其中的含义。男女激情和婚姻在海德格尔的生活里、在其市民生活方式中始终是明确分开的两个领域。从这两封信我们可以清楚地看到,海德格尔和这两位女性并不是站在独立人格的平等平台上进行对话,而是将她们放到一个从属位置来提出表扬——也就是把她们当成达到自己目的的手段。而海德格尔的神圣目的就是思维的任务。是他自己的思维。海德格尔是以什么样的方式来认可他身边的人呢?他把身边的人当成他达到自己思维目的的手段。1925年夏天,正是这样的思维任务迫使他尽快将思维具体化到一部专著中。因为目前为止,海德格尔这位德语哲学的"无冕之王"写出来的著作,除去他的博士论文和申请获得教授席位的论文之外,充其量最多也只是一些断简残编和试图证明自己能力的尝试。他还没有成熟的著作,没有完结了的著作。他还没有一部分量十足的大作。

投身写作

1925年7月,马尔堡大学教授尼古拉·哈特曼收到了科隆大学的聘任邀请。尤其是因为感受到了海德格尔身处马尔堡给

---

[23] 葛尔特鲁特·海德格尔,2005年,第140页。

他带来的明显压力，哈特曼马上就接受了科隆大学的聘任。当海德格尔和雅斯贝尔斯通过写信达成一致，认为恩斯特·卡西尔"毫无疑问是最好的人选"，应该接替马尔堡空出来的教授席位时，哈特曼领导下的哲学系便已宣布，海德格尔应成为1924年保罗·纳托普去世之后的理想接班人。当然这个决定也急迫要求海德格尔最终提交一部专著。否则无论学校怎么支持他，都无法在柏林的任命部门通过，最终只得一场空。像海德格尔这样的老狐狸也最终掉到了体制的陷阱里。他想要符合自己的形象和学术水准，就必须最终按照规定交出自己的作品。

仅仅11个月之后的1926年6月18日，马尔堡大学哲学系就将《存在与时间》的第一版打印稿寄往了柏林。海德格尔一再抱怨，他必须在巨大的时间压力下完成所谓的主要著作（事实上这也是他所有出版作品中唯一一部具有专著篇幅的独立著作）。实际上，这部作品算是哲学历史上一次伟大的创造性突破。扣除海德格尔在马尔堡大学上课必须花掉的工作时间——在这些工作时间里海德格尔几乎无法连续进行写作——那么海德格尔就是在不到五个月的时间里完成了这部总篇幅达到450页之多的著作的核心部分。也就是说他每周必须写出30页内容，这30页还需达到已经可以出版的程度。

在此之前，海德格尔算是进行了详细的准备工作，特别是他在过去六年中的演讲和讲座课内容都可以当作写作的素材。《存在和时间》构成了他持续的思考和开拓活动的一个暂时终结，其时间跨度从1919年战时学期的讲座课，历经《解释学情境的显示》、在马尔堡大学关于柏拉图《智者》的讲座课，以及《时间概念的历史》。最后一个《时间概念的历史》是他在1925年夏季学期开设的讲座课（每周两次，早上7点到8点上课）。

揭示问题

海德格尔本阶段思想道路的中心内容在于揭示一个独一无二的问题的意义。这是一个关于存在的问题，更具体来说是，关于**存在的意义**的问题。海德格尔认为，在人们（再次）研究这个思维的终极问题之前，更别说探寻到一个接近的答案之前，必须要揭示每个存在者的独特存在方式。只有针对每个存在者提出问题，这个问题才可能是唯一和有意义的。这里的存在者指的是人类的存在。

存在的意义只有对人类来说才可能成为追问的对象。只有人类能够惊奇于"存在者存在而无反倒不存在"。尤其是只有人类作为可以进行语言表达的生命形式能够提出问题，在发问的行为中蕴含着其特殊的此在意义。为了使他所称的"基础存在论"式的研究方式同康德意义上的先验研究——这是一种生物学的、人类学的、心理学的或者说本身就是先验研究——有意识地形成鲜明对照，海德格尔将人类的存在称之为"此在"：

> 此在是一种存在者，但并不仅仅是置于众存在者之中的一种存在者。……其与众不同之处在于：这个存在者在它的存在中**与**这个存在本身发生交涉。那么，此在的这一存在建构中就包含有：此在在它的存在中对这个存在具有存在关

系。而这又是在说：此在在它的存在中总以某种方式、某种明确性对自身有所领会。[24]

就如海德格尔坚持的那样，每个此在都以某种方式并在某种明确性中对自身有所领会，这也意味着，每种对存在的理解并不是从自身而发，或者也不是对自身的适应。基于错误的分析和有选择的概念性，这种关系对于此在来说也可能是蒙昧和扭曲的。按照海德格尔的观点，如上情况——联系到他所身处的整个文化状况——在其地区范围内就是事件。

在持续的沉沦演历进程中，不仅对"存在的意义"发问所包含的可能意义会被完全遗忘，或者被视作是禁忌，而且此在本身面对存在状况的实际基础和源泉时就如同眼盲一般，因此存在状况的基础和源泉就尤其变成了生活意义的基础和源泉。在1925年的海德格尔看来，沉沦演历最迟从亚里士多德开始，此后随着笛卡尔开启的近代哲学，经历了一种进一步的，决定性的晦暗化。关于这点，海德格尔诊断为现代文化，尤其是作为认识论的现代哲学的一种广泛的**存在之被遗忘状态**。

因此在这件事上，海德格尔的分析所追求的目标恰恰就是本雅明在他《德意志悲苦剧的起源》中所投身的目标。两部作品共同的出发点是：立足于自己文化所处的状态，不管是为时尚早还是错过了时机，都想给出回答。这里唯一可能涉及的是，以概念上富有想象力的方式，记录处于被遗忘状态的损

---

[24] 《存在与时间》第四节，第12页。
本书的《存在与时间》译文采用陈嘉映、王庆节译本。——译注

失。海德格尔在《存在与时间》中讲到的是一开始纯粹为提问而进行准备的揭示行为，因此他把自己的行为称作是一种"具有准备性质的对此在的基础分析"。

这里，分析这个概念不仅仅得从纯粹的描述意义上，还得从治疗意义上来理解。理智的此在应该通过一种新的描述方式——这种新的描述方式应尽可能接近现象本身、不带任何评价，由此在对出现的晦暗化进行描述时普遍具有洞见性——回归到澄明之中，即此在自身真正基本情况的光明，它可以保证此在的自由。尽可能准确描述自身情况（最广义的自身情况）、揭示自身结构的目标，这点和弗洛伊德的心理分析或者维特根斯坦的《逻辑哲学论》哲学相似。与这个目标同时出现的还有另外一种相关联的目标：对自己生活实施根本性的、更自主的转变。

对于海德格尔来说，这样的改造工程带来了如下必然性：在自己的哲学思考中要么完全省去事实上业已存在，然而是完全错误的概念性，人们借由这些根本错误的概念性来描述现代世界的状况（主体、客体、现实、个体性、价值、生活、物质、物体）；要么通过新的概念创造（此在、周围世界、在世界之中存在、向来我属性）来取代这些错误的概念性。在错误的概念性中不可能有正确的言说。因此海德格尔给世界带来了一种新的东西。

此在的时间

努力接近经验、尽可能确保对体验不作任何评价，这是海德格尔从胡塞尔那里继承过来的，具有现象学特征的一种想法，这种想法尤其涉及对时间和实践性的理解。在时间概念上，他的出发点不是一个可以分解的分钟秒钟"流俗时间概念"——也就是一个数学方面的清晰中性概念，人们借此可以来测量时间——而是要去寻找另一种对时间的理解，这种时间理解以特殊的方式阐明自我，此在就是以这种特殊方式经历着他的时间性。这一基础想法也将时间的框架严格限制在可经历的固有空间内，海德格尔在他对此在的分析中讲的正是这个意义上的时间。换句话说，这种意义上的时间能够帮助阐明可能身处扭曲中的此在，这种时间区别于最终可以被领悟的时间。真正赋予这种时间意义的地平线正是死亡。与超越产生的任何关联，不管是以（人死后在后代记忆中的）长存形式，还是以本雅明意义上的弥赛亚开启的形式，都是扭曲或伪装行为的一部分，而不是揭示的一部分。在这点上，跟维特根斯坦的想法一样，海德格尔也认为死亡不是生命的本有。和维特根斯坦跃入信仰直接相反的是，海德格尔觉得，正是预先知晓了绝对界限，才能真正保证**在**有限的时间视野**内**对"生命之谜"[25]的含义进行有意义的发问，甚至在某些情况下才能了解"生命之谜"的含义。

在《存在与时间》中，标志着海德格尔哲学特点的直接临近经验尤其通过如下方式显现自我：海德格尔为了使自己的分析直观化，总是动用关联、心理状态和临界情况这些方法，它们都是和海德格尔自身直接相关的，并且使他可以将自己的生活

---

[25] 参看《维特根斯坦全集》第 1 卷《逻辑哲学论》，条目 6.4312。

自由

直观化。这尤其适用于三个关键概念,通过这三个关键概念,组织了海德格尔从哲学上对此在进行阐明:用具、畏和死亡。

这就是锤子:用具分析法

根据非常明确的记载,海德格尔真正的写作兴奋点是在1925年8月8日。他为了能够专心写作,退隐到了托特瑙堡的小屋里,他全家也准备在此度过整个夏天。"我在8月1日启程去小屋,很期待山中的大风。山脚下,一个又软又轻的工具就可以持续毁掉一个人。八天的木工,然后又得写作。"海德格尔还在马尔堡时就这么告诉雅斯贝尔斯。只有在高山的空气中才能清醒地呼吸和思考。海德格尔在这个片段里几乎同时提到了紧接着等待处理的木工活儿和写作,这并非偶然。他在小屋这里总是扮演着一个男人的角色,虽说他是个教授,但他还是在强调他出身农民(并不是无产阶级!),并因此总是具有明显的进取心,这些都在他身上打上了不可磨灭的烙印。当涉及要用描述的方式揭示此在与世界的始源关系时,他对自己的描述就直接转移到了他的哲学分析上。因为对于一个日常干农活儿的普通乡下青年来说,无论如何无法通过自己的经历来回答这样的问题:一个思考着的主体如何能够以认知的方式到达一个声称自在地没有意义的客体世界。因为乡下青年作为总在进行劳动的创造者,如海德格尔所说,他本身已然总是"在世界之中"。而且不是在空间关系的意义上(例如装在食品罐头里的死鱼),而是在意义浸透的始源关联方面,关联到其具体经历的周围世界。海德格尔在其此在分析的最开始处就提出了笛卡尔的（无身体形态的）主体"安乐椅状况"，这个主体想要纯粹以反思方式保证其所处世界的真实性，与之相反的是一个高高兴兴干着木工活儿的黑森林农民，这个农民为了出神地流汗进行创作，便离开了小屋。用海德格尔的话来说：

> 从现象学角度把切近照面的存在者的存在展示出来，这一任务是循着日常在世的线索来进行的。日常在世的存在我们也称之为在世界中与世界内的存在者打交道……最切近的交往方式并非一味地进行觉知的认识，而是操作着的、使用着的操劳——操劳有它自己的"认识"……我们无须再去投入这种操劳打交道的存在方式。日常的此在总已经在这种方式中了。譬如，在开门之际，我已经利用着门把。[26]

在日常生活中我们会用到一些所谓的"物"，而我们在使用它们的时候虽是审慎的，但却经常是鲜有意识的。海德格尔为这些物带来了一个来自于黑森林日常语言的框架概念。他把这些物称为：用具。

> 我们把这种在操劳活动中照面的存在者称为用具。在打交道之际发现的是书写用具、缝纫用具、加工用具、交通工具、测量用具。用具的存在方式还有待摸索……严格地说，从没有**一件用具**这样的东西"存在"。属于用具的存在的一

---

[26] 《存在与时间》第十五节，第66—67页。

向总是一个用具整体。只有在这个用具整体中那件用具才能够是它所是的东西……用具就其作为用具的本性而言就**出自**对其他用具的依附关系。书写用具、钢笔、墨水、纸张、垫板、桌子……这些"物件"绝非首先独自显现出来,然后作为实在之物的总和塞满一间房间……用具的整体性一向**先于**个别用具就被揭示了。[27]

从海德格尔接地气的实用主义意义上来说,就如他将可纯粹观察的认识论出发点从头上放回到脚上,他通过揭示用具的特点从而调转回到了属于用具整体性的典型认识论解释方向上。这种认识论带有笛卡尔的影响。它从单个的、可以分裂成原子的物体出发,对自己发问:事物是如何从原来单个分离的部分组合成一个整体的?对于现象学实用主义者海德格尔来说,这种分离无论如何都是世界经验的一种独特的衰落方式。在此种世界经验中,人们获知对象的方式是始源性的、在所有理论反射之前的,是在一个有意义的整体中经历这些事物对象的。在使用用具的操劳活动中,正是动手操作让用具融入了一个整体。因为在真正指引研究的、关于"存在"的问题框架中,海德格尔以明白无误的方式澄清了用具的存在起码显现在哪里——由此也澄清了所有物体的存在显现在哪里,而我们在日常生活中肯定会同这些物体打交道,有了这些物体我们才能够适应和熟悉这个世界。由此,作为小屋建造工和木工的海德格尔选择了锤子的例子来进行阐释:

---

[27] 同上,第68—69页。

对锤子这物越少瞠目凝视,用它用得越起劲,对它的关系也就变得越始源,它也就越发昭然若揭地作为它所是的东西来照面,作为用具来照面。锤本身揭示了锤子特有的"称手",我们称用具的这种存在方式为**上手状态**。[28]

因为这个用具的真正本质在于它的上手操作性,所以它对于此在来说并不仅仅是**现成在手的**(就如同它还是一个可以被开发的"物体"),而且还是**上手的**。在认识论动机下的聚精会神地瞠目凝视(和描绘)中,人们看到有某个东西是纯粹现成在手的,这个东西也就成了胡塞尔现象学的真正方法论基础。海德格尔的著作由此尤其成为了对他老师和支持者——胡塞尔哲学的正面攻击。这也是胡塞尔在第一遍读完印刷出来的海德格尔著作时明白过来的事情。而且,海德格尔略带骄傲地告诉雅斯贝尔斯:"除了我已经从这部著作所获得的东西外,这部著作[《存在与时间》]不会再给我带来任何东西:对我自己来说,我已经走进了自由的境地,可以带着一种自信和方向提出各种**问题**……如果说这篇论文是为了'反对'谁而作,那么就是反对胡塞尔,他也马上就看出来了,但他从一开始就觉得这是件积极的事情。"[29]

---

[28] 同上,第69页。
[29] W. 比梅尔和 H. 扎纳(编),1990年,第71页,1926年12月26日的信件。

自由

狂风与畏

不管和用具操劳地打交道的农民的此在日常是如何幸运，对于追寻哲学意义的海德格尔来说，他身上还是存在决定性的缺点。正是与周围世界始源性地扎根到一起时，亦即正是在不受干扰地完成即将到来的任务时，这样的一种此在才会对自身保持一种无问题状态。他与世界的关系是如此始源、直接和充满意义，以至于对他来说这种关系永远不会成问题。谁完全彻底地投身于他的世界，都不会提出关于存在意义的问题，也不会提出关于自己生活存在的问题。正是首先要面对这种意义丧失的具体经验，继而是要面对不管以哪种形式总是受到干扰的世界关系的具体经验，向操劳着的此在提出了关于存在意义的问题，尤其提出自身存在意义的问题：所有这一切为的是什么？我究竟为什么在这里？

没有任何一种人类生活丝毫不受生存的干扰、不带有意义问题，不管这种生活是多么有安全感，多么像受到家里照顾一样。对于海德格尔来说，只要经历过某种特殊感受，或者，就如他想准确命名的那样，经历过某种特殊的"此在情绪状态"，那这些问题毫无疑问不可否认。这里的"此在情绪状态"说的就是畏的经验，海德格尔把畏和害怕——也就是对于某个东西具体的害怕——明确区分开来了：

> 畏所为而畏者，就是在世本身。在畏中，周围世界上手的东西，一般世内存在者，都沉陷了。"世界"已不能呈现任何东西，他人的共同此在也不能。所以畏剥夺了此在沉沦着

从"世界"以及从公众讲法方面来领会自身的可能性。畏把在此抛回此在所为而畏者处去，即抛回此在的本真的能在世那儿去。畏使此在个别化为其最本己的在世的存在。这种最本己的在世的存在领会着自身，从本质上向各种可能性筹划自身。因此有所畏以其所为而畏者把此在**作为可能的存在**开展出来，其实就是把此在开展为只能从此在本身方面来作为个别的此在而在其个别化中存在的东西。[30]

在海德格尔这里，畏典型地代表着对一种广泛的意义丧失的体验，在由此产生的虚空和无关联性中，这种意义丧失揭示了如何看待每个此在的真实基础。揭示的结果就是，此在的基础本身并不存在，没有产生，没有被事先限定，也不能通过任何东西和任何人得到保障！在畏的模式中，此在经历了事实上的无根基状态和自身存在中一种可能的"虚无"，是的，所有存在者都是如此。不可否认，在某空间中存在的意义问题无法委派给第二个或第三个人去解决，也无法推卸给超越状态，无法通过习俗、传统和家乡得以自我安慰。根据海德格尔的观点，这更多关系到，为了保存自身生存紧张性而使这些问题保持彻底和尽可能持续的开放状态：

沉沦着的逃**入**公众意见之在家状态就是在不在家状态**之前**逃避，也就是在茫然失所**之前**逃避。这种茫然失所寓于此在中，即寓于被抛而在其存在中交托给了它自己的在

---

[30] 《存在与时间》第四十节，第 187—188 页。

世的存在中。[31]

　　有一些环境给予了此在实质上最大的安全感和信任感——特别是在自己家的四面墙之内。在这样的环境中，充满畏的不在家状态和茫然失所达到了特别的强度和紧迫感。对于海德格尔来说，这种环境的典型例子就是他在托特瑙堡的小木屋。正是在小屋里，畏打开此在和激发哲学研究的效果展开了。如此，在1926年4月，当《存在与时间》后续部分全部完成之后，海德格尔告诉雅斯贝尔斯："就如您看到的那样，我们还在山上的小木屋这里。我在4月1日开始了《存在与时间》后续的印刷工作，它包含了大概34个印张。我正在顺利开展工作，只是生气于下个学期马上就要开始了，另外也气这儿周边的小市民氛围。系里要继续推荐我，并附上我已经印刷好的印张……两个小家伙在木屋这里都战胜了猩红热。现在已是深夜，山上刮着狂风，小木屋的梁嘎嘎作响，生活如此纯粹、简单，与灵魂一般伟大。"[32]

　　海德格尔觉得，山间木屋在狂风中的极度舒适惬意最贴切地对应了他灵魂的极度安定状态。而这种强烈的安定感本身就是他进行哲学探讨的体验。这便是一个正在紧张思考着的此在最理想的境况了。

---

[31] 同上，第189页。
[32] W. 比梅尔和H. 扎纳（编），1990年，第47页。

某些确定的东西：先行赴死

但是黑森林的狂风也不会就这么永远地刮着。最伟大的思想家终究也得在某个时候再次回归到日常操劳的小市民气息中。为了预防与此事实同时出现的此在松缓现象，海德格尔指出了一个通行的、无论如何都无法避免的人类生命基本特点：有限性。这种有限性是与其余所有生命形式相较之下生而为人的特点，对于它此在是了解的。而且此在非常确定地知道，有限性以一种具体的可能性持续伴随着自己生活之实行的过程，并存在于这个过程中。是的，如果人们正确观察的话，所有可能性中——这些可能性可以决定一种根据这个世界而进行自由设计的此在——只有一种可能性将来必然会实现，那就是：不再在此的可能性。

死亡是一种可能性，它对于此在而言，在时间上和内容上都是无法确定的，但是却终究必然会出现，因此海德格尔以语义双关的方式称之为"必然可能"的死亡。与畏相反，死亡是确定可知的，是在此在中永恒存在的——这并不是一种可以产生又可以消逝的心情。死亡作为一种可以具体体验的确定性，是一种稳定条件。在这种条件下，此在可以在各自具体的生活关联中抓住所有机会。换言之，死亡是通向自由的大门。

死亡只有在保持自身完全未受确定的状态下，才能实现通向自由的功能：在海德格尔力求揭示意义问题的框架内，他可以驳回关于死后生活的假设和推测，或者仅仅是对死后生活的希望。它们挡住了此在看向其真正存在可能性的视线。正是作为在这个世界上聚精会神的真正存在，此在一直处在先行奔向

自由

死亡的过程中。

随着死亡，此在本身在其**最本己**的能在中悬临于自身之前。此在在这种可能性中完完全全以它的在世为本旨。当此在作为这种可能性悬临于它自身之前时，它就被**充分地**指引向它最本己的能在了。在如此悬临自身之际，此在之中对其他此在的一切关联都解除了。这种最本己的无所关联的可能性同时就是最极端的可能性。此在这种能在逾越不过死亡这种可能性。死亡是完完全全的此在之不可能的可能性。于是死亡绽露为**最本己的、无所关联的、不可逾越的可能性**。[33]

在这里，作者并没有从死亡的确定性出发，去回顾和抱怨所有存在者，特别是自己的虚无——就如本雅明在他的《德意志悲苦剧的起源》中分析到的巴洛克时代所做的那样——这里随着自身的虚无确定性出现的是一种呼吁，呼吁人们要以自决的方式抓住自己此在的可能性。也不同于一些基督教或者古代生活学说那样固守于思考自己的有限性，在此海德格尔认为，生活恰恰在于要决绝地走向有限性。对于海德格尔来说，先行奔向死亡是一种不可迎接的碰撞，为的恰是去迎接最本己的此在可能性，而不是自我安慰道，世界在自己逝去之后，就如人们说的那样，还会继续运转。

每个人都会自己孤单地死去。自己的死亡就如同自己的生

---

[33] 《存在与时间》第五十节，第250页。

命一样是无法委派给他人的。海德格尔此在思想体系中关于先行至死亡的部分，最受误解的地方在于，被误当成是要呼吁人们自杀。因为谁能够自己动手结束生命，那么就貌似以自己的行为最终抓住了先行的可能性。下定决心抓住此在可能性的持续过程——对于海德格尔来说这个过程必须要适用于一个还未被足够理解的问题（同样也是关于存在意义的问题）之开放度——现在被海德格尔称之为：生存。谁在这种意义上生存，像此在应该生活的样子生活：那就是本真地生活。只有很少的人做到了。太多人做不到。

因此，也就难怪海德格尔在黑森林地区由所谓单纯的人们构成的社会中，更容易找到本真，而不是在常见的被教坏的学术环境中。"我并不渴望教授的陪伴。农民会令人感到舒服得多，他们甚至还更有趣。"他这么吐露给雅斯贝尔斯教授。而且"我经常希望，您现在也能够和我一起待在山上小屋这里。有时我无法理解，人们在山下的世界里，居然能扮演如此引人注目的角色。"[34]

与海德格尔在《存在与时间》创造高峰期唯一有关联的学术圈人物就是存在主义哲学家雅斯贝尔斯了，海德格尔将他视为自己的知音，愿意向他吐露心声。吐露心声的内容尤其涉及与死亡打交道这个具体问题。因为在死亡和畏惧死亡的问题上，在1924年到1927年这段时间，海德格尔由于新的生活经历也打开了新的经验视野，这些新视野与他产生了深刻关联。海德格尔的父亲在中风后的几周与死神展开了搏斗，生命渐渐

---

[34] W. 比梅尔和 H. 扎纳（编），1990年，第54页。

黯淡并最终于 1924 年 5 月去世。在这段时间，给海德格尔留下最深刻印象的是：他父亲虽然是个非常虔诚的天主教徒，但在面对死亡时还是心生本能的畏，这种畏已经嵌入死亡本身，他还对地狱和最终审判也产生了畏。三年后的几乎同一天，海德格尔的母亲在经受了几个月的痛苦之后死于肠癌。她对于儿子背弃天主教信仰感到内心特别沉重，并且在垂危的卧榻上清楚地把这些告诉了儿子。1927 年 2 月 5 日，海德格尔给妻子埃尔福丽德叙述了已时日不多的母亲和他之间的对话："我当然非常担心我可怜的妈妈，但她总是认为她得对我负责，得照顾我。虽然我安慰了她，可她还是觉得身负重任。恰是这种时候，她的力量格外强大。妈妈非常严肃，甚至几乎是严厉——她原本的性格这个时候像是被掩盖住了一样：'我是不能再为你祈祷了，'她说道，'因为我现在得为自己祈祷。'我必须得承受这些，而且我的哲学也不能仅是纸上谈兵。"[35]

1927 年 5 月 3 日，海德格尔要把第一版印刷出版的《存在与时间》放到他母亲的卧榻上。临终的母亲有意识要与儿子的灵魂救赎尝试隔离开，她已经望向了死亡——"现在我只能为自己操心了"——这对海德格尔产生了特别深刻的影响，以致于在他的哲学中，畏之情绪和此在死亡的必然可能性首先产生了一种极端个别化的效果。不过他的目光还是投向了死亡**之前**的生活。

根据海德格尔的观点，此在必须要达到本真状态，而本真状态只有从这种极端个别化的经历和实行中才能获得。其他人的共在虽然也在操心，但是却一点儿也帮不上忙。海德格尔对

---

[35] 葛尔特鲁特·海德格尔，2005 年，第 147 页。

达到本真状态和找到自我的呼吁正是建立在这样一种此在的穿透性特点上：独善其身。只有脱离他人，成为唯一和个别化的单独自我，此在才能够洞见到其真实的可能性。

1926年夏天，汉娜已火速转投更为社会化的生命哲学家雅斯贝尔斯门下学习，海德格尔由此感觉自己被遗弃和迷失在小雾城马尔堡。不过无论如何，海德格尔家最终找到了一套带花园的明亮新居室。另外，执拗的柏林教育部门现在也不能再违背马尔堡大学明确强调的意愿，因为《存在与时间》现在已开始在德国哲学界发挥着彗星般的影响力了。正教授职位正在召唤着海德格尔。这是一种安慰，但还不是一个根基。海德格尔在马尔堡曾经的时光已经一去不复返，海德格尔以死亡般的清醒理解到了这一点。卡西尔在他的第二故乡汉堡以同样的确信度错误地认为自己处在一个新精神时代的开端。

汉堡学派

要说这是一个官方庆典活动倒是有些夸张了。这更多的是由最亲密的朋友和研究伙伴们组成的圈子，这个圈子1926年5月1日在汉堡黑尔维希路大街116号举办了庆祝瓦尔堡图书馆新楼落成典礼。阿比·瓦尔堡在1924年秋天回到汉堡之后不久，就开始计划建造图书馆新楼。他的藏书如今超过三万册，在图书馆旧址里已经无法整理和容纳得下了。建造新楼并不缺钱，也不缺设计方案和干劲。花了不到两年时间，在瓦尔堡住所边上的空地上就新建起了一座阅读和研究楼，世界上再找不到相同的楼房了。图书馆新楼内配备有"26条电话线路、（信件、电报等的）管道风动传送装置、传送带以及一部专门运书的货梯、一部客梯"。[36] 由此，新的瓦尔堡文化科学图书馆——缩写是 KBW——仅仅凭借它出色的技术装备已经为行业设下了新标准。另外，充分利用自由空间的新建筑也是建筑技术方面的一个杰作，尤其是图书馆的大型椭圆形阅览室。在这里，卡西尔站到讲台上给大家做了关于"文艺复兴哲学中的自由和必然性"主题报告。

瓦尔堡力排工程师众议，在他丰富的思想王国里给图书馆的每个几何物体都赋予了世界观方面的特殊象征含义，而图书馆最大的核心空间就是在此思想基础上建成椭圆形状。卡西尔也不是与此一点儿关系都没有。当时卡西尔和瓦尔堡在克罗伊茨林根共同讨论椭圆形对于开普勒天文计算的意义，这场讨论让瓦尔堡重拾他拥有足够精神负荷力的信心。

开普勒当时计算的火星运动轨迹是椭圆形的——而不是正圆形的！——阿比·瓦尔堡认为这个计算结果意味着从中世纪神话思维中真正突破出来，进入现代自然科学的思维自由中。因为作为圆形的一种，拥有两个焦点的椭圆形并不是几何图形的理想模型。柏拉图在其对话体著作《蒂迈欧篇》里提出来的理想几何模型一直到开普勒时代都还是标准图形规则，是进行自然推算的前提条件。在瓦尔堡眼中，开普勒在天文—数学方面的开拓挣脱了遵循天然形式规范的古代神话精神，成为人类

---

[36] P. 齐博霍夫，1995年，http://www.zeit.de/1995/17/Das_Labor_des_Seelen-archivars。

精神中最有意义的解放运动。这种开拓模范性地代表着从神话概念形式前进到科学概念形式的转变，也由此代表着一种具有跨时代意义的自由步伐：突破并进入到了现代宇宙观。

瓦尔堡如今带着清醒的意识开展研究项目，其主要目标是要标记椭圆形的始源何在，另外也要从文化科学的角度开发实现椭圆形的条件。这个研究项目以纯粹的问题方向为导向，追随的不光是海德格尔和本雅明的主要著作——它们也是现时代独立的既往病史——当然还有哲学家**和**哲学历史学家恩斯特·卡西尔的主导研究兴趣。卡西尔也是新落成的瓦尔堡图书馆椭圆形建筑中汉堡学派位居第二的精神首脑。

被遮盖住的始源

现代宇宙观是怎样发展来的？1926年春天，卡西尔在一部专著中研究了这个问题，并将此著作献给阿比·瓦尔堡的60岁生日。这部著作的标题叫做《文艺复兴哲学中的个人与宇宙》。[37]在图书馆新楼落成典礼上，卡西尔为大家朗读了这本刚刚完成的四个章节的书中的第三章。卡西尔那直到今天都还被称道的文艺复兴研究绝不"仅仅"只是哲学历史方面的一个整理工作，而更多地是要从对文艺复兴思想根源的揭示中，为自己所处时代的哲学思考获取具有复活他者之功能的启迪和灵感。

卡西尔这部从容不迫的主要著作同样有着深刻展示丧失和

---

[37] 《卡西尔文集》第14卷。

分析危机的特点。但其目标并不是要指明现代是一条走向世界悲伤或存在之遗忘状态的歧途——这种悲伤又对文化产生了影响。对于卡西尔来说更为重要的是清晰地进行自白,将文艺复兴始源的哲学庆祝当成是一种非常广泛的自我解放和构造世界事件。自我解放和构造世界的实质动力从17世纪起就被勒内·笛卡尔的现代和其方法论上的接班人所遮蔽。[38] 现代固定在抽象化上面,对肉身持有敌对态度,并纯粹聚焦在意识方面——它对乃至20世纪20年代的哲学都造成了深远影响,带来了严重后果。即便主要是被汉萨同盟所遮蔽,卡西尔的《文艺复兴哲学中的个人与宇宙》本身就是一种呼吁:呼吁对现代哲学思考进行一种彻底的更新。在此,这个呼吁指的是必须要回归其真实的始源源头:文艺复兴。这同卡西尔在《符号形式的哲学》的执行和起草中所践行的哲学研究精神完全吻合。用卡西尔的语言风格,即直接表述论点和直白表达来说,就是:文艺复兴是我们现代的实质始源,也是直到今天仍在指明着方向的始源——本着文艺复兴的精神来更新哲学,这种更新必须要接受一种符号形式的哲学形态!

以多数性为出发点

卡西尔强调了文艺复兴最重要的一个事实特征:哲学在信

---

[38] 关于卡西尔对文艺复兴的理解,例如可参阅 O. 施韦默尔,1997年,第221—242页。

仰复兴的事件框架内并没有扮演什么实质角色。这看上去好像有些自相矛盾。由于受到教会制度的限制，哲学僵化在经院哲学的学校教育中，表现为从理解能力方面赶不上14世纪和15世纪的飞快革新速度——不管在艺术还是科学方面——或者连对其作出足够的反应也做不到。就如同今天大部分的分析哲学一样，当时的经院哲学宁愿在明确区分出来的物神崇拜中闲心散步，貌似是建立在一个有保障的问题基础之上，而不是要把自己置于冒险之中，好让自己在从根基上发生变化的时代中提升理解力。用卡西尔的话来说："如此，正是在哲学中出现了时代的精神性基础力量。那种进行明确的限制和构形、分类和个人化的渴望还没有发挥作用，或者只是在最初始阶段松弛下来了。"[39]

在《文艺复兴哲学中的个人与宇宙》前几页，卡西尔就已经明确反对一种有影响力的基本观点，其典型代表是海德格尔的沉沦分析。人们可以把这种观点称作"从文明角度对哲学的过高评价"[40]观点。谁要是只在哲学中寻找一个时代——特别是现代——的可能始源，就既不能真正领悟这个时代的特点，也不能真正领悟这个时代的哲学。卡西尔在他对文艺复兴的分析中更多地把哲学看成是诸多革新声音中的一种，此外，这种声音还拥有关联各个学科的功能。20世纪20年代，一个在艺术、科学、技术方面都充满剧烈变革的年代，正是这种理解方式引导了这一时代——符号形式的哲学。20世纪20年代也有

---

[39] 《卡西尔文集》第14卷，第3页。
[40] 本书作者在此采用了迈克尔·汉佩的概念。

充分理由自视为是一个前所未有的年代，在这个年代中充满着改变整个世界的变革，尤其是技术方面的变革。汽车作为一种大批生产的产品开始决定城市风貌，广播变成了全球性的公共交流媒介，电话应用到了私人生活空间，电影作为一种艺术形式诞生了，最早的一批商业航线开始运营，不光是蒸汽船，很快还有齐柏林飞艇甚至飞机可以横跨大洋，美国飞行员查尔斯·林德伯格就实现了示范性的跨大洋飞行。人们本着快速革新技术的精神促成了全球交流时代的诞生。这样的时代特点一直延续至今。单靠个人和单个学科是没办法迈出这么具有意义的一步的。哲学本身也不行。在德语区内，哲学自视为一个进步的主变速器或者主传动装置，一般在最好的情况下顶多也只是作为进步的批判性制动板，无论如何都无法行使发动机的职能。

当卡西尔将《文艺复兴哲学中的个人与宇宙》献给阿比·瓦尔堡时，他强调指出，人们必须得把这部著作看成是一部由彼此交流密切的跨学科研究者小组创作的集体著作，而瓦尔堡图书馆成了这个研究者小组工作的智慧中心。既然如此，卡西尔的强调就不仅仅只是一个善意的感谢细节了。1926年，研究者小组的核心圈子有如下成员：格特鲁德·宾、恩斯特·卡西尔、埃德加·文德、欧文·潘诺夫斯基、约阿希姆·里特尔和弗里茨·萨克斯尔——在此仅列举后来影响最大的几个人。卡西尔表示致谢后继续说道，图书馆的结构和精神构造体现着精神史上所有研究领域和流派的统一方法论理念。

根据卡西尔的观点，哲学的实质任务在于抛开单个形式的所有区别，得出每个时代具有统摄作用的类似于主导核心的东西。也就是说，这好比一场音乐会，很多方面参与了音乐演奏，哲学要为各个方面提供一种整体目光，让它们既看到彼此之间的界线，也要看到音乐会各个部门的相互关联和由此构成的一个大整体。如果没有统一的显现，那么在音乐会的高度灵活阶段，各不同部门共同形成的复调音乐就会变成一堆混乱的声音。那么最终所有参与其中的人都会感到不舒服。

通过开发世界塑造自我

对于卡西尔来说，文艺复兴的统摄性中心主题在于，重新确定人类在被其新开发的宇宙中的位置。因此他著作标题的关键字眼是"个人与宇宙"。文艺复兴时期的人类首先尤其将自己理解成是一个个体，其个体性体现在积极地、不教条独断地塑造自我，这也是保存个体性的方式。宇宙给文艺复兴中的个体打开了一个无尽广大的空间，人们通过积极探索和自我塑造的实践可以证明这样一个不可思议的事实：宇宙的规则性是可以推断出来的。

在卡西尔上述演讲中，自由概念代表了人类探索和塑造自我的能力。而必然性概念则代表了认识世界的过程，并由此代表了总在进行的推断自然规律的过程。

对于卡西尔来说，这里蕴含了文艺复兴的一种特殊魅力（也是他自己符号形式哲学的一种特殊魅力）。因为如此看来，自由和必然这对概念的关系不再是彼此排斥。从这个角度看，这个看上去有说服力的问题："如果所有的一切都被自然规律所控制，那么如何能有自由或者自由意志呢？"就失去了其现存的观看者。现在自由和必然是一对互补概念，它们在始源处成为彼此的条件：只有在自由地进行自我塑造的作品中——这除了自然科学实验外，还包括艺术、工程学或者医学方面的作品——才能推断出那些表达因果必然关系的规律性。卡西尔认为现代自由和因果必然性是属于同一始源的。当然，这并不是在悲剧的始源意义上说的——悲剧让所有一切又聋又哑——而是在为所有的创造财富举行的一场认知性庆祝会的意义上说的，创造使所有的一切可以共同说话和发声。就像集艺术家、科学家、诗人、哲学家、工程师、医生以及对情爱和肉体等多方面都感兴趣的个体于一身的达芬奇所能感觉到和做到的那样。

对于文艺复兴来说，也对于卡西尔自己的哲学来说，赋予所有这种自我开发和世界开发活动以真正基础的，是给自己的经验赋予一种用符号表达的能力。也就是让各自眼中的世界图景以作品（哪怕只是一声口哨、一种姿势、一幅画或者一次计算）的形式呈现出来。当作品变成符号并由此被置于公共空间内时，一个作品对于他者或者后继者来说就变成了自我和世界开发的出发点：文化成为了被符号所引导的方向或者持续进行开发的过程，而开发的形式有词语、图像、计算或者自己的身体。卡西尔认为，真正的文艺复兴"研究逻辑"正是在此。具有无与伦比创造性的文艺复兴世界结构和瓦尔堡图书馆的内容结构确切吻合，这并非偶然。

星中之物

卡西尔认为，文艺复兴是进入对世界新理解阶段的过渡时期和突破时期，文艺复兴的特殊个性在于，"神话理解"和"现代科学"这两种文化现象之间产生了同时性。这尤其能够体现在当时占星术和天文学之间尚为模糊的界线上。从占星术角度看来，人类处在神秘的力量和命运格局之下，人类最多只能去解读，无法自己决定如何引导和改变这些力量与命格。占星术的天性恰恰是要严格遵守规则，自然规律在占星术这里发挥着作用。但是占星术发挥作用的方式首先是神话式的，不能通过数学计算推测和理解。正是在这点上占星术和天文学恰恰相反。在文艺复兴这个过渡阶段出现了重要的人物如开普勒和哥白尼，是他们在文艺复兴进程中完成了突破，从对他们本身来说尚发挥着重要影响的占星术中突破出来，迈向天文学的新思维方式。这样的突破式巨变对人类自我形象及其在宇宙中赢得的新位置产生了重要影响。卡西尔是这样来描述这种影响的：

假设人类无论如何都得在某个星球上出生，并在这个星球的统治下生活：对于人类来说重要的是，人类想要让哪些可以驾驭的可能性和力量在自己身上发挥作用，并将这些可能性和力量带入完全的成熟。是的，人类让某些精神倾向和渴望在自身内部起支配作用并促进它们进一步发展，人类可以根据这些精神倾向和渴望，让自己一会儿处于这个星座、一会儿处于那个星座的影响之下。[41]

这便出现了一种思维方式的翻转。人们的视线方向不再是从宇宙的自然力由上而下达乎个体，而是从个体的微观宇宙出发往上进入宏观宇宙，人类这时候将自己视为宏观宇宙的一部分。然而不可否定的是，要将个体很自然地关联到巨大的宇宙整体中，不得不迫使个体自我塑造的渴求接受一定的界线范围和条件。个体的自决能力在文艺复兴的理解中并非无条件的、完全自治的。没有一个地球人可以完全任由自己来发布那些决定他之所以为他的规则。完全的自治是脱离世界的一个幻想。伴随着文艺复兴进程，人们没有了这种幻想，而是拥有了——如果可以这么说的话——一种有条件的自由意识，以及在特定活动余地内的自我可塑性。一个个体对自己生存条件的洞见越深刻，那么他也就能够在认识到的条件结构内部开发出越大的活动余地。

在此举个技术方面的例子：没有任何一个人一来到这个世界就会飞，哪怕是达芬奇也不行。不过人类一旦推测出重力、惯性和空气阻力的规律，那么就可以借助特定的计算和技术开发出新的可能性，更改和回避号称人类不容更改的无法飞行之命运。人类在自己走向世界的通路上是具有创造性的塑造者，由此也可以说是人类让一种命运（即规律）和另一种命运（也是规律）进行对抗。这样便发生了人类的飞行事件。

文艺复兴并不是以无条件的个人自由为出发点，因此，当

---

[41] 《卡西尔文集》第 14 卷，第 131—132 页。

涉及每个此在时，文艺复兴也不是从"自然规律"的无条件必然性出发的。在此意义上，人类通过对自然力进行研究推测，还是有可能将命运掌握在自己手中的。而这些自然力在其进程中是某个个体成其所是的条件。这点再次成立：卡西尔所揭示的这种"文艺复兴中自由和必然"的现代关系无非就是他自己"符号形式的哲学"中的思想。

是的，卡西尔在"个人与宇宙"中探寻现代性的始源，这和本雅明与海德格尔的著作有相似之处，这种探寻带有一种挂失声明的特点。但是从卡西尔的视角来看，他以不同的方式尤其清晰地呈现了现代后期的丧失大概是在哪里：人类沉醉于17世纪和18世纪自然科学的支配力和预测力，由此发展出了对物理自然规律的理解，这些自然规律可以决定宇宙中所有事件的力量，包括作为纯粹物质性生命的人类在内。人类（意志）自由的问题只能付出一定代价才能解决，而这代价就是要在其真正本质上把人绝对异世界化。也就是说，以笛卡尔意识哲学的形式，把人类看成纯粹思考着的实体，就必须将其完全同身体脱离开来理解。

自然现象完全受盲目的因果链条支配，在这样一种自然现象中，人类只有对自己进行异世界化、把自己定义为某种小上帝形式，才能自视为是自由的。而只要是上帝，就必定总会被授予某种神秘能力，能通过精神的力量本身，可以说是从虚无中激发出自己的因果链条。

在卡西尔的术语中，他对现代**晚期**还有特别是**启蒙运动**时代的诊断看上去似乎既清楚又矛盾：它再次代表着文化倒退到了神话思维范畴——当然它还是处在一个明显更高的层次上。

自由

但是同时,因果律取代了神话的必然铁律,人类被神话为"自主"的意识生物,则取代了喜怒无常的命运主宰或仁慈的上帝。

这正是卡西尔命名和抱怨的启蒙运动真正的辩证法。并不是因为启蒙运动蕴含在文艺复兴中的基本动力必然导致严重后果,而是因为这个基本动力自身在其发展过程中被遮蔽和扭曲了。恰是在20世纪20年代这样一个时间段,卡西尔的符号形式的哲学致力于要撤销这一遮蔽事件。当时尤其自由与必然、确定和模糊之间的关系受到了人们非常彻底的质疑——就如它们在经典物理学中所呈现出来的那样。1927年,物理学家沃纳·海森堡发表了他关于"不确定性原理"的论点;同年,卡西尔发表了《文艺复兴哲学中的个人与宇宙》。

抓住自由!从一个科学的世界图景出发,明确意识到这个世界的界限、误解和被解释所侵犯的现实。这也是《逻辑哲学论》及其作者的使命。这位作者是一名乡村小学教师,同时也是迈入"更好"时代的精神领袖:路德维希·维特根斯坦。

儿童的口吻

在我过着田园生活的奥特尔塔尔,当地人也热烈庆祝我的生日,虽然我觉得我生日最好保密。从上奥地利沃德马克的各个区涌来了数千人;他们过来给他们喜爱的老师庆祝生日、表达祝福,这位老师还要为祖国的青少年继续工作很多年,成为青少年——比如你——在自我牺牲和忠于职责方面的榜样和鞭策。我自己在生日这天也谈到了八小时工作日、民族和平与对失业者的支持。[42]

在上面文字的末尾只剩下些冷嘲热讽了。乡村小学教师维特根斯坦在他36岁生日之际比以往任何时候都能明确感觉到，当下生活的终结近在眼前。给最好的朋友们寄去上述那样故意写出来的傻话，对于维特根斯坦来说并不算什么不寻常的事儿。谁想像他那样给意义划界，那么就表明这个人也特别熟悉怎样用多种方式开玩笑。1925年春天，有人严肃地问过维特根斯坦，在多大程度上他觉得自己的文化驶向了一个新的最低点？维特根斯坦的见解是，如今出现了具有典型时代特征的爆炸式混合体，构成这个混合体的要素有政治方面的领袖崇拜、在媒体引导下变得迟钝的大众、糊涂的民族主义、尤其还有对社会民主进步的信仰，后者在维特根斯坦1925年4月29日给鲁道夫·科特寄去的明信片中也成了讽刺挖苦的对象。1925年这一年，希特勒《我的奋斗》出版，斯大林最终把政权掌握在自己手中，一个名叫弗朗西斯科·弗朗哥的西班牙年轻将军在战地呼喊着"死亡万岁！"，并和他的部队一起征服了摩洛哥；也是在这一年，德国国家社会主义工人党（纳粹党）重建，保守党人保罗·冯·兴登堡接替了社会民主党人弗里德里希·艾伯特的魏玛共和国总统之位；卡夫卡的《审判》出版；同样是这一年，维特根斯坦认定奥特尔塔尔是他任教生涯的第四站，也是最后一站，一年后事实就证明确是如此。但这位"深受爱戴的老师"目前还不想最终表现出被教师职业打击过的样子。当

---

[42] 鲁道夫·科特和路德维希·维特根斯坦，2000年，第12页。

海德格尔、本雅明和卡西尔在同一时间段分析着现代沉沦时，维特根斯坦在当地完成了反抗性的基础工作。

言说之工程师

就他在《逻辑哲学论》中给出的那些治疗建议而言，他不抱任何幻想。这种幻想只会长久地保留在少数人那里。他所说的"正确地看待"世界并不能在真正意义上教会我们什么。原因尤其在于，恰是在决定一切的开端阶段，《逻辑哲学论》顺着梯子往上爬的路径同一些特定的经验和洞见联系在了一起。这些经验和知觉的实体远远超出了可以用语言表达、用谈话方式传递的范围。因此，在《逻辑哲学论》的序言中也这么明确地说道："它绝不是一本教程。"是一种不可支配的礼物式经验构成了《逻辑哲学论》的哲学始源，而不是一个可以复制的清晰论据。

另一方面，恰是在涉及日常语言的领域，作为教师的维特根斯坦——完全与其他维也纳现代派的大人物们，如恩斯特·马赫、卡尔·克劳斯、西格蒙德·弗洛伊德位居同列——看到了疗法上完全的干预潜力。对于维特根斯坦来说，文化危机首先也是一种公共语言应用的危机。为了能够从根本上抓住这个弊端的根源，人们不仅仅必须仔细研究广泛存在于历史过往中的畸形发展，就如海德格尔、本雅明和卡西尔所做的研究那样。在上帝赐予的每一天中，最终都会有新生命降生在人类集体中，这些新生命最开始还完全不受任何文化的影响，因此也并没有受到任何外在侵蚀和错乱的干扰：每个被唤醒的孩子难道不正是原则上可以进行教育的活生生例证吗？通过接受教育，孩子们可以掌握更好的语言表达能力，能够进行更为清楚的和自主要求的言说。启蒙是人类脱离不成熟状态的出发点，人类得为自己的不成熟状态负责。在此意义上，"错在自身"的动力也可以带有教育方面的指向。康德痛斥错在自身，人们可以看到错在自身其实是一种代际关系，也是一种灾难：我们教会和提供给孩子我们语言的和概念的用法，并让它们成为孩子在世界中找到整体方向的基础。可是我们自己并没有搞清楚这些语言和概念的用法是怎么回事，我们便由此把孩子教育成了不成熟状态。这并不是命运，通过合适的训练，这是可以改变的。就算不是在自己的原生家庭里，那起码在学校里是可以改变这种状况的。

在任何时间点和文化状态中，语言自其内部逻辑出发，都在自身中蕴含着治愈错误理解和错误解释的力量，语言自身可以持续产生这种力量。这样一种被深信的观点已经构成了维特根斯坦《逻辑哲学论》里治疗方案的基础。另外，这种观点也是维特根斯坦从1929年起的后期哲学的主导观点，尤其成了他第二部主要著作《哲学研究》的基础。《哲学研究》的内容持续不断以对话形式展现出来，主导全书的是一个任性孩子追问的口吻。这部著作的绝大部分都是一个哲学家和一个（想象出来的内心）孩子在进行问答游戏，几乎每一页都展现了指引着我们生活形式的一些示例场景。在这些场景中，一个哲学家以父亲的声音试图给孩子解释语言是什么，语言的基础是什么（以及什么不是语言的基础），尤其还有某些中心话语在我们的生活中实际扮演了怎样的角色,有着怎样的意义。

在《哲学研究》这部各个论述条目松散拼接在一起的著作中,其开篇第一条就记录了一个具有指导意义的场景。这样做的目标在于,明确反驳基督教神学家奥古斯丁在他的《忏悔录》中描绘的人类语言本质:

>§1. 奥古斯丁,《忏悔录》卷一第八节:"当成年人称谓某个对象,同时转向这个对象的时候,我会对此有所觉察,并明了当他们要指向这个对象的时候,他们就发出声音,通过这声音来指称它……就这样,我一再听到人们在不同句子中的特定位置上说出这语词,从而渐渐学会了去理解这些语词指涉的是哪些对象。后来我的口舌也会自如地吐出这些音符,我也就通过这些符号来表达自己的愿望了。"[43]

维特根斯坦紧接着对上述场景评论道:

>在我看来,我们在上面这段话里得到的是人类语言本质的一幅特定的图画,即:语言中的语词是对象的名称——句子是这样一些名称的联系。——在语言的这幅图画里,我们发现了以下观念的根源:每个词都有一个含义;含义与语词一一对应;含义即语词所代表的对象。
>
>奥古斯丁没有讲到此类的区别。我以为,这样来描述语

---

[43] 《维特根斯坦全集》第1卷,第237页。
《哲学研究》,陈嘉映译,商务印书馆,2016年,第3页。以下出自《哲学研究》的引文,均采用该译本译文。——译注

言学习的人，首先想到的是"桌子"、"椅子"、"面包"以及人名之类的名词，其次才会想到某些活动和属性的名称以及其他词类，仿佛其他词类自会各就各位。[44]

维特根斯坦的治疗努力所追求的目标在于，将在这些记忆场景中附带的虚假图画和错误图画与其余可能的记忆与思维图像形成比照，以便可以"正确地看待"世界和我们在世界中的位置。与童年的关联——童年作为我们与世界产生关系的一个重要启发阶段——在此扮演了绝对核心的角色。例如条目5里已经明确提到的那样：

§5. 看看第1节的例子，也许就想得到，语词含义的通常概念形成了多浓的一团雾气，使我们无法看清楚语言是怎么起作用的。而在某些运用语言的原始方式那里，我们可以清楚地综观语词的目的以及语词是怎么起作用的；因此，从这些原始方式来研究语言现象有助于驱散迷雾。

孩子学说话时用的就是这一类原始形式。教孩子说话靠的不是解释或定义，而是训练。[45]

要将上述所说付诸具体的教育学—哲学行动中，那么可以看看例如《哲学研究》条目11里面说到的内容：

---

[44] 同上，第237—238页。
[45] 同上，第239页。

§11. 想一下工具箱里的工具：有锤子、钳子、锯子、螺丝刀、尺子、胶水盆、胶、钉子、螺丝。——这些东西的功能各不相同；同样，语词的功能也各不相同（它们的功能在这一点那一点上会有相似之处）……[46]

实际上，连小学四年级的学生都能理解上面所说。维特根斯坦明确的治疗口号叫做"回到根源"，也就是回到语言表达的真正开端，回到学习语言的具体情境中。而且并不是通过历史或形而上学的方式——比如尤其是本雅明和海德格尔那里的情况——而是以生活的方式回到本源，并且和教授孩子学习的活动联系起来。

从1920年开始，他最熟悉的事就是教儿童学习。他转向了正在进行语言表达的儿童，这个转向对他后期哲学产生了重要影响。个人生活经历和哲学洞见相遇了，这种相遇直接指向了他做乡村小学教师的那段时光，特别是1924年起在奥特尔塔尔的时光。因为维特根斯坦是在奥特尔塔尔——与海德格尔、本雅明和卡西尔在同一时间段——写下了一部新著作，在人类与世界的关系中明确研究了语言根源问题。这部著作的主导性问题——除去《逻辑哲学论》，这是维特根斯坦在世时唯一以他名字出版的著作——简单说来就是：哪三千个词对于1925年奥特尔塔尔的小学生来说意味着整个世界？因此我们就可以想象这部著作的名字叫做：《小学生词典》，路德维希·维特根斯坦著。

---

[46] 同上，第243页。

理性的名单

《小学生词典》的诞生基础并不是要解决一个哲学难题，而是因为这个时候的奥地利缺乏一本贫困地区的小学生也负担得起的词典。维特根斯坦看到了这个不足，觉得其实这个问题很容易解决，便于 1924 年秋天首次和维也纳中小学教科书出版社进行接触。出版社马上对这样一个项目表示感兴趣。维特根斯坦必须要按照字母顺序编写出收录入词典的词语名单，这些词对于乡村地区的小学生词汇来说应须是最常见也是最重要的，另外他还得保证正字法正确。有了这本词典，小学生就能够在产生疑问时进行查阅，以便可以自己改进正字法了。这本身看上去倒也不是件什么大事儿。词典中收录的词条有比如"晚餐"（abendmahl），还有"晚饭"（abendbrot）。但是要把"长庚星"（abendstern）或者"西方国家"（abendland）也收录进去吗？"孔雀"（pfau）和"箭"（pfeil）肯定得编进去，但"林荫道"[47]（promenade）需要吗？或者说，随着某个概念进入到青少年的乡村生活，文化悲观主义或文化沉沦也就开始了？

如果说语言界限真的就是世界界限的话，那么尽可能谨慎地确定和守护语言界限就不再是一个好教育者的职责了？这是个关于问题的问题，而且是关于所有最终价值类型的问题。维特根斯坦的测试直到今天都还适用：请给我说出三千个你生活中的核心词汇，然后我就能告诉你，你是谁。于是，在内容和规格上，《小学生词典》对于维特根斯坦的整个教育事业来说

---

[47] 此处可特别参阅 K. 温舍，1985 年，第 92 页及其后几页。

都是一个典型范例。

维特根斯坦在安静的小房间里独自选择词条，没有询问他的学生，也没有与学生们进行协调。他把方言词汇也收录进词典，因为这些方言词汇是他的学生们天然语言应用的一部分。另外，他还让这本词典在奥特尔塔尔成为一个项目，孩子们在学年学习中一步步实施这个项目：从亲自动手几个小时抄写词条，到再次誊抄成工整的字体，以及最后的装订成书。（材料费是维特根斯坦自费负担，这些钱他是从维也纳得来的。）对于他的许多学生来说，手工制作版本的《小学生词典》是他们第一本、也是唯一一本属于自己的书，而且还是自己制作出来的！

除此之外，维特根斯坦还是一个出色的项目教学教师。他总是致力于在实物上进行直观教学。在此教学法中，他特别偏爱的教学内容便是动物骨骼，他和学生们一起把动物制作成骨骼标本并将骨骼拼接起来。而制作标本所需要的动物尸体，比如被车撞倒的猫或者狐狸，是他在乡村道路上搜集的。捡到动物尸体之后，他亲自动手取出动物内脏，花好几天的时间彻底煮净骨头。早在特拉滕巴赫时，由于制作标本产生了动物尸体的恶臭味，维特根斯坦就已经受到过邻居的强烈抗议。不过这并没有阻碍维特根斯坦在后来教学生涯的所有地方都接着这么干。他终究不是为了自己这么做的，而是为了上课。再加上维特根斯坦内心地丝毫不在意村里周围人是怎么看他的——与此相反他倒是在意学生们是怎么看待他的。不管什么时候有村民去找他提出申诉，他都会砰地一声把门关上——门几乎可以撞上村民的鼻尖——还会建议他们，如果真是忍受不了这些恶臭味的话,他们尽可以离开这个地方,而且最好是永远离开!

责任原则

就算维特根斯坦是个怪人,但他作为乡村教育者有着清晰的想法和教育理想:去认识,自己是谁;去了解,自己想要什么;去经历,自己能够做到什么。尽可能避免明摆着的瞎折腾和逻辑错误。只要是能够说出来的,那么就可以清楚地说出来。实践超越理论。在此,如果说还有什么需要去拯救和治愈的话,那就是自己的灵魂,而不是整个世界。

这些教育理想是从与小学四年级学生的日常相处中受启发而来的,这样的教育定位既不是特别复杂,也并非精英主义——当然也不是错误的。然而维特根斯坦在奥特尔塔尔还是感受到他的想法被孤立了。虽然维特根斯坦经常公开宣称,要追随托尔斯泰的足迹专心于"普通人民",本着十分善良的心意去过非常简朴的生活,但他的课堂还是牢牢带有社会精英阶层的顽固印迹。他作为"年轻人的引路人",首要的就是培养和创造那些有能力了解自己的有道德个体。他特殊的教育好意只受到少数人,而不是很多人的承认。当海德格尔在同一时间赞美黑森林地区农民的始源智慧和本真时,乡村小学教师维特根斯坦却认为,他在周围那些成年人身上只看到了牲口、幼虫或者最多是"四分之三的人类"。维特根斯坦虽然热爱"普通人民"的理念,但并不喜欢这个理念在实存中的化身;他热爱当教师的理念,却不喜欢在奥地利社会民主教育改革之下迅猛变

化的教学工作。他对于现行的教学方法有多厌恶,也在《小学生词典》的序言中进行了明确表达:

> 一个小学生能够自己修改自己的作文,这无论如何是非常必要的。他应该要感受到自己是文章的唯一作者,要对自己的文章独自负责。也只有这种独立修改文章的工作能够让老师正确地看到学生的知识和智力状况。要是让学生交换作业本、互相修改文章,那么老师对班级能力的判断就会变得模糊。从学生甲的文章里我无法立刻就知道,学生乙的能力是怎样的,我只有从学生乙自己的文章里才能看出来。就如人们有时候说的那样,互相修改文章无法呈现出班级平均水平的正确画面(如果想要呈现出正确画面,那么每个学生就必须修改其他所有同学的文章,这当然是不可能的)。[48]

想要知道维特根斯坦在奥特尔塔尔的受欢迎度,人们就得在脑海中想象一下这个场景:他和同事们总是在名为"金鹿"的饭馆一起吃午饭,席间他给同事们讲述道,某些教育改革措施犯了纯粹的逻辑错误。单从论据来看的话,他说的完全有道理。但这自然不是生活的全部,常常也起不了决定作用,特别是对于一个走上教育弯路的哲学家来说。官方表达了对他词典的强烈保留意见。当地学校教育部门专门指定了相关专家对维特根斯坦的《小学生词典》进行鉴定评价,这个专家叫布克斯·鲍姆先生,他的鉴定结论如下:

---

[48] 同上,第 106 页。

从方法论的立场来看,这本词典有些令人觉得不习惯,因为作者在序言里面说过,他给学生口授了这本词典。那么我就只能理解为,学生已经掌握了的那些词,那些在提示教学法意义上已处理过的,常常是已写下来过的词,为了控制正字法的正确性,这些已掌握的词汇学生还是得做听写……从教育当局看来,几乎无法认定本词典是值得推荐的。[49]

又是无法获得理解。又是无法成为教材。就算是在词典这个层面上,维特根斯坦对于出版界来说也是一个难相处的作者。最终这本词典还是未经大的改动就出版了,不过是到 1926 年秋天,也就是词典编写完毕 18 个月后才出版。对于作为教师的维特根斯坦来说太迟了。对于作为个人的他来说,也是太迟。和之前的《逻辑哲学论》相似,这本词典也创造了一个存在,而词典作者在词典出版之际,已经最终将词典这个存在或者词典的时代抛在自己后面了。或者更确切地说是:必须将其抛在后面。

昏厥过去

维特根斯坦当时的学生其实并不愿把他称作"暴力教书匠"。维特根斯坦的情绪有一定波动,但情绪爆发倒是非常少见。他对学生的责罚,也绝不是频繁出现的。他比较喜欢做的是快步穿过教室走到学生跟前,给学生头上弹几个栗暴,或者

---

[49] 同上,第 100—101 页。

是拿教棍敲打学生。班里没有一个同学可以确信地回顾，当时 11 岁的约瑟夫·海德鲍尔在 1926 年 4 月 10 日早晨做了或者不做什么惹怒了老师。约瑟夫并不属于那些最蛮横无理的小子，他从没见过自己的父亲，他母亲在名叫皮里鲍尔的当地地主那里当女佣。人们对约瑟夫的印象大多是体格高大、性格安静，不是特别聪明伶俐，而且脸颊总有些苍白。直到今天这件事还被称作"海德鲍尔事件"，据说约瑟夫·海德鲍尔在事件发生三年之后死于白血病。有可能他的病在几年前就已经致命地使他变得虚弱，这也没法下定论。无论如何，维特根斯坦当时在课堂上用力扇了约瑟夫一两个耳光，也不算特别严重，但是事情的结果非常严重。扇耳光的直接后果是约瑟夫昏厥过去，长达好几分钟他都像死了一般躺在教室的地上。维特根斯坦马上就解散课堂，让学生去叫医生来，并把还昏迷着的约瑟夫背到教学楼二楼一间休息室里，然后在那里等着。当医生从远在四公里之外的基希贝格最终赶过来时，约瑟夫已经自己苏醒过来了。他的妈妈和皮里鲍尔——当地最富有的地主之一，另外还是家长代表——都来学校了。走廊里传来了皮里鲍尔猛烈咒骂维特根斯坦的声音，称他"不是人、不人道"，是"驯兽师"，要去"告发"他，让他以后再也当不成老师。那么维特根斯坦呢？他把约瑟夫交给他母亲和医生照管，然后就从另外一个出口离开教学楼，回去收拾了一下行李（他反正也没有自己的家具和书），乘坐当时最近的一班公交车离开了田园般的奥特尔塔尔。也就是说他逃跑了。[50]

---

[50] 此处相关描写根据的是 K. 温舍，1995 年，第 272 页及其后几页。

第二天早晨，当皮里鲍尔跑到宪兵队对维特根斯坦提出申诉时，维特根斯坦早已远走高飞到维也纳了。最终维特根斯坦没有被定罪。当地教育部门内部程序方面，也是希望对维特根斯坦做一个内部调查，而并不认定这是学校教师的一次严重错误行为。不过，1926年4月10日成了维特根斯坦乡村小学教师生涯的最后一天。就如同他在事件发生几年之前给朋友们写去的许多信中都预感到的那样，乡村小学教师生涯的结果是"最糟糕的"。

"我已经失去了和班级的团结一心。"在和地方视察员进行私人谈话时，维特根斯坦这么解释道。虽然视察员固执地请维特根斯坦再考虑一下，但他还是希望学校立刻就开除他。最终，校方在1926年4月28日——维特根斯坦37岁生日后的两天——同意了他的请求。

对于维特根斯坦来说，前往乡村小学教书从来不在于祖国的青少年、八小时工作日和改善穷人的物质生活条件，而首先是和他的学生还有自己取得一种有益的新接触。结果是徒劳的。在他从一战归来正好七年之后，他不得不认识到，乡村小学教师的人生规划在所有层面上都是失败的。如今，只有羞耻心是让他继续活着的动力了。

VII

拱廊街

1926—1928

维特根斯坦建造，本雅明突破，
卡西尔受到吸引，而海德格尔回到家园

技术天赋

"我知道，自杀总归是一种卑鄙行为，因为人们不**能**想要自我毁灭，而且每个曾经想象过自杀过程的人都知道，自杀总是对自己的一种**突袭**。不得不要对自己突袭，没有什么比这更令人生气了。所有这一切的结果自然就是，我没有了信仰。"[1] 一战结束18个月后，维特根斯坦内心极度绝望，他写下了上面的文字向他的朋友保罗·恩格尔曼求助。他们俩人是在捷克奥洛穆茨的前线进修中认识的，在战后依旧保持着紧密联系。后来维特根斯坦当了乡村小学教师，而恩格尔曼这个年轻人当了卡尔·克劳斯的私人秘书，接着又成为了建筑师阿道夫·路斯的学生，最后恩格尔曼在维也纳开了家自己的建筑事务所。作为朋友的恩格尔曼也无法忽略，维特根斯坦从奥特尔塔尔逃走后再次处在了怎样灾难的精神状态中。

1926年6月3日，维特根斯坦在维也纳市郊胡特尔朵夫的仁慈兄弟修道院得知了母亲去世的消息。他隐退到修道院是为了请求加入修会。如果当时修道院院长真的答应了维特根斯坦的请求，那么几乎无法想象这会对20世纪的哲学意味着什么。无论如何，在维特根斯坦和修道院院长的对话中肯定能读出当时这位哲学家有多么失落和迷惘。修道院终究还是给他提供了住处——修道院里的一间园中小屋，维特根斯坦在这间小屋中捱过了整个夏天，并且用自己的方法分散注意力，不再去多想自己身上发生的那些事情。他觉得这个方法还真是很管用的:

---

[1] 《维特根斯坦通信集》，第113页。

通过充当园丁助理、干强体力劳动来分散自己的注意力。

就像七年前那样,"鲁奇"内心的崩溃状态在蔓延,这种状态让家人非常担心,尤其是他的两个姐姐赫尔梅娜("敏娜")和玛格丽塔("格蕾特")。母亲去世后,姐妹俩成了维特根斯坦家族的实际家长,并且要负责照管与家长身份权责相应的数量可观的家族财富。现在赫尔梅娜是家中最年长的成员了。玛格丽塔比她小8岁,1905年同美国企业家、银行家杰罗姆·斯通博罗结婚,在瑞士和美国度过了战争岁月,到战后一段时间才回到维也纳。玛格丽塔现在和丈夫分开居住,重拾了艺术资助者和社会名媛的身份。1914年之前她作为艺术资助者和社会名媛已经发挥过重要的作用和影响。奥地利画家古斯塔夫·克里姆特1911年为年轻的玛格丽塔·斯通博罗-维特根斯坦创作了著名的肖像画,给人们留下了深刻的印象。

为了能够完全按照自己的想法扮演好艺术资助人和社会名媛的角色,"格蕾特"在维也纳还缺一座自己的房子,并且得带有维特根斯坦家老宫殿府邸的风格。为此,恩格尔曼被挑中作为设计新府邸的建筑师。由于恩格尔曼和路德维希长年保持密切联系,所以他也成了维特根斯坦家族信任的朋友,已经为赫尔梅娜设计并实施过多个改建工程。现在,他要为玛格丽塔设计一座位于市区的新房子。在设计方面,钱、现行传统或者时尚潮流都不必成为限制条件。在1925年至1926年寒假期间,恩格尔曼也已经和维特根斯坦交流过关于建造新房的工程的想法。鉴于维特根斯坦的阴郁状态,恩格尔曼正在酝酿一个计划,格蕾特也对这个计划直接表达了兴奋之情。1926年6月,她给身在美国的儿子托马斯·斯通博罗写信:

恩格尔曼想出了一个简直堪称天才的点子，就是提议鲁奇当他的搭档。你能想象这会带来多大好处吗，而且是对所有参与者都大有好处。鲁奇作为道德审核者和逻辑原则创立者的极大天赋最终已经被发掘得差不多了。而对于恩格尔曼来说，维特根斯坦凭借其技术天赋足以取代一名咨询工程师。而且恩格尔曼可以在再次从事建筑工作的同时，不必放弃一个道德行为。[2]

朋友忙碌起来，委托人高兴起来，费用也省下来了。事实上，将路德维希纳入建筑工程组造就了一种双赢局面。这时候地皮也已找到并拿下了。根据玛格丽塔明确表达的愿望，这块地皮不在维也纳传统的别墅区，比如第一区和第二区，而是位于当时偏小市民甚至无产阶级城区的兰德街区。府邸选址本身已经是一种声明表态。根据工程委托人玛格丽塔的意愿，在此块地皮上建造起来的房子应该要表达出更多态度。

位于昆德曼街19号三层别墅的设计方案终稿于1926年11月13日完成递交。在建筑权意义上，具有责任意味的设计方案署名如下："保罗·恩格尔曼和路德维希·维特根斯坦，建筑师，维也纳第三区公园巷18号"。在六个月的时间内，从一名被开除的乡村小学教师华丽转身为明星建筑师，这在1926年的奥地利还是可以办到的。至少作为维特根斯坦家族成员并拥有真正的朋友时，这是可以办到的。

这位有自杀倾向的弟弟现在有了一份正式职业，甚至可以

---

[2] 转引自A. 萨尼茨，2011年，第57页。

拱廊街

获得相应报酬。如果说维特根斯坦投身于这个新项目，那是说得有些轻了。他更多的是献身沉浸于这个新任务。工程动工一个月后，他就让参与工程的所有人都感受到了他毫不妥协的强势性格所带来的压迫感。在维特根斯坦加入之前，其实恩格尔曼已经在最大程度上完成了设计方案，也打算按照方案进行施工。后来恩格尔曼回忆，至工程完成的总共24个月"对我来说非常艰难"。最终他坦承道，"跟一个意志如此强势的人合作"根本就是把他"置于一个深深的内心危机中"。恩格尔曼与维特根斯坦之间的友谊在这次合作中受损，并且后来也从未恢复过。无论如何，总是维特根斯坦在发号施令，他在整个施工过程中集执行建筑师、建造工程师，甚至室内建筑师等不同角色于一身。"路德维希精确地画出了每扇窗户、每个门、每个窗户插销、每个取暖设备，就如同这些东西都是精密仪器一般，其尺寸比例是最为高贵神圣的。然后，他带着毫不妥协的能量，要求这些东西必须以与图画上同样的精确度严格制造。我曾经听到有位锁匠就一个钥匙孔这么问他：'工程师先生，请您告诉我，真的有必要精确到毫米吗？'，而没等锁匠完全说完，维特根斯坦就激动地大声说'是'，差点儿吓到这位锁匠。"[3]

　　作为建筑师，维特根斯坦推动实现了精确到毫米的确凿性理想。平地而起设计和建造一座房子——难道这不正是哲学家们也在做的事情吗？康德在他的作品中强调了理性**建筑术**，这难道是偶然吗？歌德的浮士德在第二部分也就是真正哲学的部

---

[3] 赫尔梅娜·维特根斯坦，2015年，第163页。

分化身为建筑师,是偶然吗?人们努力达到的新"基础"和"基础命题"不正支配了维特根斯坦时代的维也纳思想吗?维特根斯坦的所有天赋和渴望好像在他的新角色中找到了一种有实际行动的综合:精确的数学设计、美学的要求、忠于细节的原则、对纯想象物进行创造性的实践,并与周围环境进行物质交换……所有这一切的最低目标是,给人类——被以毫无根基的方式带到世界的存在者——提供一个安全的住所。在这次的建造工程中,这样的目标甚至和物质限制尤其是经济限制无关,而这些限制其实总是伴随着建筑师职业的!恩格尔曼在多年的自由创作中必须痛苦地认识到这些限制。

不管怎样,格蕾特在整个建造过程中对她弟弟始终完全放手。房子里没有什么是不重要的——除了时间和金钱。最终,根据格蕾特的愿望,这个房子从一开始就不仅仅只是一个纯粹的住所,它其实是在表达一种对这个世界的特殊的道德感受和美学感受。

如果路德维希有机会坦承心迹的话,他大概会说赫尔梅娜是他真正最喜爱的姐姐和信赖的人,就那种公开的标新立异和自我导演人生的意愿而言,路德维希和姐姐格蕾特无疑有更多的相通点。从这个角度看来,维特根斯坦公开表露的想要过修士般生活的意愿绝不是在反对姐姐格蕾特。格蕾特从年少时就要求"她身边的所有一切都必须是新颖和雄伟的"。

只为众神

格蕾特的府邸到今天基本外貌都没有改变，人们只要看一眼这座房子，不由得就会将之和《逻辑哲学论》独到的形式结构进行对比。这座别墅完全没有任何纹饰图案，在昆德曼街上就像是——用赫尔梅娜的话来说——"化身为房子的逻辑学"。房子外部的方石排布渗出一种冷感，配合瘦长的窗户，表达了一种神秘的无言，而不是开放的邀约。

房子巨大前厅的门非常高，让人不禁产生敬畏之感；前厅的内部布置让人想起了维特根斯坦家旧府邸宫殿的风格。四周不是从天花板吊下来的卷帘式百叶窗，而是铁墙，打消了人们从外面看进房子的念头。虽说房子从内部观察是完全透明的，还能看到些暴露在外的机械装置如升降索，这可以博得人们的好感；但是从外面看来这个房子就像是一个深深的谜团，人们觉得感受到了这个谜团的含义，却又表达不出这谜团背后的问题究竟是什么。不管是当时还是现在，这座房子都以非现实的方式从其周边环境中醒目地突显出来，有些像是卡夫卡描绘的城堡里的那些无名当局之一，他苦苦努力想进入城堡却最终无果。如果说"居住"意味着在一座建筑里面真正感觉到自己是在家里，那么昆德曼大街这座房子的特点恰恰是反居住的。在赫尔梅娜越发确切的话语中，这座房子"更像是建给众神住的……而不是给我这样一个终有一死的渺小血肉之躯"。

众神的居所——在维特根斯坦这里，事实上文字作品和建筑物之间的家族相似性具有无法阻挡的吸引力。这座房子始终依循着《逻辑哲学论》的建筑术：没有可承力的根基，也没有保障安全的接地，却似乎具有魔力，在没有可视支撑物和地基的情况下却一样无可指摘地非常坚固，像是悬浮在地面以上15米的高度中。物理规律与形而上学规律并不相符，因为并不存在什么形而上学规律。类比被赋予了清晰的尘世界限。维特根斯坦只有在作为思想家时才能真正发挥魔力，而不是建筑师。

直到今天，对昆德曼街这座房子的风格归类都尚未有定论——经典的路斯派风格？已经算是包豪斯？抑或是立体主义？还是如罗素所写的是勒·柯布西耶的现代主义风格？与此相似，《逻辑哲学论》的哲学归类也仍是个争议：经验主义？逻辑主义？唯心主义？存在主义？人们从来无法结束争议，给出定论。这就如维特根斯坦的个人特点和其美学世界观一样，是一种天才式的融合：融合了极端现代主义与和石头一样硬的保守主义、完美的几何图案与错乱的比例失调、可证明的严格性与格言式的多义性，尤其还有完全的透明和神话般的隐匿。这样一个人并不适合归入任何一个学派，不适合成为一名教师，也不适合当建造者。

没有大师的学派

在这段时间，维也纳大学哲学系的莫里茨·石里克教授肯定领教到了，要理解维特根斯坦现象有多么困难。石里克教授花了两年时间逐句研读《逻辑哲学论》，在经历了一系列最终失败的联系维特根斯坦的尝试后，直到1926年4月中旬，他悬着一颗心和几个学生一同启程前往奥特尔塔尔，打算到当地——维特根斯坦在这里进行了新的创作——去探访这位避世隐居的天才。到达目的地后，朝圣者石里克才获悉，他们晚到了几天。维特根斯坦已经不在这里教书了，不知道搬去了哪里。

和在剑桥一样，维特根斯坦在维也纳亦正是由于不在场而成为一个无所不在的人物，他的作品由内而外渗入和决定了那些最具变革精神的学术领袖的思想和研究。维也纳的哲学先驱者们每周四都在石里克的别墅碰面，共同本着以逻辑学和科学世界观为基础的精神探讨哲学的深刻改革以及作为整体的欧洲文化。这应该是对佯攻形而上学的终结，亦是世界观沉沦之歌和充满宗教意味的呼吁本真的终结。在理性的新道路上，重要的并非论点，而是论据；并非教条，而是事实；并非不可靠的预言，而是可重复进行的实验。

"逻辑经验主义"——维也纳学派很快就有了这样的战斗之名。维也纳学派中具有影响力的人物除了莫里茨·石里克之外，还有鲁道夫·卡尔纳普、弗里德里希·魏斯曼、赫尔伯特·菲格尔和奥图·纽拉特。而维也纳学派想要达到真正的完整性，始终还缺他们心中的大师和灵感赋予者：路德维希·维特根斯坦。

又过了整整一年，维特根斯坦才答应与石里克见面。石里克小心周到地请格蕾特牵线筹划，终于在1927年春天第一次与维特根斯坦进行了私人会面。两人一起吃午餐。维特根斯坦精神饱满，正忙于昆德曼街府邸的建筑工作，他不敢确定自己是否还适合当一名哲学对话伙伴。午餐之后，维特根斯坦觉得会谈给人留下了这种印象："我们都认为对方一定是完全疯了"。[4] 不过两人从一开始就对彼此产生了基本好感，这可能主要是出于习惯方面的原因。和维特根斯坦一样，石里克也出身极其富裕的家族，甚至是贵族家族。信仰新教的石里克家族有着悠久的历史，在消亡的捷克王国属于最重要的贵族家族之一。[5]

你们还有很多东西需要学习

交往的形式就这么定型了。维特根斯坦在对话风格方面是最为坚定和易怒的，在其他方面都没有这样。石里克很快就了解到了这点。1927年夏天，他说动了维特根斯坦与维也纳学派的其他核心成员也见见面，他向维特根斯坦发誓，这次见面"不会发起维也纳学派里习惯的那种讨论"。[6] 大家会非常虔诚地静听大师维特根斯坦的讲述，接下来在可能的情况下只会小心地请教几个问题，请维特根斯坦详细解释一下。维也纳学派的成员后来产生了极大影响，他们中有逻辑学家、数学家和哲学家，但是此时大家都还不知道：维特根斯坦一开始根本就没有任何兴趣接受学派首脑的角色，也不想和成员们谈论他的著作或者谈论狭义上的哲学提问。

维特根斯坦与维也纳学派约定周一见面，这就是后来成为传奇的周一定期会面。第一次会面时，维特根斯坦就已经定下

---

[4] 参看瑞·蒙克，1991年，第162页。

[5] 参看A.雅尼克和S.托尔明，1984年，第248页。

[6] 转引自K.西格蒙德，2015年，第121页。

了会面的基调。他没有做任何解释和介绍，便在房间正中背对着他的听众，开始读起了印度诗人泰戈尔的诗歌。作为20世纪20年代备受追捧的人物，泰戈尔的抒情诗和散文当时曾在某些圈子里非常受欢迎，不过现在被淡忘了。如果只是将维特根斯坦的这种出场方式看作是一位以自我为中心的天才的恼人行径，那就低估了他作为一位思想家的戏剧化的表现力。事实上，在东方智慧学说里，在大师接纳新会员入社的自相矛盾的仪式中，这种举动由来已久。背对受众读诗就好比来自山中的智者会要求渴望知识的年轻人仅用一只手来拍手，或去思考佛性和一根搅屎棍有何相同点。无论如何，在此维特根斯坦想要传达的信息是明确的：我不是你们的大师。我没有什么方法。也不存在**什么**问题，自然也根本没什么答案。如果你们觉得你们已经理解了，那只能说明，你们实际上什么都没有理解。

一开始在场的维也纳学派成员们完全感到惊讶和不知所措。但恰是大师角色这种无礼的拒绝姿势被当成了大师真实不可否认的标记，这在当时那样一种交际场景中算是可以预见的。在以石里克为核心的维也纳学派也是如此。会面的泛音已经被定下了，维特根斯坦在后来的会面中表现出愿意探讨哲学问题了，虽说是以他自己独特的方式进行探讨。鲁道夫·卡尔纳普仅在十年之后，就成为建立所谓美国"分析哲学"的一个关键人物，他回忆道：

> 他极度敏感和易怒。他不管说什么，都特别有趣而且能予人灵感，他表达自我的方式常常具有吸引力。他看待人和问题的视角——看待理论问题也是如此——更像是艺

术家，而不是科学家；人们几乎也可以说，像是一个宗教先知或预言家的视角。他一旦开始就某个哲学问题阐述自己的立场时，人们简直可以感觉到那一刻他内心的斗争：他斗争着，要在最为集中和痛苦的紧张之下穿透黑暗到达光亮处——尤其在他富于表情的脸上就能读出他的内心斗争。最后，当他常常在漫长艰苦的斗争之后终于得出答案时，他将答案陈述给我们听，就像在给我们展示一件刚创造出来的艺术品，或者传达给我们一种神圣的启示……他给我们留下了这样的印象：洞见就好像是多亏了神启才降临到他身上，以致于我们只留下这种感觉，对它的任何一种理性评论或者异议都是一种亵渎。[7]

人们希望实现的作为客观研究方法之理想的东西，最终证明了是最为异质的思维方式。这种思维方式不管是从过程还是结果来看，看上去都和维也纳学派的文化方向恰恰相反。这样的印象后来得到了加强，最终无可辩驳：是有个大师在此说话，但肯定不是逻辑经验主义大师。因为维特根斯坦认为，逻辑形式化的技术远不能在真正意义上为认知需求打下基础，而仅仅只是有助于避免最普遍和最平淡的错误想法的一种手段。被维特根斯坦尤其认定为错误想法的是，只有从经验—实验角度能回答的问题才值得探究。就如康德曾经认为的那样，维特根斯坦对有意义语言的限制首先是要达到这样的目标：将那些形而上学的中心问题从客观方法的苛求中抽出来。是的，维特

---

[7] P.席尔普，1963年，第25页及其后几页，由本书作者从英语译为德语。

根斯坦坚信，现代文化中必须得到治疗的不成熟状态存在于这样的设想中，即关于真正的哲学问题，会有可以证实的方法、学术专业性，特别是可以测量出来的认知进步。维特根斯坦认为，哲学不是正字法，也不是以精神为主题的工程学，哲学根本就不是可以教授的科学或可以限定主题的科学。而恰是这种相反的观点赋予了维也纳学派核心灵魂。

事实上，作为学生的维也纳学派和大师维特根斯坦之间存在的唯一共同点在于，形而上学和宗教方面的观点必须要跳出可证实的意义界限。但是维也纳学派认为，这些界限对于哲学来说是多余的，而维特根斯坦则认为这些界限对于哲学其实是决定性的。维也纳学派的观点是，逻辑学是所有思维基础的必要结构理由，维特根斯坦却说正是这种有决定意义的基础永远神秘莫测地漂浮在空中，持续不断地创造奇迹。对此人们最好虔诚地表示惊奇就可以，而不是通过分析去理解它。形而上学对于维也纳学派来说不是其他，而是一种对自己的文化持续发动的意识形态突袭，并且这种突袭会带来致命后果。相反，维特根斯坦则持这样的观点：坚定不移地要排除这些形而上学问题并宣称这些问题没任何意义。这是一种无理要求，与在文化方面自杀的意志一样。维也纳学派和维特根斯坦双方都认为绝对有必要对自己的观点做进一步澄清说明。双方共同努力想要达成的真正目标恰恰指向相反的方向。

决定双方这些年来周一会面状况的力量是一股类似拔河比赛的力量。在这场拔河比赛中，石里克队想要把他们心中的大师——当然还有大师的老师弗雷格和罗素——往自己这方拉，拉过所谓实证标准的分界线（石里克："一个论点的意义在于其实证方法");与此相反,位于粗绳另一端的维特根斯坦有着不可思议的耐力,与他在一起的还有叔本华、托尔斯泰和克尔凯郭尔,他们都在和维也纳学派对抗着,希望对面的实证主义队很快就被绳索翻倒在地。人们在比赛中甚至还听到了海德格尔的名字。海德格尔想不想给维也纳小组予最后的致命一击?维特根斯坦在后来一个会议上得到了这个问题的答案:

> 我大概可以想象,海德格尔用存在和畏想表达什么。人类有一股碰撞语言界限的冲动。比如请您想想对有东西存在的那种惊奇。这种惊奇根本就无法用问题的形式表达出来,也根本不存在答案。一切我们想说的东西可能先天就是无意义的。尽管如此,我们还是撞向了语言的界限。[8]

为海德格尔辩护!这真是非常具有决定性的一步!

维也纳的周一会面受到一种简直算得上怪诞的消息隔绝的影响,消息隔绝促使人们认为,维特根斯坦和那些喜欢自吹自擂的实证主义年轻人之间的关系是无可置疑的。这是哲学史上最罕见的关系之一,尤其还是一种最幽默的误解之一。双方的这场戏并没有本着开诚布公的情景喜剧精神和解,而是从此几乎每天都以令人不悦的方式在世界哲学讨论课和哲学系中重复演出着,在演出过程中发展出了两种主干学说,也就是所谓的分析哲学和大陆哲学。在完整的对垒格局图中,双方彼此谴责对方没有从一开始就去理解自己,而理解又是哲学探讨中真正

---

[8] 《维特根斯坦全集》第 3 卷,第 68 页。

要紧的东西。

在近一百年之后,这出戏当然还在重复上演,只是成了一场笑剧。维特根斯坦从一开始就坚信,这种情况和活生生的哲学思考几乎没什么关系。而在学术部落主义的框架内,正是他的作品和影响力构成了直到今天还很重要的争议之处和核心支点。几十年来,人们正是在所谓的维特根斯坦研究中竭力争取每一寸的阐释。这就好像丝毫不差地实施一位天才大师坚定不可动摇的建筑计划,而不是在尽可能澄清的世界关系中独立自由地继续思考。也好像哲学家是灵魂工程师,而不是有创造性的探索者——这样的探索者在一个开放的空间中没有最终的根基或提供安全的掩护物。

从维特根斯坦1927年至1928年的建筑师过渡阶段中,起码有这么多东西是需要学习的:他在思考中寻找着的那种完全精确的理想,不是可以用纯数学或逻辑的方式表达出来的东西。同样的,这种理想要求对空间和自身的定位有着极主观的一种感觉。人们无法放弃对自己进行定位,并且想要在这个合适的定位上找到那个具有创造性的自我。无论是作为哲学家,还是作为工程师,维特根斯坦都同样坚定不移地怀抱着这个信念。并且就是因为这样,他强迫维也纳学派的信徒再次彻底思考他们"逻辑经验主义"的方法论大楼,虽说主流声音都认为这座大楼此时是绝对可以入住的,而且还能抵挡寒冬。在昆德曼街上的建筑工程中,维特根斯坦作为施工负责人也坚信自己的主观感觉:1928年11月,房子可能已经基本完工,现在要开始进行清洁工作。这个时候,维特根斯坦"让人把房子里一个大得几近是礼堂的房间的天花板抬高了三厘米",仅仅是因为他觉得抬高之后的感觉才是对的。至于为什么是对的，他并没有给出一个可以令人理解的客观理由。这还能是个什么样的理由呢？

在这个维也纳的冬天，当然还有另外一些东西是维特根斯坦越发确信地感受到的：事实上他的哲学使命还远没有完成。这个使命有可能才刚刚开始。

处于危急状态

"我经历了一次（就如人们所说的）精神崩溃。更确切地说，是经历了一次又一次的精神崩溃，其间出现的好转阶段最终只导致了更糟的结果……"[9] 1926 年 9 月 14 日，身处马赛的本雅明这么写道。他从巴黎来到马赛，打算归隐一段时间，"笔几乎就拿不到手里"。整个社会在这个秋天也显现出了危急状况：精神、社会和财政各方面。人们努力达到或至少是希望达到的稳定状况并没有出现征兆。这年整个春天本雅明都是在柏林和巴黎之间的"椭圆形生活轨迹"中来回奔波。在本雅明完成他所谓"格言之书"的同时，他的父亲于 6 月中旬去世。在过去两年里，本雅明或多或少持续地写着这部著作，它原来的标题叫做《街道封锁了！》。现在这部著作的名字是《单行道》。[10] 联系他在 1926 年秋天的生活境况，把这本书叫做《死

---

[9] 《本雅明书信集》第 3 卷，第 188—189 页。
[10] 《本雅明文集》第 4 卷第 1 本，第 83—148 页。

胡同》其实也是合理的。

根据本雅明的估计，这部新著作——这是一部像杂志那样编排的集子，包含有 60 篇带有自传色彩的回忆速写意象文——无论如何指向了一种新的写作形式和思维形式。他把对此具有决定性作用的那些推动因素归结为 1924 年在卡普里岛度过的那个夏天，因此他将下面的题词写在了全书最前面：

> 这条路叫做
> 阿西娅·拉希斯街，
> 是她据此
> 作为工程师
> 在作者心中打通了这条路。

是拉希斯打通了这条路，这种打通行为在于转向日常生活中的对象，将其当成是哲学反应的出发点。想要传达自己时代的实质精髓，就不用再走理论的弯路或经典艺术作品的弯路，而是直接借助于同时代的对象和行为模式。本书的主导目标是，阐明那些"运作机制……就是物体（以及事情）和大众彼此发挥影响的运作机制"。

《单行道》的第一篇就已明确宣布了新形式方向的结果。第一篇的标题叫做《加油站》。在当时的社会环境下，

> 具有意义的文学效应只会在行动与写作的严格交替中产生，它必须在传单、宣传小册子、杂志文章和广告中培育出一些不显眼的形式。与书籍精致而千篇一律的姿态不

同，这些形式更能在活生生的社群里发生影响。只有这种即时的语言才是应那一刻而生的。[11]

也就是说，在被描绘场景的形式中，这些场景一旦写到纸上，根据其类型就更像是传单、宣传小册子或者广告宣传语。就像本雅明给他的新作设计的广告牌一样。《单行道》，这个标题包含了一种矛盾心理，这种矛盾心理让每个思维图像，甚至是书中每个句子在更近的观察中被看成是文学珍宝。这些珍宝承载了许多不同的解释，在理想情况下甚至是彼此排除的解释。《单行道》，这个标题一方面听上去具有直线性和明确方向，没有双向交通；却也联想到了具有典型年代特征的生活，人们联想到一条没有足够出路和掉头可能性的歧途，走上歧途的后果很严重。"迷惘的一代"的生活感受，就如生活在巴黎的女作家格特鲁德·斯坦因在和欧内斯特·海明威的一次谈话中用相关概念形容的那样：迷惘，总是无法做出决定，以及恰因如此而出现极端倾向。

本雅明有意识地将思维图像当作一种文学对应物，它对应的是当时格式塔理论和格式塔心理学中特别流行的翻转图，也就是对着同一张图，从一个角度看是一个东西，但从另外一个角度看眼前却会出现另外一个不同的东西。例如用黑白颜色呈现出来的同一张图，从某个角度看是鸭子的头，但从另外一个角度看却是兔子的头了，更换角度就可以更换看到的内容，人们无法完全确定这个图一定是在呈现哪种画面。只有在同一张

---

[11] 同上，第85页。

图中同时看到这两个画面，认为这两个不同的画面都包含在其中，可能才算"正确"地看明白了这张图。"身份"的活力"仅在充满悖论的反转动作——也就是从一个视角换成另外一个视角——中就已经证明了自己"，[12] 本雅明脑海当中也呈现出他那以客体为核心的新写作方式的关键效果。是的，如果时代没有欺骗他的话，在两种互相排除的状态之间"自由更换角度"的闪烁活力，甚至吻合了物理学最小粒子的那种悖论式基本规律——所有存在的物质都是由这个最小粒子构成的，即物理学家马克斯·普朗克提出的"量子"。

1923 年，以沃纳·海森堡、尼尔斯·玻尔和马克斯·玻恩为核心的研究小组也宣布初步建立量子理论。并没有什么可以观察得到的固定身份适用于量子。量子难以把握的本质恰恰在于，根据不同的观察角度，量子有时候显现为波的形式，有时候显现为微粒的形式，但是绝对不可能同时显现为这两种形式。依赖于观察者视角的"从一端反转到另一端的"规律是正在形成中的宇宙自身的基本运动。海森堡和那些已经证明海森堡学说的人也认为，这个基本运动并不遵守严格的决定论的规律，而最多只是遵守统计学方面的一些规律。在社会存在的根基处以及物理存在的根基处都存在着一种不可消除的矛盾和不确定性。

通过对身边商品世界做尽可能精确和深入到内部结构的描写，本雅明的思维图像正是要试图展现出万物在存在论上的模

---

[12] 《本雅明书信集》第 3 卷，第 158 页（出自本雅明 1926 年 5 月 29 日写给肖勒姆的信）。

糊之处。把转向具体日常事物作为反应的出发点，代表着本雅明在哲学上转向唯物主义，但并不是马克思或列宁意义上的辩证唯物主义。最终，对于本雅明来说，要紧的明显不是要展现在客体中可以感受到的矛盾。恰是相反，重要的是，要洞见到展现矛盾是不可能的。

1926年，本雅明通过《单行道》那些微观逻辑证章想要表达并将其置于文学放大镜下的实质之"物"，不是别的，最终正是历史世界整体。本雅明"不可思议的"唯物主义魅力，甚至是魔力，在于通过训练加强过的描写艺术手段"越发深入到对象的内在"，直到"最后只于内在中描写一个宇宙"。正是在这样的密度下，使对一个历史进程做忠诚的单子写照成为可能；而整体历史进程又总是处在短时救赎和永久诅咒之间的危急状况中。

在沉浸式研究现在和此地完全的内在固有性时，应该打开一扇通向超越救赎的窗子。在本雅明这里，和认识论（反对）纲领联系在一起的绝对命令是：

> 任务……并不是绝对的，而是要在每个瞬间自己做出决定。但是去**做决定**……总是极端的，无法前后一致地对待最重要的事物，如果有一天我加入了共产党（这是我依赖于偶然事件的最终推动而做出来的事儿），我觉得应该也是这样的情况。[13]

---

[13] 同上，第158—159页。

拱廊街

后来没有如期望发生的事情，自然是对这样一种决定的经验。尤其是在本雅明的生活中。从 1926 年 4 月起，本雅明就已患上了严重抑郁症。如今，在完成了《单行道》的同时失去了一直处于他生活中心的父亲之后，他在酒店房间里看向地中海，考虑着具体的自杀细节。德国哲学家恩斯特·布洛赫最开始也是一起从巴黎来到马赛，他回忆道，本雅明用多么坦承的态度在思考人生命中的最后一个行动。自尽，最后的决定！正是因为一个人无法真正"选择"自尽，所以本雅明坚信，自尽是以无条件的自决形式作为前提的，而自决的极端性就在于，它排除掉了所有的理性的前后一致。

不过还没有到时候。本雅明并没有提前给自己的生命划下句号，而是把自己锁在宾馆房间里三周时间，阅读劳伦斯·斯特恩的幽默长篇小说《项狄传》。作品中持续出现的自讽口吻以及间或出现的荒谬口吻有可能在 1926 年 9 月下旬的那些日子里拯救了本雅明的性命。起码文学是能够做到的。

在这期间，本雅明的情绪状态依旧很糟糕。10 月初，我们发现本雅明又回到了柏林。要是本雅明也有一位关心他的年长的朋友，委托他一份作为建筑师的"合作关系"，那么——《单行道》的创作者——本雅明有可能马上就能进入新角色。但他并没有一个这样的朋友，他叫不出一个相应的名字。反正在柏林是没有。在巴黎也没有——之前几个月，他待在巴黎，力求能够进入法国文学圈内部，但最终徒劳无功，他没找到进入圈子的门路。

迄今为止，本雅明还没有以书的形式出版任何一本相对重要的著作。虽说排版文件已齐备，出版合同在一年多以前就已把所有一切定下来了,但罗沃尔特出版社还是迟迟没有出版《论歌德的〈亲合力〉》,《德意志悲苦剧的起源》亦是如此。《单行道》照理说也应该由这家出版社出版。不过,什么时候,以什么样的方式,还能不能出版,现在比以往任何时候都成问题。本雅明生活中唯一持续进行的事情便是他对普鲁斯特诸长篇小说的翻译工作,可这些长篇小说在他身上——他觉得普鲁斯特的艺术目的和他自己的艺术目的是有相近性的——越来越引发了一种"类似于内部中毒现象的东西"。[14]

终点站莫斯科?

1926 年 11 月初,本雅明得到消息,阿西娅·拉希斯——她一直是他此生挚爱——也经历了严重的精神崩溃。她变得非常虚弱,正在莫斯科一家疗养院住院治疗。

莫斯科。冬天。精神病疗养院。本雅明错误地认为,正是在这样一种状况下,他可以找到一条走出自己困境的出路。还有什么能比关心自己的爱人——这个爱人的情况明显比自己还要糟糕得多——更有效地把一个人从无意义的泥潭中拯救出来呢?除此之外,本雅明还面临着一个生存决定,他希望能够通过在莫斯科的逗留进一步找到这个决定的最终解决办法。当时的莫斯科还是共产主义革命摇摇晃晃的实验室,在莫斯科他将会亲眼看透,整个世界和他自己在不久的未来会发展成怎样的

---

[14] 同上,第 195 页。

状况。

本雅明同苏联首都的联系或关系当然很少，和他会说的俄语一样少。除了阿西娅之外，他在莫斯科能信任的人就只有戏剧批评家伯恩哈德·莱西，也就是阿西娅的生活伴侣。这些年来，莱西在莫斯科上升为一位享有盛誉的戏剧界人物，并且是"无产阶级革命作家联盟"的成员。这个联盟是国家机器的一个官方组成部分，正是本雅明一直向往的可能的生存方式。

本雅明和莱西这两位男人达成了一致，在本雅明初到莫斯科的那几天里，每天下午他们都坐在阿西娅的床沿陪伴她。他们轮流给阿西娅——她当时情绪喜怒无常——带来蛋糕或茶、围巾或肥皂、杂志或书。根据莱西的提议，三人在一起时主要用多米诺骨牌来打发时光。虽说本雅明一开始与阿西娅几乎连一分钟的独处时间都没有，他还是首先控制好了自己的表情。尤其还因为，莱西对他很慷慨大方，在共处的时光里带着他去熟悉莫斯科的中心地带、剧院和文化机构。

有眼力的本雅明首先必须在莫斯科这座大都市调整他的视觉技巧。不仅因为"未供暖的电车"的窗户在零下20摄氏度时总是结着一层冰，还因为走在"完全结冰的路上"，同时人行道还非常窄。这要求本雅明走路时得高度集中注意力，他无法像一个闲适漫游的人那样抬起头来欣赏周围的一切。尽管如此，从第一天到莫斯科起，这里还是给人留下了超乎寻常的深刻印象，本雅明只能在连续的日记[15]中留住这些深刻印象：是雪橇而不是汽车，是古旧的夏季别墅而不是多层高楼，不同人

---

[15] 《莫斯科日记》，收录于《本雅明文集》第6卷，第292—409页。

种、各种肤色的人,例如忙碌着的一大群街边商贩和乞丐,身穿褴褛毛皮大衣的蒙古人、售卖人造纸花的中国人,在每个街角咀嚼着烟草的鞑靼人,他们头上是巨幅海报,上面写着革命口号或画着列宁肖像;在莫斯科河左岸一座教堂和一个建筑工地之间的练兵场上,红军战士在反复操练,孩子们在操练队伍中踢足球,他们脚上只穿着破烂的毡鞋……

以思维图像的方式压缩知觉到的内容,这种压缩技巧必须等待迟些的一个时间点。因为在莫斯科"所有一切都在建造或者改建中,几乎每看一眼都会提出批判性问题。公共生活中的一种紧张局势——这种紧张局势大部分恰是拥有神学的性格特点——是如此之剧烈,以至于它以无法想象的程度封锁了所有私有之物……而且人们无法预见到,这首先会给未来的苏俄带来什么。或许是一个真正的社会主义团体,或许是别的。决定这个结果的斗争正在进行着,从未中断"。[16]

在列宁去世近三年后,斯大林最终在这年冬天战胜托洛茨基夺取了政权。社会主义实验由此出现了彻底转变。在仅仅十年之内,几百万苏联国民因为他沦为了牺牲品:移民、清洗、专断的驱逐、刑讯、在古拉格的强制劳动。这些是一种充满伤痛的狂怒,在后世看来依旧和神学范畴有着相通之处。

而当时的游客本雅明,还有莱西都还不知道这一切。虽然莱西在和本雅明共处的第一个晚上就已说到过,"党刚刚在文化事务方面的反动转变"有多么令他担忧。在 1926 年的莫斯科,眼下从一个极端转向另一个极端的具体可能性是一种生活

---

[16] 《本雅明书信集》第 3 卷,第 221—222 页。

感受，这种感受主宰和威胁着所有领域和环境，直至党内的最高领导小组和圈子。这种局势状况滋养的不是具有解放意义的坚决性和极端性，而是极端的不可支配性。本雅明尤其在自己身上观察到，当然更确切地说是带着虔诚的宿命论倾向："没有什么东西是以它最开始的方式和人们期待的方式到达的，在每个个例中，对生活纠葛的乏味表达以如此坚定不渝和如此深入的方式据有其理，这样，苏联的宿命论很快就会被理解了。"[17]

不过，如果从积极面看的话，目前所有一切都还是开放性的、新的、处在革命运动中的。本雅明在到达莫斯科的第四天就觉得过度疲劳，心中毫无希望。阿西娅因为一件住房的事情和莱西吵架了，本雅明搬回了宾馆："我在房间里读普鲁斯特，一边大口吃着拌糖杏仁泥。"

本雅明感觉，莫斯科是当时"世界上最贵的城市"，莫斯科的住房问题成为了决定整个生活的首要问题。他作为一个宾馆住客很快也亲身感受到了这点。国家给莱西博士分配的同室居住人明显是个精神病患者，因此莱西就在后面几周的大多数时间里一同住在了本雅明的房间里。莱西晚上睡在床上鼾声大作。而本雅明则睡在一张靠背椅上，这是阿西娅为了让莱西和本雅明同住而专门置办的一张靠背椅。但这有可能也只是一个策略上的手段。不过在目前这个情况下，作为莱西情敌的本雅明是没法再妄想拥有和阿西娅独处的时光了。正是在三角关系中，独处权成了强权政治的一种手段。

---

[17] 《本雅明文集》第 6 卷，第 312 页。

他人的地狱

本雅明在逗留莫斯科的这八周里写下的日记成为了一种关系状况的见证。这种关系看上去如此荒唐，其过程如此痛苦，直到今天还能在读者身上引发瓦解灵魂的效果。《莫斯科日记》一直是一堂课，这堂课讲到，哪怕是那些心地善良的人们在与别人分享爱的时候，也有互相贬损的能力。阿西娅和莱西、本雅明和阿西娅、莱西和本雅明、本雅明和莱西、阿西娅和本雅明，他们彼此之间都吵过架，吵架的原因从女衬衫的裁剪纸样到滴着水的水龙头，从缺乏现金、对事业成功的渴望到阿西娅的女儿达加——她如果到市郊上一家公立幼儿园的话，就要面临着无人照管的境地，这些都能成为吵架的原因。吵得最凶的事情是关于共产主义中的作家角色、苏联戏剧导演弗谢沃洛德·梅耶荷德的最新剧目、布尔加科夫的戏剧艺术、《大都会》的结尾场景或者还有这个问题："阶级斗争"的概念以多高的频率被收录到一本苏联百科全书的词条中？起码会比歌德的出现频率更高。有时候大家一整天都不讲话，多次出现心脏病发作的感觉，到第二天晚上才又联合成一个三人小组，一起坐到第一排观看戏剧。本雅明虽然听不懂戏剧中的任何一个词，但他通过耳边咕哝着的同声口译还是可以跟上戏剧的节奏。在相处特别融洽的夜晚他还可以得到轻轻一吻。当然只有在阿西娅觉得必须得这么做时才这样，并且她还得在另外方面履行她作为莱西女伴的义务。一切从来还没有像现在这样好过。"人们只有从尽可能多的维度体验了一个地方之后，才算熟悉了这个地方。为了能对一个广场了然于心，人们必须从东南西北四个方向踏上这个广场,也必须得从所有的方向离开这个广场。"[18] 本雅明在 1926 年 12 月 15 日这么记录道,而此时此刻莱西也在宾馆房间里,正坐在本雅明旁边。这样的一种观察方法也适用于人际关系领域。到 12 月 20 日,本雅明就已在日记中明明白白给出了一个城市和人际之间的寓言:"对我而言,莫斯科现在是一座堡垒;恶劣的天气令我苦不堪言,尽管这对我来说是健康的;语言不通、莱西一直在边上、阿西娅备受限制的生活方式,这些形成了一座又一座的堡垒。继续向前挺进毫无希望。阿西娅的病,至少她的虚弱状态,令一切与她有关的私人话题都只能退居其次,也使得我并没有被这一切压垮。至于我能在多大程度上达到此趟旅行的另外一个目的,即避开圣诞节那要命的愁绪,还不得而知。"[19]

12 月 30 日,这个问题已经显示出了答案。当本雅明和阿西娅一起站在剧院一张招贴布告前时,他承认道:"如果我今天晚上必须独自坐在某个地方,出于痛苦悲伤,我宁愿上吊自杀。"

没有支架的男人

随着新年的到来,莫斯科的温度达到了新低点,阿西娅又开始一阵阵发烧,疗养院给她分配了一个又聒噪、精力又旺盛

---

[18] 同上,第 306 页。
[19] 同上,第 317 页。

的粗俗室友。不幸的是,这位室友讲德语,她马上就兴致勃勃地加入了阿西娅的每次谈话。莱西还是继续一同住在宾馆里,现在他把宾馆房间也当成了办公室和工作间。争吵发生了不止一次。场景太熟悉,主角太疲惫不堪。1月8日,莱西心脏病严重发作,阿西娅的身体状况也再次恶化。本雅明在宾馆房间里总是小心翼翼地谨慎设防,有一个瞬间他以痛苦的方式获得了明确的自我洞见。

我越来越清楚地意识到,接下来一段时间,我的工作需要一个稳定的支架。翻译显然不能充当这个支架。我的立场再度成为了构建这一支架的先决条件。阻止我加入德国共产党的仅仅是外在的顾虑。现在也许正是入党良机,一旦错过这个良机就可能有危险。正因为入党对我来说或许只是一个插曲,一再拖延并不妥。那些依然存在的外在顾虑迫使我问自己,是否可以通过努力工作,实用且经济地在我身上涂上左翼局外人的透明底色,以确保我有可能继续在迄今为止的工作领域中进行广泛的创作。只是,这一创作能否毫无裂痕地过渡到一个新阶段,这恰是问题之所在。就算是那样的话,这一"支架"还必须由外部条件,比如说一个编辑的职位,来加以支撑。无论如何,在我看来,即将来临的时期与过往的区别在于,情爱之事对我的影响将会不断减弱。我对莱西和阿西娅之间关系的观察在一定程度使我认识到这一点。我注意到,面对阿西娅的喜怒无常时,莱西总是很镇定,面对她那些令我心烦难受的行为方式时,莱西总是很少受其影响,或者起码他是装成这样的。而他装的次数已经非常多了。这都是因为他在这里为他的工作找到了"支架"。[20]

这是本雅明 20 世纪 20 年代晚期生活状况的唯一记录片段。修道院之于维特根斯坦的意义，正如共产党之于本雅明的意义。在毫无保留的开诚布公中，一方面是洞见到自己的成熟过程还未出现，另一方面是一个个人主义者明显在对未来进行权衡和选择——这个个人主义者的社会和经济地位都不如从前了——这两方面配成了一对。如果说做出的决定并不存在最终原因，那么这些决定起码可以证明是有用的！极端的实用主义变成了行动，"编辑职位"的市民梦想在意识中鬼火般地忽闪着。只要现状不再这么继续下去！三十几岁的本雅明必须认识到，他的生命没有支撑物，甚至都没有一个自己的生活。连阿西娅和莱西在这方面都比他好，他们起码拥有彼此。除此之外，阿西娅还有她的共产主义使命，国家干部莱西则日常忙于开会：

进一步考虑：要入党吗？入党有重大好处。一个稳定的职位，一个即便只是虚拟的席位。有组织、有保障地与人接触。与此相反的是，在一个由无产阶级统治的国度里，身为共产党员意味着完全放弃个人的独立性。这也就是说，把组织自己的生活这一任务交付给了党。……只要

---

[20] 同上，第 318 页。

我仍在旅途，自然就基本无法考虑入党的事情。[21]

继续旅行。这一直是本雅明最喜欢的选择。1927年冬天和后来，他都不会加入任何一个党派。想要处于独立状态的意志最终总是占据上风，众所周知，这是使自由思考成为可能的前提条件。1927年1月30日，本雅明离开了莫斯科。他和阿西娅待在一起的最后时光如同日戈瓦医生式的翻转图一样："对她的不满和爱意在我体内如同疾风般来回翻腾，忽是不满，忽是爱意。最后我们互道再见，她已经站上了电车的平台，我则原地不动，更确切地说是在犹豫着，我要不要随她一起跳上电车。"

一个人的派对

深深的失落感一直伴随着本雅明来到巴黎。还是说，是他自己在主动追随这种失落感？在巴黎，他在"简陋、漏风和维护很差的"宾馆房间里度过了整个春天，房间里的配备"几乎就只是个铁床架子"和一张小桌子。"要适应这样的生活很困难，好多难题，工作，还需做很多准备，挣来的钱又太少。"1927年4月9日，他在给尤拉·科恩——这些年来他排名第二的爱人——写信时这么说道。他始终对尤拉深深地献着殷勤。

---

[21] 同上，第359页。

那些年，巴黎是安德烈·布勒东、特里斯坦·查拉和路易斯·布努埃尔所在的城市，是让·季洛杜、路易·阿拉贡、詹姆斯·乔伊斯和欧内斯特·海明威的城市，是格特鲁德·斯坦因和毕加索、斯科特·菲茨杰拉德和泽尔达·菲茨杰拉德、约翰·多斯·帕索斯和威廉·卡洛斯·威廉斯、阿奈丝·宁和可可·香奈儿的城市。巴黎是超现实主义的摇篮，是《尤利西斯》（1923年出版）、《嘉年华》（1925年出版）的诞生地，《了不起的盖茨比》（1926年出版）也有一部分是在巴黎写成的。巴黎是一个洋溢着创造力的先锋派实验室。这里不仅是文学世界精神的家园，巴黎的先锋派也告诉我们，文学世界精神在巴黎彻夜欢庆和舞蹈，从特里亚农古堡或者丽兹酒店出发穿越整个蒙帕纳斯区，不知不觉直到每个清新的早晨。每周六，格特鲁德·斯坦因在弗勒吕斯街召开她的"开放参观日"，并给想倾听的受众（或者不想倾听的受众）解释，是她自己而不是乔伊斯之类的人，才是这个时代真正的天才。有少部分人到夜里将近2点才要离开，他们在回家路上偶然会碰见许多朋友和熟人，这样他们的聚会又不可避免地延续到第二天中午。不过这些朋友和熟人里面不会有本雅明。由于兑换法郎的价格有利，光是美国就有20万人于20世纪20年代中期搬到巴黎居住。[22] 这其中绝大多数是年轻人，对艺术感兴趣，自愿来到巴黎。他们远离家乡，不过有美金兑换法郎疯狂有利的汇率保障，他们由此也就高枕无忧了。

当然，本雅明在巴黎同样过着放荡堕落的生活，在城里某

---

[22] 参看P. 布洛姆，2014年，第94页。

个"低级舞厅"里来回逛荡。本雅明这辈子都是只喝适度的白葡萄酒，而他在舞厅里喝得太多，甚至在笨蛋般的肢体扭曲中开始跳舞。这招来了他的文学家同伴弗朗兹·黑塞尔和桑克玛·冯·明希豪森的嘲笑——这两位文学家在逛妓院方面特别内行。本雅明最近并不热衷于上妓院，这真是例外，因为本雅明本可以在这方面宣泄感情，可他如今意愿如此之弱，就连法郎都没有这么弱。本雅明身上有着花钱去妓院找乐子的弱点，也喜欢赌博，这使他成为一个雄性动物，或者差不多是魅力男士的反面。谁把他1926年和1927年的巴黎春天想象成一出童话剧——这出童话剧受海明威的影响，布景华丽，充满了香槟酒、沙龙和性爱冒险——那他就错了。在状态好的日子里，本雅明会在起床后立刻就投入到工作中，不洗脸刷牙、不吃不喝。他好几个小时都专注于做普鲁斯特作品的翻译，或者给《法兰克福报》或《文学世界》写有偿书评。在达到一定数额工作量后，也就是有了基本保障后，本雅明在这一天剩下的时间都会以尽量不增加自己生活成本的方式在城里闲逛，穿过拱廊街和小巷，就像在找新娘一样寻找着站在小街上他还不认得的中国人。这些中国人手里拿着餐馆菜单，上面写有省钱套餐组合，价格尚可接受。

虽然本雅明法语很流利，基本上不出什么错误，但当他用法语进行表达时，依旧觉得这门外语没有足够的力量来供他实现高要求的表达意愿。如果他请求约见当地文学家进行对话，一般都能得到一个开门见山的肯定答复，当然他得亮出自己是记者的辅助身份。而他的作家身份与当地文学家的现存关联或有益关联他一点儿也找不到。对英国和美国作家笔下的场景，本雅明看上去从没感兴趣过。他不读也不说英语。尽管如此，他兴趣场里的这个空白位置总是很显眼，而且已经含了一些强烈拒绝的意思。这有可能是因为，他的妻子朵拉在很大程度上正是通过翻译英语文学作品来负担自己以及儿子的生活开支。1927年6月，朵拉带着他们的儿子斯特凡一起来找本雅明。这对本雅明的生活来说是一次愉快的打断。在此之外，本雅明觉得20年代的两座黄金世界之都，巴黎和柏林，都同样不体面地把他的天赋遗弃了（"柏林是个神奇的仪器，前提条件是，人们对它发嘘声起哄"）。

"目前我已经好得差不多了，14天后我将完全孑然地坐在这里。"本雅明7月份给肖勒姆写信时这么说道。肖勒姆在建于1925年的耶路撒冷希伯来大学任教，他现在正前往伦敦和巴黎进行科研旅行。分离四年之后，这对好朋友在1927年8月第一次重聚，可以在一起待上好几周时间。本雅明因为自己目前的困难处境而感到羞愧，并因为肖勒姆"明显的自信"而紧张，所以他一开始是害怕见面的，但最终整个见面是积极的。他们俩主要在晚上到蒙帕纳斯大道附近的咖啡厅见面，比如"在罗姆咖啡厅和穹顶餐厅"，本雅明最喜欢的地方。肖勒姆这几年来找到了自己的支架，而本雅明继续酝酿着未来。现在他开始写一本新著作，内容是关于巴黎的购物拱廊街，作为在柏林《单行道》中思维图像的一种补充。他说着话，肖勒姆回忆道，"他当时说到了，要在未来几个月里完成这部新作"。本雅明在咖啡厅里给肖勒姆读了将近50页文稿中的一部分，而这将近50页的文稿形成了那部《拱廊计划》的雏形，本雅明在接下来十年将继续写作这部著作。而这部著作最终一直是一部宏伟的、未完成的断简残编。

本雅明讲述着在莫斯科发生的事情。肖勒姆明确意识到了本雅明现在生活处境困难,他讲述着耶路撒冷,讲述一个为了犹太民族而建设的新国家,以及刚刚建立的耶路撒冷希伯来大学在犹太人身份认同方面所应扮演的角色。巧的是,耶路撒冷希伯来大学的校长朱达·莱昂·马格内斯当时也在巴黎,他能讲流利的德语。肖勒姆便安排了一次会面。"这样,"他回忆道,"我们三人之间就进行了一次两小时的谈话。本雅明明显对这次碰面做了充分准备,他以宏大的表达方式介绍了他现在的精神状态,还具体介绍了他的愿望:他希望能通过希伯来语媒介走进犹太文学的伟大篇章,而且不是作为一个语文学家,而是形而上学家。他还解释道,在可能的情况下,他做好了前往耶路撒冷的准备,短期逗留一段时间可以,长期停留也是可以的……他想要将自己创造性的劳动贡献给犹太民族……"[23]

这又是从一个极端,充满矛盾地突然转变到另一个极端的时刻:总是很极端,从来没有连续性!肖勒姆以官方外交的方式结束了这个会谈片段:"本雅明以一种特定和积极的形式表达了他的这些想法——对于这些想法,当然之前他曾经以这样或那样的形式早都说得够多了,而且我在一定程度上也参与到了他的这些想法中——我自己对他这些特定和积极的表达形式感到惊喜。"

在三人见面的那天晚上,本雅明向马格内斯校长保证——

---

[23] 转引自《本雅明书信集》第3卷,第305页。从肖勒姆的视角看待此事可参阅格尔绍·肖勒姆,1975年,第172—175页。

当然这需要以经济支持作为前提条件——要去耶路撒冷待上一年,以便全职学习希伯来语。整个晚上最神奇的转变在于,马格内斯相信本雅明的每句话,并且承诺要从他这方面促成此事。作为唯一条件,马格内斯请求本雅明提交他著作的专家鉴定笔头意见,最好是由等级高的权威专家来写这个鉴定意见。突然间,具体的生活前景之类的东西在本雅明眼前打开了。如果不在莫斯科,那就是在耶路撒冷。他不是一年前自己给肖勒姆写信,说他想要根据偶然事件做出一个最终决定吗?

在柏林,事情也突然朝着积极的方向发展。本雅明的书,终于,即将在第二年1月份由罗沃尔特出版社出版了!1927年11月,本雅明为了在旁处理著作出版事宜回到了柏林。然而他却因为黄疸病先在床上躺了漫长的三周。这让他有足够的闲心,可以考虑找哪些可能的高等级专家来给他写著作鉴定意见。为了耶路撒冷。为了一个有支架的新生活!

雨果·冯·霍夫曼史塔尔,长年来唯一一个惊叹本雅明作品的人,肯定是鉴定专家的首选了。至于第二名鉴定专家,如果要安排好的话,那就得请恩斯特·卡西尔了。请专家来写鉴定意见的困难不小。到1928年3月,本雅明在此事上还是未有任何进展。而且在他本雅明式的典型办事风格中,他错误地觉得别人对他的作品筹划了一场盛大阴谋,就如他告诉肖勒姆的那样:"卡西尔投票的重要性对我来说显而易见,不过你和我表兄弟威廉姆·施特恩一样,都觉得明显看到了汉堡那边闪着敌意。迄今为止,在瓦尔堡旁边围绕着云层,没有人能够看明白,从云层中将会冲出什么。如果我获悉卡西尔是怎么看我的，我就告诉你。"[24]

卡西尔是怎么看本雅明的？好问题。

身在远洋

1927年10月30日，恩斯特·卡西尔更多像是顺便对自己进行了一次观察，这次观察也适用于他整个哲学的特点。"我可以将我需要的东西毫无困难地表达出来。"他从伦敦给夫人写信时这么说道。人们可以翻遍维特根斯坦、海德格尔和本雅明的日记与书信，却肯定找不到这样的一句话。涉及语言的界限、世界的界限时，卡西尔总是一位持可能观点的思想家，而不认为这些界限是不可能突破的。

这具体指的是，卡西尔来到大英帝国首都时惊讶地感到自己什么都应付得过来，对此卡西尔大为愉悦地惊叹。在收到国王学院的邀请后，卡西尔在出发之前的几周内请私人教师过来教了几个小时的英语，除此之外，他这辈子从来没有说过一个英语词。几天之后，11月3日，他就充满自豪地告诉他的夫人，特别是对"学者的语言"，他"完全毫不费力地"就理解了。这位哲学家真是符号使用方面的天才。

1927年秋天，事实上全世界没有谁在最广的意义上比卡西尔能更流利表达和理解更多语言。因为卡西尔认为，他的哲学的真正任务是，学会尽可能多的"语言"，并用这些语言进

---

[24] 《本雅明书信集》第3卷，第346页。

行相互阐明。不光是英语、法语、梵语或者汉语,而且首先还有神话、宗教、艺术、数学,甚至技术和法律,这些对卡西尔而言都是具有各自内在形式和塑造世界能力的语言。因此,他"符号形式的哲学"目标不在于其他,而在于将目光"投向理解世界的所有方向上",目的是为每种不同的世界构造:

> 在一定程度上给出特定的折射率;这个折射率以特有的方式适用于各种世界构造。它[符号形式的哲学]想要认识各种各样具有折射功能的媒介本性;它想要看穿每种媒介的内在特点和结构规律。[25]

1927年秋天,卡西尔完成了《符号形式的哲学》第三卷第一版,就此暂时给整部著作划上了句号。每个所谓的普通人在完成这么一部人生大作之后都会精神崩溃或者至少大病一场,可是卡西尔的生活就这么继续下去了。这个夏天,他给自己完成一部大作的唯一赏赐就是之前讲过的去英国和荷兰进行为期两周的演讲旅行。他独自一人启程,没有带着妻儿一起。托妮在9月份被一辆汽车撞倒了,这之后的几个月她都需要进行强化康复,尤其需要在理疗医师指导下进行康复。

卡西尔乘坐"纽约号"客轮从汉堡出发前往英国南安普敦,他多次在客轮上给妻子托妮报告他的旅程情况。[26] 卡西尔在坐进他那"出奇奢侈和舒适的客舱"几分钟后,就感到了一种深

---

[25] 《卡西尔文集》第13卷,第1页。

[26] 托妮·卡西尔,2003年,第163页及其后几页。

深的诱惑，想从南开普敦马上"一直坐船去纽约"。在卡西尔哲学研究的形式和乘坐远洋轮船旅行之间，形成了一种具有类比性的几近完美的协调一致，我们几乎无法想象卡西尔会忽略这种一致性。就在几天前，他在《符号形式的哲学》第三卷导言部分最后一段是这么表达自己的，他将自己强调成是一名在符号形式的大洋上充满好奇心的发现者："人们只能要求，这种'环球旅行'涵盖了**全球人类心智**的真实整体。"

在哲学研究趋势中出现的航海隐喻也并非仅始于尼采的呼吁"请登船吧，你们这些哲学家！"，永恒运动着的大海合抱了全球全部的暂时性空间，大海完美地象征了这个时代的知识生产活力——这种活力几乎看不穿，更别说去驾驭了。尤其是因为与此相关的一种感觉确定了文化基调——人们觉得脚下再没有坚实的土地——并且这种感觉在 20 世纪 20 年代以同样的力道冲击了经济、艺术、政治和科学等领域。就连物理学和逻辑学也遭遇了一个基础危机，也就是人们试图要给人类知识大楼建造一个不带任何矛盾的坚固根基，人们为此付出的所有努力有可能面临着失败的命运。奥托·纽拉特，维也纳学派最重要的成员之一，已经给当下的哲学境况——或许是跟维特根斯坦式的降神会一同出现的幻灭后果——做出了如下描绘："有一群船夫必须要在开阔的海面上改建翻修他们的船，但是却无法在一个船坞中拆卸这艘船，也无法用最好的新部件来重新建造这艘船；而我们就如同这样一群船夫。"[27]

---

[27] 转引自 H. 布鲁门伯格，1979 年，第 73 页。

拱廊街

在风暴之眼

"暂时、易逝、定额",波德莱尔在仅仅几十年前就对现代性的核心特征做了这样的描绘,而这些特征也同样完全可以用描述哲学的情况。对于所有先驱者来说,要对新的此在感受表示全然欢迎,并不是件人人都觉得容易的事情。如果要持续享受上述说到的那种船夫此在,并且可以安心驾船穿过每个风暴,那么无论如何,就如卡西尔身在一艘现代远洋轮船上一样,他立刻对这艘轮船的内在构造和运行方式凭着恰如孩童般的好奇心开始探究起来,好似这轮船本身只是另外一种符号形式和存在于世界的方式。

卡西尔在登上轮船 6 小时之后就已经"从上到下把所有一切都观察过一遍了——包括三等舱我也去过了,在那儿我很快认识了一个'朋友',他给我详细展示和介绍了一切。三等舱虽然和头等舱难以置信的奢华形成了极其鲜明的对比,但三等舱这里的一切还是舒适和正常的"。卡西尔在三等舱并没有看到船上提供的所有睡眠环境,不过他对此没有太多意识,就如他可能在轮船上的厨房里打听乘客之中有没有盲人、厨房里有没有老鼠。对于其他观察者来说,比如同时代的贝尔托·布莱希特,远洋轮船像是一种完美的布景,在此布景中人们可以非常生动地看到这个时代"顶层甲板"和"下甲板"之间戏剧化的社会差别。[28] 而同样是远洋轮船,卡西尔让一个"朋友"给他展示了三等舱,并最终得到一个令人慰藉的普遍判断:原则上所

---

[28] 参阅 H. U. 贡布雷希特,2001 年,第 187 页。

有一切都很正常，如人所愿！

卡西尔自己呢，则是睡在"船上几乎是最顶层的部分"，有"一部电梯"把他"送上去"。他描述说上面的旅行感受"完全不真实"，特别是轮船行驶"很平稳"，这种平稳"有时候让人完全感觉不到，自己其实是在移动中"。

就算是到了夜晚，北海上刮起风暴，风暴如此狂烈有力，以至于"所有亲朋好友都带着哭声打电话过来"向待在家里的托妮·卡西尔询问情况，她的丈夫面对风暴时也给出了耐生存的又一个典型例子：

> ……夜里将近 3 点时（我被）刮风的声音吵醒了……我上面的夜风暴刮起来是什么声音，你自己可以想象一下。因为我无法马上再入睡，就读了会儿书，之后觉得累了，便一直睡到了早上 8 点——这样的睡眠质量还是很不错的。我根本就没有任何晕船的感觉……虽说波浪起伏得厉害，但轮船的航行美妙平稳。[29]

这些文字再次证明了，卡西尔像远洋哲学家中一艘毫无争议的豪华客轮。就算是如此强烈的风暴都没有让卡西尔惊慌失措，更谈不上让他偏离航线了。

---

[29] 托妮·卡西尔，2003 年，第 165 页。

法兰克福危急时刻

如果说我们在卡西尔人生中能找到什么波动或起伏的话,那是直到1928年6月,这个时候卡西尔才在国际影响力方面越发接近他的人生最高峰。法兰克福歌德大学和汉堡大学一样,都是仍在建设中的新大学。法兰克福歌德大学强调了其愿望和要求:"要重新建立整个哲学系",并向卡西尔明确表达了聘任和邀请之意。[30] 这是一个千载难逢的、充满前景的机会,而且报酬非常丰厚。卡西尔马上就把法兰克福方面给出的报价也告知了汉堡大学负责人。卡西尔想要在7月份就做出去向决定,并且想要完成和两个大学都得进行的协商工作。

关于卡西尔的去向,许多方面处于危险之中。首先对于汉萨城市汉堡来说是这样,对于阿比·瓦尔堡和他图书馆的全体工作人员来说亦是如此。特别是为了自己研究工作的永生长存,瓦尔堡决定在《汉堡旅报》上发表一封公开信,他给这封公开信取了个标题《恩斯特·卡西尔:为什么汉堡市不能失去哲学家恩斯特·卡西尔》。同时,瓦尔堡还把这封公开信当成是一篇单行本寄到了《全德国70名具有影响力的人物》[31] 一书的选编部门。直到这封公开信发表时,这场争夺当时德国最负声望哲学家的角力也变成了一个公众事件,甚至是一个政治事件。没过多久,汉堡市和法兰克福市的市长都发表了招募信,参与到这场角力中来("请您到法兰克福来帮助我们,给法兰

---

[30] 参看 T. 梅尔,2006年,第109页。
[31] 同上。

克福大学赋予地位和意义；这样的地位和意义理应归于法兰克福市独一无二的地理位置、文化传统、精神活力和民众的内心自由")。[32]

瓦尔堡也在角力的每条前线积极努力，比如，他请求法兰克福政府委派的法兰克福歌德大学学监库尔特·里兹勒——他正在招募卡西尔到法兰克福去——考虑一下，"卡西尔能在北海岸边的坚硬土地上扎根下来是多么不容易"，[33] 如果卡西尔离开了汉堡，那这肯定意味着会"暴力地伤害了好不容易才扎下来的根"。汉堡在经济方面决意彻底地支持卡西尔，并有能力回击法兰克福的报价，瓦尔堡在这个方向上亦是非常卖力。不过这是否足够把卡西尔留在汉堡——一座当时（和今天）在许多方面负有盛名，但偏是在学术卓越方面并非如此的城市？

这个时期，卡西尔就好似开始了越来越多的实现历程，他已经不仅仅是个学院哲学家了。他是自由共和姿态的代表符号，影响力十足；自由共和的姿态无论如何在当时德国思想大家里并非理所当然。尤其是卡西尔作为在世的最重要新康德主义者，还是赫尔曼·柯亨的学生，在康德作品以及歌德作品诠释方面在全世界也都享有权威，是德国—犹太爱国主义的标志性人物之一。在这样一种背景下，另外一个人的命运与此几乎形成了讽刺性对比：瓦尔特·本雅明在法兰克福申请教授席位惨遭失败，他又转而去汉堡试试运气，结果依旧令人失望。通过雨果·冯·霍夫曼史塔尔的介绍，本雅明让人把罗沃尔特出

---

[32] S.鲍辛格，2015年，第159页。
[33] 同上，第3页。

版社出版的《德意志悲苦剧的起源》寄给了身在汉堡的潘诺夫斯基本人。可是潘诺夫斯基请霍夫曼史塔尔转达的答复很不友好，导致本雅明甚至认为，自己有必要向中介人霍夫曼史塔尔详细地道歉，不应该让他卷入这件本来就毫无希望的事情里。

不管本雅明的人生道路有着怎样的形式，他想要加入瓦尔堡学术圈子的心愿是否被听到了？就像瓦尔堡圈子的其他成员一样，在20世纪30年代初，本雅明本不应该去往巴黎，可能性大得多的流亡方向应该是伦敦或者美国才对。后来由阿多诺和霍克海默建立了社会研究圈子，本雅明几乎没有陷入对它的经济依赖——经济毕竟对本雅明的作品创作很有影响——也没有受到资助。

对于未来德语哲学的发展进程来说，有趣得多的是这样一个推想：如果卡西尔真的接受了法兰克福的任聘邀约，在法兰克福大学完全根据自己的理想彻底重新建立哲学专业，那么将会发生些什么呢？卡西尔在法兰克福是否会成为所谓"批判理论"或者"法兰克福学派"的重要影响人物？而在20世纪60年代初，根据作品的风格，有没有可能正是瓦尔特·本雅明会被封为法兰克福学派神圣的创建人物？

无论如何，远洋上的领航员卡西尔还是留在了原来的船只上，对汉堡、瓦尔堡，尤其还对他自己近乎连续的本质保持了忠诚。1928年7月底，他将留在汉堡的决定告知所有相关人士。与这个决定相关的代价——或者说是礼物——自然在于，对于汉萨城市汉堡的文化生活和政治生活来说，卡西尔的重要性就更加凸显了。

就在卡西尔开始和汉堡市协商继续留下来的事宜时，有可能是汉堡市有意识要为这次协商事宜保驾护航，他被要求在汉堡市政府前为魏玛宪法颁布十周年庆典发表演讲。大家都觉得这是一个极好的主意，只有卡西尔的夫人托妮有不同的声音。一方面，他们期盼已久的去瑞士恩嘎丁的夏日度假计划恐怕要往后推迟整整两周了。另外，尤其还因为托妮，她因患有慢性病，健康状况不是很好，所以她和她丈夫不一样，她对存在的危险有着特别清醒的意识。她考虑到当时的政治气候，觉得每个过于明确的表态都是不聪明的，甚至是危险的。特别因为卡西尔作为德国犹太人，更是如此。迄今为止人们还无法获悉这场风暴的强度，但是托妮已经感受到了这场风暴，他们正在被逐渐卷进其中。可她的丈夫并不认同她的担忧。就算风暴真的来临，卡西尔认为自己也有足够的力量站稳脚跟，可以用他最喜爱的那些人物的拯救性力量再次抵御风暴。

个体与共和国

演讲事务安排得很狡猾，也必须得狡猾。这位演讲者留着带有教授特色的蓬乱全白长发，身穿具有学术意义的长礼服，和其他受邀到来的客人一样唱了《德国之歌》的第三段。演讲者的最终目标是起码在45分钟之内对受众完全串讲明白，关于共和法治国家的起源与诞生，在整个欧洲占主流的说法是什么。

如果想要避免丑闻，那么就得用多种声音和多种路径的方式来演讲，尤其只讲那些最高贵的大人物。对于卡西尔来说，这一天和他整个精神生活的其他日子是一样的：莱布尼茨——康德——歌德。他深深相信，没有什么文化还需要比这数量更多的大人物了，德国文化也是。有了这些大人物，文化就可以持续地恢复元气。如果这些文化遗产在某处受到排斥和歧视，那么此处定是开启了野蛮的深渊。

许多德国人对魏玛共和国提出的首要质疑并不在于充满问题的共和国功能性。诚然，魏玛共和国成立将近十年以来，直到1928年8月已经令十任总理筋疲力尽。不过在过去两到三年间，魏玛共和国的经济毫无疑问有所好转。作为一战的惨败国，德国与共和国制度的真正相悖之处在其文化记忆中：根据大众普遍认同的说法，民主共和国的统治形式最终只是一种进口的东西，这个东西扎根于一战战胜国美国（独立宣言、权利法案）、法国（法国大革命），如果带着历史的许多善意，还有英国（大宪章），甚至连瑞士也有它的鲁特利山谷牧场宣言。在民主创造神话方面，德国差不多是空白的。这么看来，魏玛宪法并不是一个礼物，而是自身历史发展中的一个事故。这是一种一直存在的战争附带损坏，除了凡尔赛和约中要求的战争赔款外，魏玛宪法的设计和实施都被战争压上了沉重的负担。一个真正自决的德国——从它本身历史出发——可能以许多形式出现，但实际上不会是个共和国。尤其是当时在位的共和国总统、前陆军元帅保罗·冯·兴登堡也是这么认为的。魏玛的问题首先是一个与历史相匹配的自我形象问题。这也是卡西尔在汉堡市政府前讲话开头部分就已提到的一个"伤口"。一个哲学家最终会怎么看待这个受伤的地方？他不会同意如下说法：

那些掌握和推动了我们当下状况的历史政治大问题——它们涉及精神的基本问题——是系统哲学对自身提出的，而且系统哲学在其历史发展过程中持续不断地竭力寻找这些问题的解决方案，然而这些历史政治大问题根本无法得到解决。[34]

由此，策略的第一个重要部分就完成了。历史在暗地里变成了哲学史，而且它作为政治历史最终总在围绕着相同的系统问题：个体和他所属集体之间的合理关系是怎样的？怎样从真正的自决到自由的公共理智应用？每个理性生命理应完全拥有的、不带任何限制的可能权利有哪些？对于自认为是魏玛共和国国民的卡西尔来说，这些都是天然的德国问题，起码那些涉及现代哲学的问题都是天然的德国问题。如果人们把事情首先限定在此框架中，那么在更加确切地了解源头时，就会不可避免地出现这样的清晰状况：实际上，正是戈特弗里德·威廉·莱布尼茨——他是一位系统哲学家，迄今为止都并没有被强加上特别的民主思想——"在伟大的欧洲思想家中，他是第一位在其确定的伦理学、国家哲学和法哲学中坚定地强调了个体基本权利的原则。这些基本权利不可被剥夺、不可转让他人"。[35]

大哲学家莱布尼茨，怎么偏巧是他！要是以同样的可信度，人们甚至可以从魏玛共和国总理、外交部长古斯塔夫·施

---

[34] 《卡西尔文集》第 17 卷，第 291 页。
[35] 同上，第 295—296 页。

特雷泽曼的记忆大礼帽中变出一只巨大的德国兔子呢!

引用名言的魔术师卡西尔不单单只是顺带提到,莱布尼茨这个关于奴隶和奴仆权利状况的段落来自一本宣传小册子,可以想象这个段落里讲到的内容和实践相去甚远,即给奴隶奴仆赋予某些无条件的基本权利的实践。另外,在此之前,几乎没有一个莱布尼茨研究者认为这个段落值得一提。

从这些基本权利到现代法治国家里具有完全选举权的主体,这之间还需要迈过许多大步。卡西尔认为,迈步子这个动作也确实正在发生着。莱布尼茨通过沃尔夫的中介,影响着欧洲大陆的整个政治哲学,而且通过英国法哲学家、沃尔夫的读者威廉·布莱克斯通还影响了美国1776年发表的独立宣言,而众所周知,独立宣言又成了法国国民大会的模板!

卡西尔并没有单独从哲学历史角度来证明上述影响,但这无论如何总是一个来自德国的简洁反驳,令人信服。1928年8月15日,这个反驳在伊曼努尔·康德那里达到了真正鼓舞人心的高潮:

> 康德在1784年,也就是大革命爆发前的5年,写了《世界公民观点之下的普遍历史观念》。在此著作中,人类政治历史的目的在于制定一个内在的——为了达到此目的,同样也是外在的——完整的国家宪法。"尽管这一国家共同体",康德补充道,"现在只是处在一个非常原始的设计阶段,但如今四肢好像已经逐渐产生了在共同维持着身体整体的感觉,而这给予了人们希望:在一些改造性的革命之后,最终可以实现以自然为最高目的的普遍的**世界**

公民状态，在此状态中人类所有始源动机得以发展，并有朝一日可以实现。"由此，这只是在重复康德本身的始源要求，而不是外部世界发生事件的影响。康德于十多年之后，在其著作《论永久和平》中确定了永久和平的首要明确条款，即每个国家的公民宪法应是共和性质的。因为康德认为，这样的宪法本身吻合了"原始契约"的观念，而所有民族的立法都必须最终建立在本观念的基础之上。[36]

美国宪法、法国大革命、魏玛共和国，它们都是以最德国的新方式建立其基础的。不光是它们，还有在德国充满争议的国际联盟——德国在经历了旷日持久的谈判之后，才在两年前加入国际联盟——也是同样的情况。这是哲学史上小小的神奇一幕，这一幕有着好斗的结构，但是卡西尔在这个节日上以如此令人感到舒服和优雅的方式讲述了这个主题，以至于根本就没有人注意到这些。更确切地说，卡西尔讲述的内容可能是最为不言而喻的，观众对此报以热烈的掌声，特别是当卡西尔在演讲中说到他真正历史道德的部分时：

> 我的观察应该帮您了解到这样的事实：共和政体的宪法观念在德国思想史的整体中无论如何都不是一个异乡人，更不必说是一个外来入侵者；相反，这种宪法观念是在德国自己的土地上生长出来的，并通过自己的力量和理念主义哲学的力量获得了成长的养料……"历史给我们的

---

[36] 同上，第302页。

最好的东西,"歌德说过,"就是它所激起的热情。"如此,专心致志于共和政体的宪法观念历史并非只是往后回望,而是应该要加强我们的信仰和信心;那些使得宪法观念成长起来的始源力量也能够为其指明未来的道路,并一同帮助其开创未来。[37]

卡西尔的演讲到此结束,然后他在雷鸣般的掌声中走下了讲台。阿比·瓦尔堡天生容易激动,此时他当然也在场,他认为卡西尔的这场演讲就是"德意志共和国大宪章的序言",而这正是"目前这个可怜的德国——它总是还无法做好准备,去实现对自由的渴望——"当下所需要的。瓦尔堡再次请求允许他把卡西尔这次演讲的内容做成一个单行本。[38]

在这样一个庆典节日上,只有托妮·卡西尔依旧对这一切持怀疑的保留态度。"许多'相关的人',"她后来回忆道,"在汉堡市政厅的庆典之后,我就再也没找到过;而深信此道的人依旧是那些希望自己被说服打动的人。为了唤醒当时的德国,总还有别的办法,而不是非要习惯和希望恩斯特在场。"[39]

相信当时的瓦尔特·本雅明和马丁·海德格尔也会赞同这样的判断。卡西尔夫妇在演讲的当晚就搭乘夜间火车去往瑞士高海拔山脉度假。这次仍是他们应得的假期。

---

[37] 同上,第 307—308 页。
[38] T. 梅尔,2006 年,第 152 页。
[39] 托妮·卡西尔,2003 年,第 181 页。

在建造中

1927年10月,海德格尔还在一直等待着柏林教育部的明确答复。虽然《存在与时间》在出版之后短短数月之内就引起了极大的关注,在各地都作为一件真正的大事被庆祝着,但正式聘任海德格尔为马尔堡大学正教授之事仍需等待。这个教授职位是由于纳托普离开才空出来的。10月19日,令人松一口气的答复信件终于寄到了。海德格尔这几天正在梅斯基希他弟弟那里——这年春天海德格尔的母亲去世,家里还有些事情需要处理——而埃尔福丽德则独自和儿子们住在山间小屋里。从此时起的三年间,海德格尔一家在马尔堡的住宅和托特瑙堡的小屋之间来回奔波。但这并不是一直会持续下去的状况,尤其是因为孩子们在这期间到上学年龄了。

随着海德格尔正式取得正教授职位,他的事业出现了新的发展前景。"前天从电话上听到你的声音,我能感觉到你是多么高兴。部长的决定真是一个令人欣喜的客观性信号。教育部自己肯定也感到如释重负……胡塞尔现在因为我是纳托普的继任者,他手上又有了另一张王牌……海德格尔式的幸福看来还存在得好好的……现在我们总算可以松一口气可以去享受一些快乐了。但是首先别只是把'房子'列入计划,而是要考虑到其实施的具体可能性……"[40] 这是1927年10月21日"小黑人"海德格尔写给小心肝埃尔福丽德的信。按照海德格尔夫妇的愿望,马尔堡只是跳回弗莱堡的一个必要跳板。在弗莱堡,胡塞

---

[40] 葛尔特鲁特·海德格尔,2005年,第148—149页。

尔确定会在第二年退休。[41] 尽管胡塞尔明确感觉到他最优秀的学生海德格尔身上有一种离经叛道的特质，但胡塞尔希望他的接班人就是海德格尔，而不是别人。

魔鬼的时间

生了孩子写了书……根据对于海德格尔来说也具有约束力的三合一作品形态，他还缺一件事儿，那就是建造房子，并通过建造房子来实现此在应该达到的状态。尤其是因为他到38岁这年才感觉到自己是真的成年了。这样，海德格尔认为一个属于自己的房子只能位于家乡，建在家乡。最终，居住在建造之前，和家乡的关系在自己所持世界观之前，思考行为在所有其他行为之前！在思考领域，随着令人沉醉的著作《存在与时间》完成，1927年至1928年冬天新的推动力被激发出来了。"在'出版书'这件事情的过度压力后，我可以休息一阵了。我发觉这些都过去后，一股不可抗拒的压力如魔鬼般又开始狠狠地搅动和催促我的生活。"这是1928年1月21日海德格尔从马尔堡给他夫人写信时说的。[42] 这段时间，埃尔福丽德和孩子们住在小屋附近一家农户的转租房里。海德格尔夫妇决定让孩子们在马尔堡上学，虽然这不值得。

每当思想的魔鬼开始在海德格尔身上起支配作用时，魔鬼

---

[41] 退休在这里指的是大学教授到达退休年龄后的一种特别制度，不再担任教学任务，但还继续从事学术工作，保留教授称号。——译注
[42] 葛尔特鲁特·海德格尔，2005年，第153页。

也会催促他去进行新的两性冒险，或者相反。厄洛斯和思想，这两个东西对于海德格尔这位"精神上的希腊人"来说不仅在哲学历史方面是一体的，而且于存在上也是完全同源的。这样一来，在没有取代阿伦特事件的情况下，海德格尔这个时期又将伊丽莎白·布洛赫曼当成启发他灵感的来源。这时，教育学家布洛赫曼在柏林生活和教书，但经常到小屋来拜访海德格尔一家（马丁独自对她进行了回访）。通信来往也深入了。

尽管房屋建造者海德格尔将家庭带来的安全感看成是他存在的稳固根基，但他还是觉得有必要本真地打破市民婚姻的框架。这是确定和突破、某种找到和仍在寻找之间彼此互为条件的活力，哲学家海德格尔在这种活力中也认识到了真正自由的此在的实际基础状况。在此意义上，人们通过《存在与时间》中的此在分析论打下了根基。当然，《存在与时间》在其已出版的形式中依旧只是断简残编。本著分为两篇，其中第一篇都还没有完全写完。因为未经修改，所以人们一直都还不特别清楚，本书标题中提到的**存在**与**时间**之间的实质关联何在。在核心方面，本书已经出版的部分并没有超出对每个生命主体在世界之中的存在进行描绘和揭示的范围，而每个生命主体终究可以对存在提出问题，也就是对人类的存在提出问题。但是任何情况下，这种此在的分析只具有准备性的性质。由此，事实上《存在与时间》是哈姆雷特，但不是王子。只有舞台准备好了，而作为主角的问题本身却还没有出场。还没有弄明白的问题不是"生存还是毁灭"，而是什么是"存在"？

因此用术语来说，海德格尔自己的"此在形而上学"需要遵循"此在的分析"，这个分析和"展露对存在之领会的内在可能性"有关联。

此在形而上学的中心位置有两个问题：一是，人类究竟以什么样的方式来理解类似于"存在"这样的对象？以及此种理解和时间的关系是什么？

1927年和1928年对于海德格尔来说重要的事情是，以魔鬼的后续激发为前提条件，"以存在问题为目的和引导，证明时间性是此在的基本建构"。

在此，基础存在论（什么是"存在"？）也必须走一条看上去貌似是弯路的道路，就如同在本阶段海德格尔式的所有考察中一样，这条道路经由对发问的此在的存在状态进行具体领会。这种此在最终不是从存在的天性中引导出来的，恰恰相反，存在是从发问此在的天性中引导出来的。而且，更进一步观察，此在是深受时间性影响的。

存在之后

伴随对此在的存在之领会——不管此在具体是怎样被确定的——此在的行为方式毫无疑问是：在现实中，此在总是**先行地**存在着！此在总在那儿，它存在着；在整体上，此在显现为是已被开展出来的，不依赖于此在是以哪种具体的存在者形式进入某种特定的视野中（房子、冷杉、椅子、蘑菇、锤子、钉子、细菌、量子……）。和具体的存在者相反，有一点起码适用于存在本身：这便是需要再进一步考察的**先时性**。在康德的措辞中便叫做**先天**的特点："在对存在者的所有把握中，存在已经事先被领会了,对存在的先行领会好像为对存在者的所有把握投来了光明"。[43]

这种先时性的经验曾是一种重要的存在论轨迹,起码对于一个发问者来说是如此——这个发问者需要更进一步去理解**存在**和**时间**之间的关系。因为实际上有一点必须从最开始就给每个人甚至每个孩子阐释清楚:存在者与存在之间并没有明确的区别。存在,是为我们在这个世界上展示出来的确定的具体东西(房子、狗、椅子、锤子、钉子、量子……),最终也就是:所有一切!不过好像在此背后存在一个有意义的问题,即所有这些存在者的存在是在何处、通过什么凸显出来的?同样,作为所有哲学探讨永恒之母的存在论问题是:这种"存在"本身是什么?存在就"是"存在者吗?如果是,存在和所有存在者的方式是相同的吗?还是说以另外一种完全不同的方式?海德格尔把这个问题称为关于"存在论上的区别"的问题。而在区别方面能够唯一真正清晰展示出来的又是:在任何情况下,存在对于存在者来说总是先时的,也就是说,在一种从**时间性**的角度进行论证的关系中,存在与存在者之间有着基础区别。由此,海德格尔在以此在为研究中心的基础存在论者的角色中,可以继续具体地问道:对于此在来说,存在与存在者的时间性区别在哪些经验中最令人印象深刻地显现了自我?

翻转个角度来看,令此在据其本质而成为其自身的东西,最终是对存在论上的区别进行提问本身,对存在的意义进行形而上学提问。也就是,进行哲学思考。海德格尔在写给伊丽莎

---

[43] 《海德格尔全集》第26卷,第185页。

白·布洛赫曼的信中说:"只要存在着就会进行哲学思考,这属于人类此在的本质。生而为人**意思指的已经是**进行哲学思考的活动,而且因为如此,所以要恢复**真正、明确的**哲学的自由是如此困难。"[44]

正是因为人们根本上总以开展的方式来体验这个世界——这个世界来自于存在的先时性天性本身——大多数人便不会或者不再提出关于展开状态真正原因的问题。大多数人生活在一个毫无疑问和对于他们来说未开展的展开状态中,例如以一种接受了的世界观或世界图像的形式,比如一个宗教的、神话的、科学的或者辩证唯物主义的世界观。但是首先,大多数人强烈地受到了所谓正确理解中的日常世界图像的影响,在此世界图像中一般存在着类似于主体和客体的东西、自然之物和文化之物、可食用之物和不可食用之物、有用之物和不重要之物、神圣之物和世俗之物……

一般来说,从来未被列为询问对象的一些背景想法——各种世界图像(也可以叫做各种"哲学")正是建立在这些想法的基础之上——现在却不仅变隐含的想法为进行明确的发问(例如像恩斯特·卡西尔做的那样),而且更确切地说,海德格尔的做法更为极端,在最终毫无保留的必然性中,他提出了关于这些不同的内在背景的背景问题,也就是:存在着类似于先时性展开状态之类的东西的真正原因是什么?而在展开状态的基础上终究可以发展出自己的科学、世界图像、语言和符号形式。具体说来:是否存在一个终极根据,而所有其余的根据都

---

[44] J. W. 施托尔克(编),1990年,第25页。

是源于这个终极根据？出于其余所有根据，我们让彼此和自己在日常生活中进行某种活动、认知和行为、问和答。这实际上是一个形而上学问题，形而上学的核心部分是由存在论构成的，也就是关于存在的学说。

因此，**根据**概念在《存在与时间》后的阶段中主导了海德格尔的所有讲座课和著作，例如在1928年马尔堡大学的夏季学期讲座课《逻辑学的形而上学始基》、1929年的演讲如《论根据的本质》、1929年至1930年冬季学期的讲座课《形而上学的基本概念》，或者还有1929年出版的分析康德作品的著作《康德与形而上学问题》——本著作的四章内容全都在围绕着"形而上学基础"的问题。

根据和离基

在哲学中对于形而上学原基础来说，自然可以给出许多可能的候选：例如上帝、柏拉图的理念、永恒的实体、纯逻辑基本规律如关于同一性的命题（A=A）。或者还有从真命题结构中概括出来的某些别的思维基本范畴，如亚里士多德和康德的例子。所有这些候选项都应具有永恒性或甚至是超越时间性的特点：只能用**在**人类**之前**或甚至不依赖人类的视角去理解这些候选项。另外，这些候选项统统都指出——不光是根据海德格尔的观点——两个问题之中的起码一个：它们或者指出了，其存在绝对无法通过有限的人类理智和人类经验来证明（上帝、实体）；抑或指出，目前肯定还无法弄清楚，那些可能的原基础和世界之间是什么关系，而一个活着的此在正是存在于这个世界上并表现为具有行为能力。推动伊曼努尔·康德的前进动力其实可能最终在于，通过经典形而上学，特别是它的存在论来改进此在，但是他并没有这么做，而是去研究人类理解范畴。对于我们来说，这些范畴使世界成为了这样一个世界（客体取决于理解范畴，而不是反过来）。从康德的角度看，这个研究必须以一种分离作为绝对前提条件，也就是有意识的主体和待认知的客体之间的分离。海德格尔认为，这种分离需要在其貌似的绝对性和给定性中把自己的真实面目显露出来。难道主体和客体之间的区别不是以每种原—展开状态经验为前提吗？而这种原—展开状态在康德研究的过程中以明确的界限作为假托，来证明主体和客体之间的区别。

回到源头

就如海德格尔在1922年写作的《对亚里士多德的现象学解释——解释学情境的显示》那样——该文是此在分析论的一种准备——海德格尔1928年关于逻辑学和形而上学的狭义存在论研究最终目的是，对整个西方形而上学进行**解构**。因为传统存在论提问的出发点是一个根本上错误的前提条件：此提问要么无法回答，最终得以具备时间性的某个认识主体是如何能够被确定下来，或者如何得到关于对象或根据的知识，而这些对象和根据并没有与有限性和与此相关的时间性联系在一起；要么，在未调查清楚前提条件的情况下就进行提问，人们应该对这些前提条件本身进行开放式的质疑和考察（主体—客体—分离、认识论）。人们应再次回到存在论问题本身的源头去，回到巴门尼德就已提出的关于存在意义的问题上。对于海德格尔来说，每个此在的好问题最终都是建立在对此在来说变得成问题的干扰性存在经验之上。

为了回到哲学思考的真正源头，不必在身体上或文化上穿越历史回到大概 2500 年以前（对于像我们这样一种如此深入历史的物种来说是根本不可能的）。相反，人们必须制造出特殊的干扰经验，这种经验构成了发问的真正根据！在海德格尔那里，从概念的（或实体的、或逻辑学的、或范畴的）形而上学中首先出现了一种**经验形而上学**，更确切地说是有限此在和知道自己有限的此在的经验！

对于清醒的此在来说，建立在存在论问题基础上的特殊干扰经验现在拥有了一切，但也和形成中的时间性特殊形式产生了所有关联，人类正是处在这种时间性中。干扰经验产生关联的对象还有**人类的**时间性经验，恰当描述的话，就是人类有限性的一种经验。

这种经验取决于具体情形，和存在凸显的特别瞬间有关联；而关于存在的问题以特殊的方式显现、提出和不由得产生在这些瞬间里。根据海德格尔的观点，并不是我们提出了问题，而是真正的问题向我们展露了自己！

但这是一种什么样的经验呢？海德格尔认为，这种经验更多是一种存在的深度无根据或者甚至深不可测的卓越经验。特别是濒死的经验、畏的经验和良知呼唤的经验。

位于我们形而上学提问和形而上学本身根基处的真正根

据,并不是一个根据,而是一个离基;它并不是一个能提供保障的东西,而是虚无。根据我们的本质,我们形而上学方面的存在就是建立在根本的无根据之中!正因为如此,这种无根据是真实自由的、可能的,也是可以被获悉的。无根据在存在论上是深不可测的,正如每个此在的各自存在一样。

在此意义上,世界观支架和哲学支架——人类通过这些支架使自己成为一个文化物种,可以在此在中抓住这些支架——正是从存在的**本质**中转移开来,以便以某种方式将此在建构成尽可能可以忍受的形态。这些支架是假象的一部分,而不是存在的一部分。只有望向深渊才能得到真相。

具体的虚无经验是所有此在意义可能性的真正条件。这个"虚无"现在在真正意义上"是"和"存在"一样少。在海德格尔看来,虚无和存在这二者都不是"是",而是"存在"着;它们作为有限的、时间性的存在者**经验**存在着。

谁以这样的方式进行哲学研究,谁自然肯定是在与"语言的界限"进行碰撞。而海德格尔是第一个承认这么做的人。当然,此在正是在这种碰撞中产出了人们通常称之为意义的东西,也就是一个自由建立和决定的完整生活经验。

维特根斯坦在此是否与海德格尔有异议之处?在维也纳学派里他无论如何肯定没有这么做过。此外,同一时间的本雅明不也是在别有含义的偶然情况下唱过大都市的赞歌吗?进入一种解脱了的其他存在方式的拯救性机会并没有根据,而这种偶然情况正处于此无根据的根基之处,仍在等待着它的时刻。

回归家园

海德格尔正在进步。无论如何他都在继续向前迈步,尤其是在职业方面。1928 年春天,在弗莱堡教授席位一事上,海德格尔也攻下了最后的体制堡垒。1928 年 4 月 16 日,在收到弗莱堡正式聘任仅几天之后,海德格尔获得了弗莱堡查林根略特布克 23 号的一块地皮,用以建造房子。到 1928 年至 1929 年冬季学期海德格尔接任胡塞尔时,房子就应该建好并可以入住。如同 1921 年建造小木屋一样,埃尔福丽德·海德格尔负责设计房子、领导施工还有室内设计。海德格尔完全充满了期待的欢乐,并且心存感激,即便他形而上学彻底去围墙化的研究计划和他同时间自身存在的完全资产者化之间的鲜明对比令他这几天陷入思考。"这些天来,我总在想着'我们的房子'——而我们在心中也让我们爱的老建筑历久弥新、愈发丰富。我衷心地感谢你,感谢你给我带来了你信任的全部力量。我知道,我只有以缓慢的速度才能真正学习生活,并按照我内心时时刻刻明确发出的声音来生活。虽然我们从来不能够只依靠外界的帮助,但是我依然相信,我们的房子将成为我们和孩子们共同的新栖息地——因为我们的房子完全而且根本不只是外表形式上的,特别是因为它作为一个作品是来自于你母性的愿望。我们的旅途现在才刚刚开始……"[45] 这是 1928 年 9 月 27 日,海德格尔从小屋写给新房房主埃尔福丽德的信。起码根据海德格尔全家的内部标准,房子建造的结果还是成功的:有点

---

[45] 葛尔特鲁特·海德格尔,2005 年,第 157 页。

儿像是小木屋，又有点儿像双户住宅。半是黑森林，半是郊区，内部墙板是木头做的，外部是用木瓦盖出来的。房子里最大的房间自然就是马丁的书房了。

高速运转

正是在弗莱堡扎下了根，海德格尔觉得弗莱堡会是一个出发点，也是突破到新高度和新深度的真正基础。建造弗莱堡新房的这个夏天，海德格尔是在小木屋里度过的。他面对伊丽莎白·布洛赫曼时表达得甚至更为具体："现在我正在慢慢地适应弗莱堡，但是就如我在休息的这段时间每天都能更多地认识到的那样，这种适应是对任务的深化，或者是慢慢地敢于去做一些我刚到弗莱堡时还做不了的事情。……今年夏天马尔堡的讲课就是一条新路，或者更确切地说，是在描述那些我相信长久以来只能隐约感知到他们存在着的小路。……它[房子]在没有滴入任何一滴雨的情况下就顺利完工了。"[46]

如果从纯粹的教学支架出发，"新路"指的是"哲学的解放"，那么现在海德格尔选择的新方向就不仅仅是新的路径，而是另外一种前行的方式了。因为像海德格尔这样的思想家，不可能把自己仅局限于纯范例式的顺利进展，而是必须要变成他的听众的一个真正此在向导，向其他人介绍，并且让其他人真的也可以亲身经历确保一个人成为人类的绝对本质经验。海

---

[46] J. W. 施托尔克，1990年，第25—26页。

德格尔承认自己在离基和虚无方面的本真，他认为这是可能进行真正哲学思考的唯一真实条件，换句话说，这也迫使他必须重新理解哲学教学活动所扮演的角色本身：哲学教学活动必须最终由教导转变为一种语言应用行为，从教授调整为转变。学术教师必须变成大师，讨论课的指导老师必须变成此在向导，并着迷于虚无。如何前进？通过对表象进行推理解答，通过调整传达的方式，告诉人们有太多人掉入了本真的极端深渊。所有一切，唯独就是不能进行纯教学活动，不能拘泥于僵化的课堂谈话。

对于天生具有独特魅力的海德格尔来说，这可能是最简单的练习了，但同时也是最冒险的练习。1928年夏天，和宪法爱国者恩斯特·卡西尔截然不同，海德格尔作为具有解救坠落能力的预言家拥有了他需要的一切来"唤醒德国"。大展拳脚的舞台已经准备好，职位已经争取到，新房也入住了——此时的机遇真是无比有利。"明年三月份，"1928年圣诞节前的两天，海德格尔已经在新房子里给伊丽莎白·布洛赫曼写信，"达沃斯国际大学课程邀请我去参加，并且我已经答应了，我答应的原因尤其是因为到时候可以去高山旅游。"

VIII

时间

1929

海德格尔和卡西尔站在顶峰,
本雅明望向深渊,而维特根斯坦发现新道路

自由的跳跃

在到达高山目的地后,海德格尔"却有些担忧事情会怎样继续发展"。海拔 2700 米,他还从没到过这么高的地方。高海拔的空气,稀薄的空气。他的体能是否真的够用?从弗莱堡带来的装备是否能够胜任当地的要求?此时此地他必须得证明自己。这个时候再自我怀疑和犹豫不决无论如何都已经太迟了。这里就是达沃斯!就在这里跳吧!

事情发展得出奇顺利。海德格尔在做了几个自由跳跃之后,就清楚地知道,他比其他所有参加者——甚至是那些已经积累了丰富滑雪经验的人——实际上都"远远更占优势"。达沃斯帕森地区的滑雪斜坡往下直冲 800 米到山谷中,就如海德格尔在 1929 年 3 月 21 日——正当达沃斯"国际大学课程"进行时——给他的妻子埃尔福丽德写信说的那样,顺着这个斜坡往下滑去是他在瑞士阿尔卑斯山期间迄今为止的高潮。卡西尔没办法一起参加高山旅行。海德格尔记录道,卡西尔"在第二场报告之后就病倒了,他来的时候就已经着凉了"。这样,法兰克福大学的学监库尔特·里兹勒和海德格尔一起爬到了高山上。同样是这位里兹勒,在不到 12 个月之前想把恩斯特·卡西尔从汉堡招揽到法兰克福大学,请他重新建立哲学系,并且卡西尔可以提出任意要求。原本允诺给卡西尔的教授席位在卡西尔拒绝去法兰克福之后交给了马克斯·舍勒,他的主要著作《人在宇宙中的地位》于 1928 年出版,这个出版时间比卡西尔的《文艺复兴中的个人与宇宙》晚了不到 12 个月,并早于其《符号形式的哲学》第三卷出版。完全出人意料的是,舍勒于

1928 年 5 月去世了。

在人群中

当卡西尔裹着温暖的骆驼毛被子，和夫人托妮一起坐在酒店房间的阳台上期待着马上康复时——就如同《魔山》里的汉斯·卡斯托普那样——海德格尔则与他的新登山伙伴里兹勒一起度过了自由自在的每一分钟。在一起登山的过程中，里兹勒顺带给海德格尔送来了学术方面的好处。"我和里兹勒经常待在一起，他告诉我，他直到现在才真切地希望我能够得到法兰克福大学的聘任邀请——我只是需要些时间。"至于在达沃斯的其余事情，海德格尔目前为止起码觉得很失望，特别是达沃斯本身，"糟透了，建筑物出奇地俗气，遍地都是杂乱无章的小旅馆和宾馆。然后还有过来疗养的病人……"[1]

当海德格尔在马尔堡同汉娜·阿伦特一起读《魔山》时，他眼前呈现出的画面明显比现在在达沃斯看到的要好。达沃斯"国际大学课程"的内容流程和参加者迄今为止都令海德格尔感到失望。不过他还是评价自己关于康德《纯粹理性批判》的两场报告是"一次巨大的成功"，这两场报告他在"没有任何稿子的情况下都讲了超过一个半小时"。尤其是因为他获得了这样的印象，"年轻人觉得，我工作的根之所在正是今天居住在城市的人们不再拥有的，并且也是他们不再能理解的。"

---

[1] 葛尔特鲁特·海德格尔，2005 年，第 160—161 页。

海德格尔最终可怕地发觉:"可是年轻人是多么地狡猾、没有坚定的意志、缺乏天性的直觉。再也找不回此在之中的简单朴素了。"[2] 他在 3 月 23 日的信中补充道:"卡西尔今天试图起床赶过来,以便'工作团体'周一或周二能够进行。"

在那些来达沃斯听海德格尔和卡西尔讲座的严重迷失自我的"年轻人"中,有不少是未来全球战后哲学的大人物,例如伊曼努尔·列维纳斯、诺贝特·埃利亚斯、约阿希姆·里特尔和其实已并不那么年轻的鲁道夫·卡尔纳普。与来到达沃斯的德语和法语哲学界后辈一样,卡尔纳普对海德格尔的出场留下了尤其深刻的印象。"国际大学课程。卡西尔讲得很好,但是有些庄重徐缓。……海德格尔则是严肃客观,人格上非常吸引人。"卡尔纳普在 1929 年 3 月 18 日的日记中这么记录道。接着是 3 月 30 日的日记:"和海德格尔一起散步。讨论。他的立场是:反对唯心论,特别是在民众教育中。关于'存在'的新'问题'。得到解脱的需要。"[3]

卡尔纳普也和当时正在康复中的卡西尔一起围着召开会议的酒店散步。他们首先谈论的是,接下来会建立哪些学术机构。卡西尔和卡尔纳普的维也纳导师莫里茨·石里克保持着长期深入的通信交往,他们写信探讨与研究相关的事情:建立网络、互相取悦、建立和保持结组关系、彼此搜集信息和留下印象。当时和现在一样,和别人打好交道对于一个学院哲学家的事业来说和思考本身一样重要。所幸,卡西尔在这方面,也是

---

[2] 同上,第 161—162 页。
[3] 转引自迈克尔·弗里德曼,2004 年,第 22 页。

长袖善舞。海德格尔尤其也这么认为："虽然实质上对我来说从中学不到任何东西，但我还是很高兴在一定程度上变得灵活机敏、善于和人打交道，并拥有一定的外在自信。"[4]

海德格尔在达沃斯期间住在富丽堂皇的酒店里，事实上这是他第一次入住顶级大酒店。正是在这样一个极度注重礼仪的环境中，只有完全理解了群体的行为准则，才能够真正有效打破禁忌。在此，海德格尔很快就学会了："我特别疲乏，但仍沉浸在山间的阳光和自由中，还有在长长的滑雪道上做出带有声响的跳跃动作。晚上，我们总是穿戴着滑雪装备回到酒店，混入那些身着晚礼服打扮雅致的人群中。"[5]

托妮·卡西尔表现得有些烦躁。尤其是因为她从一开始就享有了一个"特权"——当然她质疑这根本就不是什么特权——即在宴会大厅的座次里，她的座位被安排到马丁·海德格尔的身旁。"问题是，"她回忆道，"我成了这个明显是我敌人的邻居，应该如何度过接下来的14天，只要我还认定他是敌人。"因为托妮的丈夫恩斯特在达沃斯的第一周实际上一直生病卧床，所以托妮"每天两次和那位特别的怪人"坐在"一起，这个怪人打算使柯亨一辈子的功绩都屈服于他，并且如果有可能的话，他还要毁掉恩斯特"。[6]

托妮·卡西尔对达沃斯的回忆是唯一真实可靠地提到那种可以感觉得到的"敌对关系"和明确表现出来的"毁灭意志"的材料（当然她是直到1948年流亡纽约时才写下的回忆录，因

---

[4] 葛尔特鲁特·海德格尔，2005年，第161页。

[5] J. W. 施托尔克，1990年，第30页。

[6] 托妮·卡西尔，2003年，第188页。

此在一定程度上增加了自己的某些主观价值判断)。其他可以找到的证词，特别是那些活跃的课程参加者提供的证词，恰恰相反地都一致提到了当时极为友好和善意的开放气氛。不过，当时每个参加者也都知道，活动从一开始就笼罩着阴影，特别是活动通知说在卡西尔和海德格尔之间即将进行一场辩论。

慕尼黑前夜

仅在一个月前的 1929 年 2 月 23 日，在"德意志青年战斗联盟"举办的活动框架内，维也纳社会学家奥特马尔·施潘在慕尼黑大学一间大阶梯教室里，发表了一场以"当代文化危机"为主题的演讲。在演讲过程中，他表达了对如下事情的悲伤："德意志民族在回忆自己的康德哲学时，必须回忆起来的是外来人士的康德哲学。"他在这里说的"外来人士"指的是赫尔曼·柯亨和恩斯特·卡西尔等哲学家……在施潘的话语里，"柯亨、卡西尔和其他人对康德哲学的解释……充满瑕疵"，因为"如此就不是在向德意志民族介绍真正的康德，那位实际上是形而上学者的康德"。[7]

"施潘教授的演讲，"《法兰克福报》记者在 1929 年 2 月 25 日的活动报道中详述道，"在其核心上是一场论战……一场反对民主的论战……他语速仓促，明确暗示了普鲁士文化部长压

---

[7] 转引自 J. M. 克罗伊斯，2002 年，载 D. 克吉和 E. 鲁道夫（编），2002 年，第 239 页。

制德国大学生、学者和艺术家的思想自由,以及他关于个人主义民主和阶级斗争的空话。"[8]

　　出于不止一个原因,施潘在慕尼黑的活动成了一桩丑闻。首先,"德意志青年战斗联盟"是由后来的纳粹首席意识形态领袖阿尔弗雷德·罗森堡建立的组织,非常明确地代表和传播了纳粹党的政治目标。当下,在慕尼黑和其他地方一样,大学的指导方针就是不能举办带有政治动机的活动。在施潘登上讲台前,阿道夫·希特勒已经在"喧闹的热烈欢迎"中,在他众多"佩戴有纳粹党十字标记的追随者"簇拥之下,走进大学教室,并且在演讲结束后还和施潘互相"握手和深深地鞠躬"。[9]

　　由此,施潘的演讲明显违反了大学举行活动的指导方针。施潘首先早在一战时就已明确位列受民族主义思想影响的康德研究者之席,特别还有布鲁诺·鲍赫,他带着天然德意志和犹太传统路线对康德进行阐析,早于1916年就已表示尤其反对柯亨和马尔堡新康德主义。当时哲学圈中产生的动荡已很严重。此时,卡西尔有可能会从内部离开康德协会,如果是这样的话,鲍赫倒不会立刻辞去协会主席的职位,但他还是这么做了。如今,在慕尼黑大学的容忍之下,在阿道夫·希特勒的掌声之中,在距一个享有国际声誉的学术活动开始仅四周之时——此活动的主导问题就是康德的"人是什么?",具有煽动性的种族民族主义氛围重新抬头了。在达沃斯"国际大学课程"的进展过程中,发表演讲的海德格尔将会介绍他如何从自

[8] 同上,第244页。
[9] 同上,第239页。

己独具特色的形而上学视角对康德主要作品进行解读。当时这样的场景同样具有强烈的政治意味，不管这对在场的人们来说是否合适。

放松你们自己！

因此，不仅是托妮·卡西尔一个人在和海德格尔共处时试图尽量缓和气氛：

> 我突然想到了一个念头，对待那只老狐狸需要智取，因为他这只老狐狸在我这儿是声名狼藉的。我开始天真地与他聊天，装作对他的哲学和他个人都丝毫不反感。我询问他关于我们共同的熟人的事情，首先问了他怎么看待柯亨这个人，我在发问时已经先告诉他我对柯亨理所当然的承认态度。他没问我，我就主动描述了恩斯特和柯亨的关系；我讲到了柯亨这位卓越的学者作为犹太人所遭受的可耻对待；我给他叙述，柏林的哲学系是如何一个人都没去给柯亨的棺木送行。我闲聊着，我敢肯定他对我的赞同只是表面上的。我甚至给他讲恩斯特生活里一些实质性的内容，我感到了一种乐趣，就好像看到一块像硬块小面包一样硬的面团软化了——人们吃这种硬块小面包时会把它浸泡到热牛奶里。当恩斯特从病床上起来时，海德格尔——他现在了解了很多关于恩斯特的私人情况——就很难把对恩斯特预先设定好的敌对态度坚持到底。当然，恩斯特为

人亲切和蔼，他尊重海德格尔，所以他也不会轻易对海德格尔发动正面攻击。[10]

海德格尔也已受到一些担忧的烦扰，害怕整件事情可能会演变成"轰动性事件"，担心"我成为事件的中心，我表现出来的样子比我私下里的样子还要讨喜"。尤其是因为卡西尔表现出了决心，为了避免直接讨论康德，要把演讲首先对准海德格尔的《存在与时间》。相反，海德格尔恰是出于担忧，决定要在他基础存在论的兴趣背景下只讨论康德的《纯粹理性批判》。远在实际争辩开始之前，战术演练就已经启动了。现在看来是海德格尔处于领先地位：将康德作为主题，海德格尔进入了卡西尔最熟悉的领地，他有可能反而会在这里最终赢得更多或者甚至所有。就算两人间并不是公开的敌对关系，当1929年3月26日上午10点俩人碰面时，气氛还是极度紧张。就如当时在场的雷蒙德·克里班斯基回忆的那样，两人碰面是为了在两个民族的哲学界后起之秀面前开展一场辩论，而这场辩论"在一定意义上"事关"德国哲学的未来"。[11]

在雷雨般的雄辩中——达沃斯之辩

卡西尔率先发言，他很果决，想首先把爆炸性主题新康德

---

[10] 托妮·卡西尔，2003年，第188页。
[11] 转引自D.克吉和E.鲁道夫（编），2002年，第5页。

主义清除出争辩范围。"海德格尔所理解的新康德主义到底是什么？……**新康德主义是新近哲学的替罪羊，但我却找不到现存的新康德主义者。**"[12]

这样，卡西尔就已经给辩论打下了一个印记。尤其是因为新康德主义还从来不是"**一个作为教条的原理体系哲学种类，而是关系到某个提问的方向**"。然后，卡西尔继续说道："**我必须承认，我在海德格尔身上找到了一个新康德主义者，这是我之前没能料到的。**"作为争辩的序幕，这些话并不笨拙。首先，我不是新康德主义者！其次，如果说我是的话，那么海德格尔也算一个！

现在轮到海德格尔了，他开始点名："柯亨、文德尔班、李凯尔特……"很明显，海德格尔并没有完成和解。另一方面，柯亨是卡西尔的博导，而李凯尔特是海德格尔的博导。事实上，两人受到的学术影响是完全一样的。而这种影响何在呢？海德格尔补充道，新康德主义的起源更多是一种哲学的困境，而不是一个独立的研究方向。1850年左右这种困境是："**如果说全体存在者都划给了科学，那么哲学还剩下什么呢？就只剩下对科学的知识，而不是对存在者的知识了。**"此话击中了要害，并引出一个反击：哲学纯粹只是科学的女仆吗？卡西尔通过其"符号形式的哲学"想要达到的目的不正是：根据知识系统的内在结构认知知识系统？用认知论取代存在论？再进一步，在进攻模式上康德成了主要证人："**康德并不想要给出任何自然科学理论，而是想要说明形而上学的难题，更确切地**

---

[12] 完整原话参见《海德格尔全集》第3卷，第274—296页的辩论记录。

说，存在论的难题。"简而言之，康德自己并不是新康德主义者，而是一个基础存在论者，就如我海德格尔一样。

现在，卡西尔明显处于防守状态了。离开柯亨的话题？在目前情况下绝不可能。那么，最好就用康德来还击海德格尔！突破口就是伦理学了。伦理学是康德的中心，而海德格尔在这方面毫无掩护。卡西尔："**当人们着手纵览康德工作的整体时，大量严重的问题涌现出来。其中一个问题是自由问题。这对于我来说总是真正的主要问题：自由是如何可能呢？康德说，这个问题无法被理解，我们理解的只是自由的不可理解性。**"

道德：康德是形而上学者，但并不服务于存在论，而是服务于伦理学！他所考虑的是行动着的有限的人类，并不是关系到存在。正是在伦理学方面卡西尔现在在辩论中向前迈了很大步子，在康德这里取得了一个突破，做出了一个进攻动作，而且是具有创造性的、深入到形而上学的进攻："**绝对命令必须具有这样的性质：它所设立的法则并不仅仅适用于人，而是适用于所有理性存在物。在这里，突然就出现了一个值得注意的过渡……道德性的东西本身超出了现象的世界，这正是具有决定性的形而上学的东西，在这个点上实现了某种突破。**"

很清楚，突破出有限性的范围到达无限性，从内在到超越。正是对此，海德格尔最终无话可说！并且，这指向了海德格尔整个"存在与时间"研究工作的真正问题、他整个此在分析和基础存在论的问题。卡西尔提出了一连串的问题："**海德格尔明确强调，我们的认知力是有限的，它是相对的和受约束的。随即便产生了这个问题：如此一种有限的存在物究竟如何获得认知、理性和真理呢？……这种有限的存在物如何规定那**

些本身不与有限性相关的对象呢？……"

这正是形而上学的真正难题！是康德提出的真正问题，亦是卡西尔提出的真正问题。但是，这同样也是海德格尔的问题吗？卡西尔现在讲到了整体："**海德格尔想要将这完全的客观性……放弃吗？他要退回到有限的存在物上吗？或者，如果不是的话，对于他来说，哪里是进入这个领域的突破口呢？**"

好问题。真是命中要害。海德格尔现在被逼到了一个小角落里。他必须得借助康德来应对了，或者起码得借助他自己。伦理学，这实际上并不是海德格尔所擅长的，但是现在也必须得讲一讲伦理学了："**那么，卡西尔想要表明，有限性在伦理著作中变得具有超越性。在绝对命令中有着某种超出有限存在物的东西。但恰正是命令这个概念本身表明了和有限存在物之间的内在关联。**"

真是如此！每个孩童都能理解：上帝不需要命令，只有有限的理智存在者需要命令。除此之外，上帝不需要存在论。海德格尔补充道，存在论据其本质是"**有限性的标志**"。这并不是个突破，恰恰相反。海德格尔开始讲康德了："**走向某种更高的东西总是在走出有限存在，走向完善之物（天使）。**"

1929 年，达沃斯，现代最重要的两位德国哲学家在公开舞台上争论针对天使的绝对命令？情况就是如此。不过对于海德格尔来说，在走向完善之物方面，真正的问题在于："**这种超越也还是保持处在创造性和有限性的范围之内。**"

也就是说，康德的超越只是有限的，它往回屈服于有限性，保持被有限性所局限，是的，也正是因为有限性才可能实现超越！现在海德格尔占了上风：如果人们想要理解康德、形而上学，也就是理解哲学思考，那么提问的方向因此就得极端地颠倒过来。真正的问题并不是人们如何从有限性进入到无限性，而应理解为，人们如何从存在者的超越中，以及对于我们人类先前的展开状态中偶然发现此在的有限性，而此在的有限性是所有一切的真正始源！这自然会直接导致此在存在的问题。真正的问题就是：**"此在本身的内在结构是怎样的？它是有限的还是无限的？"** 会场上每个人都听到了海德格尔对此的回答：此在的内在结构是极端有限的，而且在其可能性上由内而外受时间性的规定。这就是《存在与时间》的核心。

在卡西尔这里还什么都没能看到。海德格尔继续说道："**现在回答卡西尔关于普遍有效的永恒真理问题。当我说，真理是相对于此在而言的，这样……此在（……）就是一个形而上学命题。只有当此在存活之时，真理才能终究作为真理而存在并根本上具有某种意义。当此在不存在了，也就没有真理了，到那时终究仅剩虚无。而只有存在此在一类的东西的情况下，真理才能在此在本身中到来**。"对于海德格尔来说重要的是，并不是单个命题的真理相对于某个人可能的思考内容而存在，而是概念、真理的理念本身据其本质与此在有限性产生关联，在此在有限性中找到了真理理念的真正始源。对于上帝来说不存在真理问题，就如同对于大象或者狗而言也谈不上什么真理。只有对于此在，才产生了关于真理的问题。形而上学，是从此在之中发展出来的！

对此，人们很难辩驳。那么现在如何解释人们认为的知识永恒性？海德格尔继续绞尽脑汁："**我提出反问：……我们究竟从何处了解到这种永恒性？……这种永恒性不就是在时间本身**

的内在超越基础上才得以成为可能的东西吗？"时间本身的内在超越？海德格尔想表达的是什么？很简单：时间，流动着，持续指向超越它自身的东西，此在的真正本质正体现在这点上面："**在时间的本质中[有着]一种内在超越，时间不仅能够使超越成为可能，而且它本身具有视域特性，我在期望和回忆行为中总是能够通观当前、未来和已在的视域，这时就……产生了一种时间规定，在其中，首先组建自身的是像实体的持存性这样的东西。**"

基本上说来并不是太过于复杂，对于海德格尔来说，时间不是一个外在的东西或容器，而是一个过程，它是所有经验的基础。只是因为这个过程——根据其本质——否认了构成其自身的全部动力。此过程恒定地处于流动状态，那么人作为此在最终有了这个想法：存在着类似于恒久的持存性的东西，甚至于是永恒的东西。这样，永恒的实体是一种形而上学假象，是来自于此在精神领域的一种错觉！事实上，只有时间过程本身是真实的。这个过程不是一个东西，不是永恒之物，而是"有这么一个过程"。这个过程又"给出了一个东西"，给出了所有在其过程中存在着的、正形成着的和已经流逝了的东西。存在**和**时间。

顺便提一下，柏格森和普鲁斯特对时间持有相似看法。还有本雅明、胡塞尔，以及威廉·詹姆斯和他的弟弟亨利·詹姆斯。除此之外，持相似看法的还有阿尔弗雷德·诺斯·怀特海、弗吉尼亚·伍尔夫、詹姆斯·乔伊斯、萨尔瓦多·达利、查理·卓别林……这个关于时间的想法决定了20世纪20年代的时代精神。而这个想法本身就是时间的孩子！（不然还能是什么呢？）同样，只有从此想法出发才能在极度的极端性中得出正确的形而上学结论。海德格尔此时正如鱼得水，关于康德的话他一句都不再说了。对于海德格尔来说，要紧的是："**着眼于领会存在的可能性而强调指出此在的时间性，而且所有问题也都以时间性为方向。对死亡的分析有着这样的作用：在某种方向上突出此在极端的时间性……对畏的分析具有的唯一作用……就是准备追问：在此在本身的哪个形而上学意义的基础上，人类通常得以可能被置于类似于虚无的某种东西面前？……只有我领会了虚无或产生了畏惧，我才有可能领会存在……并且，只有统一领会了存在和虚无，才会展现出'为什么'的始源的问题。人类为什么能够追问'为什么'？为什么人类必然会追问？**"

形而上学中讲到的就是上述内容。存在和虚无两者的经验是联系在一起的。虚无的经验给了所有追问无底的根据，将人教育为真正的人，使其真正进入存在状态！存在的根基是虚无的经验，只有人类这个物种有此情况。这就是永恒追问的始源，最终仅在无根据的追问中存在干涉性，但从不是在人类获取的认知中。

卡西尔还是没有说任何反对的话。那么就继续吧，一直继续往下辩论。现在在自由的事情上，海德格尔发起了暴风骤雨般的反击："**卡西尔说：我们没有把握自由，而只把握着自由的不可把握性……但由此不能推断说，这里在某种程度上仍存在着不合理的问题，毋宁说，因为自由并不是理论把握的对象，而是哲学思考的对象，自由无非只能意味着，它只有在恢复自由的活动中才能存在和可能存在。在人中唯一合适于自由的关**

联，是自由在人中的自我恢复。"

那么，自由是一个事实真理。据其本质，自由并不是和一个给定的永恒规则联系在一起，而是和当下最终无根据的决定相关联，和将自由本身当作恣意的态度有关！这还是康德吗？又是康德？原汁原味德式的形而上学者康德？作为真正康德主义者的康德？

有一位始终不具名的学生产生了同情，他将卡西尔带回到争辩的博弈中。这位学生的问题很简单，直接击中中心。

给卡西尔的问题：

人类走哪条路可以达到无限性？人类能够以什么样的方式分有无限性？

哲学在何种程度上具有通过畏而变得自由的任务？或者说，哲学的任务难道不恰是彻底把人类交给畏吗？

会场上的每个人包括卡西尔在内都感到，时候到了，卡西尔现在无论如何必须从防守位置中走出来。他一秒都没有犹豫，将心中所有全部表述出来。人类走哪条路可以达到无限性？"无非是通过形式的媒介。人将他的此在转变为形式，也就是说，人现在必然地将所有在人中经历的一切移置到某种客观形态中，在此客观形态中人将自身客观化，以至于自己虽然无法彻底从出发点的有限性中获得自由（因为这还总是和人自己的有限性相关），但是以人类从有限性中成长出来的方式，有限性就会引出某种新的东西——这新的东西便是固有的无限性。由此，形式的功能就是可以使人类达到无限性。"

卡西尔符号形式哲学的形而上学核心是，将自己的经历表现为符号的形式，创造出一个独立自我的王国，此王国超越了自身有限性的界限，甚至是超越了有限性本身的界限。例如逻辑的王国、数学的王国……符号的形式系统是由作为文化物种的人类所创造出来，但系统的规则和规则有效性可能也并不仅仅局限于人类身上。因此，"[人类]他只以这种形式享有其无限性：'从这个精神王国的圣餐杯里，他的无限性给他翻涌起泡沫'[13]。而精神王国并不是某种形而上学的王国：真正的精神王国恰恰是由他[人类]本身创造的精神世界。人类能够创造精神世界，这就是人类无限性的印记。"

再一次，总是处于极端危急状态中的组合：康德——歌德、席勒、歌德——康德。这就够了吗？可这种组合的效果无论如何也都不是特别极端。在1929年，这甚至有些单调乏味。但不管怎样，这总是实体化的唯心主义，并且带有"原始德式的"特征（只要这个概念还享有某种意义）。这是真的。卡西尔相信是如此，并为此把头伸了出去。他就站在这里，不能够是别的样子了。

现在讲到了畏——还有哲学：卡西尔对此有什么看法呢？他积攒了力量，直起身子来说道："**这是一个非常根本性的问题，人们只能用某种忏悔的方式来回答。哲学在如此大的程度上使人获得了充分自由，只因他能够变得这样自由。我认为，哲学通过使人获得自由，在某种意义上使人彻底从作为纯粹处身状态的畏之中解放出来。但我也认为，按照海德格尔前面所**

---

[13] 来自席勒的诗《友谊》。——译注

阐述的……自由其实只能在行进着的自由之路上被找到，这条自由之路本身也是一个无限的过程……我希望，实际目标是在此意义上恢复自由：'抛出你们那里的尘世之畏！'这是我一直声明信奉的唯心主义立场！"

吸了口气，有些忧虑，紧张的期待。海德格尔对此是什么反应呢？对于他来说，哲学的真正任务是什么？名副其实的恢复自由何在？突破又在哪里？每个人可能都清楚，长久以来这些问题没有给他带来或者保证任何东西。包括追问本身也没给他带来任何东西。而海德格尔认为，人"**在某种终极意义上……是如此偶然，以至于此在生存的最高形式只能归结为此在介于生死之间存续阶段极少数和珍贵的瞬间，以至于人只能在非常短暂的眼下超越自己的所有可能性而生存，但通常人又活动于他的存在者中间**"。

这些眼下的瞬间实际指的也正是进行哲学思考活动的时刻。因此，海德格尔继续阐述道："关于人类本质的问题……具有一个唯一的意义和权利，即此问题被出自于哲学本身的核心问题所发动。它返回到超出自己本身的人，返回存在者的整体中，以便在此借助它的全部自由，使得他的此在不之状态得以对他展开。这种不之状态并不是引发悲观主义和意气消沉的动因，而是能够促人领会到，真正的创造只发生在有阻力的地方，并且领会到哲学的任务是：超出某种人仅仅利用精神的劳作所获得的可疑观点，在某种程度上将人抛回到其命运的艰辛之中。"

论点如拳头一般打了出来。会场安静。人们如何把这些内容整合到一起？评价又倒向了哪里？

时间

哲学家卡西尔要的是：人作为具有创造性的文化物种，要将自己的畏抛出去，参与始源性狭隘和限制的符号交换，在符号交换过程中恢复你们自身的自由！

而哲学家海德格尔要的是：将你们本质中可疑的文化抛出去，你们是没有根据的被抛者，请你们每个人都要沉浸到真正令你们恢复自由的生存始源中去，也就是虚无和畏！

达沃斯，世纪之辩，一个年代的单子。从内部的紧张局势酝酿到爆裂出来，从1929年3月26日的这场辩论生出了关于同一永恒问题的两种极端不同答案：哲学思考的本质在哪里？或者同样也可以说成：人是什么？

就算是善良的慢性子卡西尔现在也看不到任何达成一致的可能性了："我们站在某个立足点上，仅仅通过逻辑辩论是成效甚微。"而海德格尔正是已经知道了这一点！在始源方面，要紧的也不是通过论据进行辩论，而是敢于纵身一跃的勇气本身！在这种勇气中，无非是不紧不慢的权衡和寻求达成共识成了阻碍："纯粹的居间调解绝不会带来任何生产性的成果。"海德格尔把目光从卡西尔身上移开，对在场的大学生们发表了结束语："这取决于，你们从我们的辩论出发，利用了这个点：不要遵循进行哲学思考的人们立场的多样性，你们并不是在忙于卡西尔和海德格尔的事情，而是你们走得如此之远并感觉到了，我们正走在实践形而上学核心问题的道路上"。

就算大学生们可能没有完全理解，但希望他们也能够感受得到。感受到海德格尔的这些话，感受到他，感受到离基——作为通向彻底本真之路上的必要第一步！是这样的吗？

是的，大学生们是感受到了。他们迈出了离基的第一步，深入到自身内部。不管怎样，大部分大学生是这样的。人们感到海德格尔像是胜利者，他就这么以胜利者的姿态离开了会场大厅。

舔舐伤口

埃尔福丽德应该是第一个获知如下消息的人："我和卡西尔刚刚经历了一场长达两小时的辩论。辩论进展顺利，从内容上看来，这场辩论给大学生们留下了很深刻的印象……"[14] 随着时间的推移，海德格尔很容易就改变了他的判断，如他在写给伊丽莎白·布洛赫曼的报告里说到的那样："卡西尔在讨论中表现得极其高雅，几乎就是太过于友好殷勤。这样，我得到的反抗太少，这就让我在表述问题时没法带上必要的尖锐。基本上，我们辩论的这些问题对于一个公开讨论来说真的太难了。实质上还保留的是，单单通过例子就可以使讨论的形式和组织奏效。"[15] 这再次显现了，引领辩论的是海德格尔的新论证形式。这是达沃斯活动的一个核心洞见。起码对于他来说是这样。

这场辩论实际上并没有变成一场真正的战役，连一次名副其实的战斗也都算不上，虽然手套是还戴着，还有头盔。《新苏黎世报》的记者以些许无聊的调调撰写报道，他也觉得失

---

[14] 葛尔特鲁特·海德格尔，2005 年，第 162 页。
[15] J. W. 施托尔克，1990 年，第 30 页。

望:"人们没看见两个世界彼此激烈碰撞,最多只是享受了一出表演。在这出表演里,人们听到了一个非常友好的人和一个非常愤怒的人在各自讲着独白,但这个愤怒的人也在极其努力地友好待人。尽管如此,全体听众还是深受感动,彼此祝贺有幸到场。"[16]

对于大学生年轻的中坚力量来说,这场辩论总还是显得足够振奋人心。在达沃斯峰会的闭幕之夜,大学生再次观看了关于辩论的演出——一场以讽刺形式模仿辩论的演出。伊曼努尔·列维纳斯头上发白,扮演卡西尔的角色。为了能够给卡西尔理想主义教育理念赋予戏剧表达并使其完全流传下来,列维纳斯在重演过程中一直让白灰从他裤兜里缓慢地飘落下来,同时一边结巴地喊道:"洪堡、教化、教化、洪堡……"(如果说列维纳斯有一件令其终生都感到羞愧的事情,那么他在舞台上的这次表演当属其中之一了。)仅在两个月之后的1929年6月就出版了海德格尔的《康德与形而上学问题》[17],这是以书的形式整理了他之前阐述过的论点。1932年,卡西尔以书面形式再次探讨了海德格尔这部关于康德的著作。除此之外,卡西尔就再没有关于辩论的任何其他信息流传下来。或许卡西尔就是简单觉得达沃斯辩论这个事情不够重要。或者说,数年之后,令人感到痛苦的是,此事太重要了。无论如何,卡西尔一生都对此保持缄默。在辩论之后,卡西尔从达沃斯出发,和一组大学生一起启程去了一个名叫锡尔斯玛利亚的村庄,前去拜访当时

---

[16] 转引自 J. M. 克罗伊斯,载 D. 克吉和 E. 鲁道夫(编),2002 年,第 234 页。
[17] 收录于《海德格尔全集》第 3 卷。

的尼采居所。海德格尔没有一起去,他宁愿继续在被雪覆盖的山坡上飞速向下滑去。

春天的感觉

1929年3月的最后几天,当马丁·海德格尔在达沃斯高级大酒店发表他关于康德的第二个演讲时,当由于感冒而虚弱卧床的恩斯特·卡西尔第一次从病榻上起来时,瓦尔特·本雅明正顶着巨大压力寻找一个能教他希伯来语的老师。"每天一开始,我就给马格内斯博士写信。"这是本雅明在1929年3月23日给肖勒姆的承诺。肖勒姆已经在耶路撒冷等本雅明的消息等得不耐烦了。这年春天还是存在严重的问题,不过问题明显比以往要少得多。鉴于本雅明经受许多失败历练的事业发展道路,刚刚过去的12个月遥遥领先地成了他成年以来最成功的时光。1928年1月,《德意志悲苦剧的起源》和《单行道》都顺利成书出版,评论界对这两部著作都给予了深切关注,甚至大部分反响都是积极的。首先是《文学世界》和《法兰克福报》——这恰是本雅明一直从事的批评领域——发表了对他著作的赞歌。在《福斯日报》上,甚至在奥地利和瑞士,本雅明的著作也是好评如潮。连诸如赫尔曼·黑塞之类的大人物都会告诉罗沃尔特出版社,自己在读完《单行道》之后不由自主心生激动。位于波茨坦桥附近的一家柏林书店在它橱窗里摆满了本雅明的书,还有一个由尤拉·科恩制作的本雅明半身塑像。就算全国图书销售量在可以统计的范围内几乎没有超过一千本，但本雅明在一年之内还是跻身受到广泛认可的独具一格的作家之列。

"三十块钱歌剧"[18]

本雅明明显感受到了自己批评家角色的确定性。不论是由威利·哈斯主管的《文学世界》，还是齐格弗里德·克拉考尔的《法兰克福报》文艺副刊，都将本雅明视为固定讨论对象。是的，只要人们更细致地观察，就会发现本雅明现在哪怕还不是文艺副刊团体的灵感核心，也算是一个固定组成部分了。文艺副刊团体的成员们绝对有着在相关媒体上为彼此作品打广告的自由。克拉考尔给本雅明写评论，本雅明也给克拉考尔写评论，互写评论的还有布洛赫和本雅明……阿多诺——人们总还叫他"维森格兰德"——也属于这个圈子的固定成员。

本雅明人生中第一次拥有了类似于行业关系网之类的东西，这样的关系网为他保障了经济收入的稳定性。另外，他现在也开始给黑森广播电台写稿件。他如今不再只是绝望地投稿，而是时不时根据自己的意愿拒绝他人了；不必一再乞求他人给他写评论稿，而是别人主动给他写评论了。在这些日子里，他甚至感觉到已经足够稳住脚跟了，可以帮忙把那些忍饥挨饿的朋友们，比如把阿尔弗莱德·科恩（就是尤拉·科恩的

---

[18] 《三毛钱歌剧》为布莱希特作品，这里的标题中金钱单位变成"三毛钱"的一百倍，即"三十块钱"。——译注

兄弟）引荐给编辑部，并且同时要告诫朋友们，这种生存方式无疑特别艰难："通过文学每个月只挣得300马克，这无法支撑人们等待多年，而且就连这个最低收入从来都无法得到保障"。[19]

本雅明非常清楚自己在说什么。不过现在，好像所有一切终于都朝着他希望的方向发展。罗沃尔特出版社打算将本雅明最优秀的评论集成一册出版。关于《亲合力》的随笔也要出版。克拉考尔很快就会成为柏林的一名通讯记者。阿多诺和布洛赫也越来越频繁地出现在柏林。而本雅明在柏林则进入了以贝尔托·布莱希特和海伦娜·瓦伊格尔为核心的由极少人组成的高级圈子。

1928年秋天，随着布莱希特《三毛钱歌剧》在柏林剧团首演，布莱希特阶级斗争的戏剧艺术终于取得了突破。剧作天才布莱希特当时31岁，德国最大的希望都落到了他身上，尤其是社会革命形式的最大希望。政治方面，在1928年的议会选举中左派力量得到了加强；相反，德国国家社会主义工人党（纳粹党）的得票率一度跌到了2.59%。此外，人们明显感觉到在共产主义阵营里——实质上是在革命临近的期望中——正发生着些什么。

最近这几个月，本雅明也越来越明确地感觉到自己是社会运动的一份子。在他身上也激起了伟大的信念，创造性的魔鬼越发以阶级斗争的形式被煽动起来。一开始，本雅明只是计划对"巴黎拱廊街"做一个小小的调查研究并写出相关著作，而现在这部著作赢得了自己的独立生命；这种独立的生命形式主

---

[19] 《本雅明书信集》第3卷，第449页。

导了本雅明整个文学创作。"关于巴黎拱廊街的工作显露出越来越神秘和紧迫的样子。这工作就像一只小野兽,要是我白天没有带它到最偏远的水源处饮水,它就会在我的夜晚嚎叫。上帝知道,如果有一天我把这只小野兽放出来,它会闯出什么祸。"[20]1928年5月,本雅明已经做出了如上判断。一年之后,此事也没有任何改变。《巴黎拱廊街》写作工程在时间上几乎花了本雅明所有的功夫。他在柏林国家图书馆进行了数量非常可观的调查工作。这段时间他的其他作品和有偿写作的东西都被置于《巴黎拱廊街》之后,最多也只能算原创性的副产品罢了。

1929年3月,本雅明埋头为《文学世界》写作两篇篇幅较长的文章:一篇是讨论普鲁斯特作品全集的《普鲁斯特的形象》[21],另一篇是以1919年以来当代法国超现实主义发展为主题的《超现实主义——欧洲知识界之最后一景》[22]。人们在字里行间能够感受到,本雅明的思想(以及他所涉及的作家的思想)是如何一贯地在大都市持续变快的生活经验里找到其出发点;而一个来自乡村地区的人是根本没有体验过也无法理解这种大都市的生活方式的。

这年春天,上述这两篇文章都绽放成了本雅明的经典作品。这意味着,其中由本雅明选择为讨论主题的相关作者这次也进入了本雅明生活洞见和研究兴趣的光圈中,持续受到了关注。

---

[20] 同上,第378页。
[21] 《本雅明文集》第2卷第1本,第310—324页。
[22] 同上,第295—310页。

本雅明 1929 年的研究兴趣是以哪些问题为导向的？是关于时间本质的问题，关于与时间本质相关的可能从有限性到永恒性的突破问题；是关于从市民颓废到隐蔽存在式的洞见时刻和决定时刻问题；关于自由的问题，关于在当时大城市真实生存条件下达到真正（自我）认知的可能性问题，此问题也与自由息息相关。

多扇门

正是在达沃斯"国际大学课程"上讨论的系列主题渗透了法国文学媒介，也通过它传播开来。这些主题使一个德国批评家——比如本雅明——有可能产生特别的洞见，而这恰恰是因为他保持着较远的文化距离。因为，当涉及普鲁斯特，尤其是超现实主义时，"德国观察者……并不是站在源头。这是德国观察者的机会，他站在了山谷中，有可能评估运动的能量。他作为德国人早就熟悉了知识分子的危机，更确切地说，是人文自由概念的危机。他知道在危机内部生发出了怎样猛烈的意志，从永恒讨论的阶段出发不惜任何代价做出决定；他肯定亲身经历过在无政府主义反对派和革命阵线之间做二者择一的决定，这样的决定处于完全暴露在外、不受任何掩体保护的危险位置。对于他来说，如果他最表面地将此运动视为一个'艺术的'、'诗意的'运动，那也并不为过。"

本雅明在上段文字里首先进行了自我谴责，因为这正是 20 世纪 20 年代初他对超现实主义者和达达主义者的看法。在

《德意志悲苦剧的起源》阴影中，他将他们看成是一个迷失堕落年代——也就是他所处的年代——的艺术衰退现象。现在本雅明睁开了双眼。事实上，超现实主义是一种社会革命运动！"圈子里这些文章讲的并不是文学，而是别的东西：宣言、标语、文档、恫吓、伪造。"超现实主义讲的不是"理论"，而是"经验"，而且是日常经验，这些经验向我们显露了，资本主义大都市主体的物质化**和**疏离化已经发展到了这样的程度：意义和无意义、真实和梦幻、醉态和清醒、醒着和睡着、艺术和吹嘘之间的界限简直无法再清晰地划定出来了。

换句话说：真正可以带来自由的、真正革命的20世纪20年代**现实主义**有可能从一开始就只能是**超现实主义**的！本雅明认为，只有先成功地通过最直接的形式表达出日常迷醉状态，打开多扇通向"日常顿悟"[23]之门，才能达成超现实主义的内容。本雅明从1928年开始就尝试吸食大麻和其他毒品，而对于超现实主义者来说，大麻等毒品从其开宗先祖兰波开始就一直扮演着某种特定角色，可以帮助人们"预备性地训练"突然醒悟的能力。然而那种真正可以恢复人们自由的迷醉状态，还有那种通向"日常顿悟"并决定革命实践的道路无非在于，把错觉加速的大都市生活全情投入到吸毒经验中。本雅明以宣言式的笔触写道："要赢得革命迷醉状态的力量，这是超现实主义在所有书本和研究中聚焦的主题……这种力量使得隐藏在……事物中的'声音'的强大力量爆发出来。您认为如何组织一种生活形式，使得它最终在一个具有决定性的瞬间被最后

---

[23] 同上，第298页。

最受欢迎的流行小调所决定？"[24]

屏息，穿过夜晚

本雅明抑制住了对于宣言式阐述来说必要的感叹号，暂时没有表露出来。就如他在《普鲁斯特的形象》中也还不想达到提出此论点的程度：普鲁斯特在创作中的最终目的在于共产主义的世界革命。但是当然对于本雅明来说，普鲁斯特的作品无非是以永恒追忆的形式在期待地等候"日常顿悟"的时刻：

> 他[普鲁斯特]如此狂热地追求的是什么东西呢？这些无尽的追求努力是建立在什么东西的基础上？我们是否能够说，一切生命、作品和行为不过是存在中最普通、最无常、最多愁善感、最晦暗的时光毫不动摇地在人们眼前展露无余？……在普鲁斯特那里，我们也像客人一样跨过门槛。在我们头上悬挂着的招牌在风中摇曳；在门槛后，等待我们的是永恒与狂喜……不过这种永恒并不是柏拉图式或乌托邦式的，这种永恒充满了狂喜……普鲁斯特呈现给我们的并不是没有边界的时间，而是交错的时间。他真正的兴趣在于时间流逝最真实、却是交错的形式。时间流逝从来不是不加伪装，而是内在地表现为回忆、外在地表

---

[24] 同上，第307和300页。

现为老去。[25]

并且，正是因为普鲁斯特的宇宙持续地停留在最深记忆层和现实当下之间的门槛上，他的整个宇宙显现为一个世界。在这个世界中，梦境和现实、事实和杜撰、意识和无意识、现存和影响、已完成的伪装和最不受保护的可信之间不再能够有把握地进行准确区分，就算是最真实的体验时刻和获得自由都受到了怀疑。它们只是懒惰的作品，在创造的基础上追求着意义；而对意义的追求又与外在和内在符号相关。日与夜、醒着与梦着、存在与假象……这些东西彼此之间的界限变得含糊不清，人们抓不到这个界限。

煤气灯

如果从本雅明1929年3月这个形而上学的革命创作阶段引用一些文章节选，那么人们可以将其想象为直接在达沃斯辩论里听到的文章。实际上，我们可以直接通过拼贴画技术把本雅明的文章节选一同编纂到达沃斯辩论的记录中。1929年春天，本雅明的文章开始作为他"拱廊街"著作的建筑基本原则显露出来。对于这个情况，人们看到，海德格尔将其此在解脱的信心放到了最自然的畏之中，而本雅明则是把信心交托给艺术天堂的狂喜；在本雅明那里，上下班高峰期交通工具的嘟嘟

---

[25] 同上，第312和319—320页。

哒哒声取代了黑森林高山地区的风暴经历，没有目标的闲逛取代了从通向深谷的雪道上滑下，升入外界事物取代了回归内在，没得选择的散落取代了深思熟虑的集会，无根无权的国际无产阶级大众取代了扎根于故乡的人民……然而本雅明和海德格尔两人都渴望一种革命的回归，带上他们所是和所有的一切一起回归。只要冲出去，从现代的单行道上冲出去！回到通往错误方向的岔路口。在这努力的过程中必须要保持无条件避开哪些根源和传统呢？关于这个问题，两人达成了完全一致：市民教化、所谓的自由基本秩序、道德原则、德国的精神—观念论；学院式哲学思考；康德、歌德、洪堡……

如果始源思想家海德格尔在1929年进行一次诊断式的回顾，那么他就会将哲学研究的起始本身视为一种总可能苏醒的神圣"地方"。这个地方位于此在内部的深处，通过时间性的本质获得了不受时间限制的保障。这样的选择并没有对本雅明变得唯物主义的历史概念打开可能性。他的历史概念必须指明产生严重后果的始源，指明进入历史虚伪假象的真正入口本身，并且使其变得可以尽可能具体地被人们体验到。

1929年，本雅明再一次认为自己可以很准确地指出，会在什么时候、在哪里以及以什么样的方式实现进入非现实时代精神的突破，而他所处年代的时代精神歪曲了所有。会在哪里？其实就是在巴黎——19世纪的世界之都。并且，不是以一个人或者一本书的形态，而是以一种钢铁楼房的新形式，即巴黎拱廊街。它作为正在来临的商品资本主义社会里奇迹般的小房子，永远在昏暗的天色中闪着人造的光。在拱廊街的橱窗里，商品、形式和象征这些原本完全不同类的世界被直接摆放到了一起，接受人们检验的目光，最终是希望能够被买走。拱廊街的空间状况既不是完全的内部空间，也不是街景的一部分，其目标是要与其他建筑物之间形成基本区别，做成水平的门槛地带。半是洞穴，半是房子，半是走廊，半是房间。

　　拱廊街通过总是摆得满满的、总在更换新货的玻璃陈列柜，在有限的个体——这些个体没目标地在拱廊街里漫步闲逛——身上创造出了一种商品多到可以无限使用的假象。这种假象从内而外马上就穿透了对世界的感受，也麻木了人们对世界的感受。如果未来总应一直有扇通向救赎的窗子，那便是可以穿透所有深度和锐度的拱廊街构造，并且是在此问题的意义上：拱廊街构造可能性的具体物质条件如今是什么？以前是什么？作为拱廊街项目的开端：

　　　　巴黎大部分拱廊街是在1822年之后的15年内诞生的。拱廊街诞生的首要条件是纺织贸易高度繁荣。时尚精品店、第一批商店、在房子内部建造的较大商品仓库都开始出现了。拱廊街是百货商店的鼻祖……是奢侈品贸易的中心。在拱廊街的设计装潢中，艺术是为商人服务的。与拱廊街同时代的人们一直不知疲倦地惊叹于拱廊街的设计装潢。对于外乡人来说，拱廊街长久以来一直是吸引人之处。有本《巴黎导游画报》说道："这些拱廊街是工业奢侈产品的较新发明，由玻璃覆盖着，大理石铺就的走廊穿过房屋丛林，而房屋所有人在这些商业投机方面的想法达成了一致。走廊从顶上采光，在走廊两侧则排布着最为时尚高雅的商店，这样看上去，拱廊街就像是一座城市、一个缩小版的世界。"拱廊街是第一批使用煤气灯照明的场所。

拱廊街诞生的第二个条件是钢结构建筑开始形成。法兰西帝国认为钢结构建筑在古希腊意义上对更新建筑艺术做出了贡献。[26]

这是本雅明《拱廊街计划》的第一个结构草案的开头。关于支撑起这部作品的拼贴技术在此谈到许多，本雅明随意从一部出版的著作中引用了一处地方（这里即旅游手册），这便在开头处打上了具有决定作用的哲学标志。就算本雅明引用的这本巴黎旅游手册的作者并没有亲自去观察拱廊街的概貌，而且他们非常有可能并不是有意要这么描写，但在这些描写中还是反映出了形而上学的整个历史。在这里，形而上学就好似用杂志语言表现了出来，鬼使神差般地实现了一种永恒的长存。这就好像在柏拉图洞穴中墙上的影子游戏一样，这些商品游戏在拱廊街深深的走廊中采到了"来自上面的光"，并且是以人工之火的形式（"煤气灯光"）。就像莱布尼茨的"单子论"一样，这些没有窗户的拱廊街本身显现为一个"缩小版的世界"。像康德的思路那样（当然还有马克思），是房屋所有者"投机倒把的意志"把穿透整个房屋丛林——就算只是看上去像是房屋——的突破集合到了一起。而房屋所有者如果再没有别的目的，那么他们在这种表面目的方面"达成了一致"。

这是一个位于文章单子中的文章单子，被设定的目标无非是难以探究的方式。在这种难以探究的方式中，时间本身使各

---

[26] 《本雅明文集》第5卷第1本，第45页。

种事物交错在一起，以便在一个明亮的瞬间将这些事物变成可视状态。这是本雅明看到的现实图像、写作图像和作为认知的回忆图像。

自我解构的性格

1929年春天，本雅明不管是作为思想家还是政论家都处在创作高峰期。不过这也不一定就理所当然地意味着，他作为一个真实存在的人在此时间段不会恰处在形而上学真正的深度困境中。他的困境不止一个，这些困境多次彼此交错深入。肖勒姆1928年8月初收到本雅明从柏林寄来的信，肖勒姆或许是第一个在精神想象中清清楚楚了解到本雅明困境灾祸的出现和发展状况的人。本雅明在信中说道："我即将去巴勒斯坦，包括考虑到了尊敬的校长阁下规定的教学任务，这已经是确定了的事情……现在就只剩一些细节事务需要处理。首先是我到达巴勒斯坦的时间，我可能要推迟到12月中旬才能到了。这主要取决于我能否推进拱廊街著作的写作工作，并在离开欧洲之前写完这部著作。其次，出发日期还取决于我秋天在柏林能否见到我的俄罗斯女朋友。这两件事情目前都还没有确定下来。"[27]

到1928年秋天，本雅明当然还没完成拱廊街的写作。此时，本书的写作才开始真正步入正轨。此外，直到1929年3

---

[27] 《本雅明书信集》第3卷，第403—404页。

月，本雅明在希伯来语学习方面都未有任何进展，他启程前往巴勒斯坦的日子也未确定。此时，本雅明的日程安排主要受到了阿西娅·拉希斯的影响。她自1928年9月起就在柏林安置下来，而且是以公派性质过来的，最好是说成"被派遣"过来的，派到苏维埃贸易代表处电影部驻柏林办事处。另外，组织还强调授权了阿西娅"无产阶级戏剧"小组成员的身份，"……需要和无产阶级作家联盟取得联系"。[28] 阿西娅的生活伴侣莱西也同样到了德国，不过他是第一次在慕尼黑开展他的职业。

当本雅明知晓阿西娅要来柏林的消息时，他已经得知了另外一个好消息。希伯来大学校长马格内斯博士在没有得到卡西尔（或者某个在文学界具有影响力的人物）第二份专家鉴定意见的情况下，就已经批准了希伯来大学提供给本雅明全日制学习一年希伯来语的费用，另外还有路费和在耶路撒冷的生活费。起初这笔钱应该取决于学习课程的情况，以逐月的形式发放。肖勒姆也支持这个做法。肖勒姆终究还是非常了解本雅明的生活习惯，而且起初他也是本雅明的担保人。最后，非常出乎本雅明和肖勒姆的意料，1928年10月——当时阿西娅刚刚到柏林三周后——发生了下面的事情：

1928年10月18日

亲爱的格尔哈德：

我一收到马格内斯博士寄来的价值为3042马克的支票（70/100），就立刻满怀感激地向你证实这一情况。请代

---

[28] 阿西娅·拉希斯，1976年，第62页。

我向他转达诚挚的谢意。他过后还会直接收到我的信件。其余事宜咱们几天之后再说。

致以诚挚的问候
你的瓦尔特[29]

马格内斯事先没有和肖勒姆商议此事，甚至都没有告知他，就直接把全部奖学金——对于本雅明来说是一整年的收入——通过支票一次性寄给了本雅明。

两周以后，本雅明就在杜塞尔多夫街上给拉希斯和自己租了一套宽敞的住宅。两人在这套住宅里相处了不到两个月的时间，本雅明就搬了出来。虽然他们三天两头就要反目争吵，但是在良好和相当慷慨大方的物质生活基础上，他们还是保持紧密联系。拉希斯继续待在这套住宅里，而本雅明则搬回了德尔布吕克街的父母家里，回到他现在又再次失业的夫人朵拉那里，回到他儿子和他那被中风折磨得筋疲力尽的母亲身边。起码现在不用发愁钱的事情了。

这期间，是拉希斯帮助本雅明和布莱希特保持联系，而本雅明则给拉希斯打开了柏林精神生活和夜生活的眼界。拉希斯带着本雅明走近一个职业女革命家在文化领域的生活和工作，而本雅明则让拉希斯熟悉了他目前强有力的文化社交圈：皮斯卡托和克拉考尔、克列姆佩勒和列奥·斯特劳斯、布莱希特和阿多诺。人们聚会、聊天、讨论、计划着新项目，一起穿行于20世纪20年代真正的世界之都柏林那分裂的夜生活，很快莱

---

[29]《本雅明书信集》第3卷，第417页。

西博士也加入了。

关于香肠

每晚都会有足够多的事情让人们去经历和赞叹。例如，一个叫做约瑟芬·贝克的名人以自己独特的方式出场了。"半夜之后来到巴黎广场边上的福尔默勒，是为了见到贝克。巴黎广场这里有个特别的社交圈子，没人知道到来的其他人是什么情况……这里能看到各种裸露程度的女士，人们不知道她们叫什么名字，也不知道她们的身份是'女朋友们'、妓女还是女士……留声机不停地播放怀旧歌曲，贝克没有跳舞，而是坐在长沙发上吃着东西，她吃了一根又一根瘦肉香肠（'热狗'）。人们在期待利赫诺夫斯基公主的到来，还有马克斯·莱因哈特和哈尔登，但他们都没有出现。就这样直到夜里三点，我才和大家告别。"[30] 恰在1928年10月末，埃尔文·皮斯卡托邀请大家去他那里参加一次聚会："明亮好看的住宅，由格罗皮乌斯布置，风格'实事求是'，不过很吸引人，人们在里面的感觉看上去很好。规模挺大的一组人，四十到五十人，男士和女士，一直到半夜人数还在增加。这个活动看样子是为了向俄国犹太导演格兰诺斯基致敬而举办的……我还认识了布莱希特。"[31] 这些文字是本雅明写下的吗？不是。但若真是本雅

---

[30] 哈利·格拉夫·凯斯勒，1961年，第462页。
[31] 同上，第376—377页。

明写出来的,也可能是这样的。这些内容实际上是哈利·格拉夫·凯斯勒的日记节选,他总是活跃地出现在这些活动中。

爵士乐到处都流行起来了,现在还有了由六人合唱组合"红唇别恋"演唱的德语爵士乐。这几天,本雅明和维森格兰德对于爵士乐这种"原始森林和摩天大楼"(凯斯勒)之间的音乐中间产品的看法,总是无法达成持续一致。[32] 而相反,涉及俄国电影艺术,那就充满了完全统一的声音:俄国电影艺术无疑是所有东西的尺度。

本雅明引荐拉希斯和克拉考尔取得了联系。这在党组织上层也是件好事儿。拉希斯很快在法兰克福就相关主题进行了讲话。不过她一开始是在柏林发表演讲,主题是关于当时的苏联戏剧:

> 我建议,在一个大型会场给失业者们再重复一次演讲。那是一个巨大的厅,坐满了人。失业者们聚精会神地听着。但是在演讲中间有人干扰了我。在讲台的对面大厅入口处有人喊道:"红色莫斯科的鼓动宣传家,赶紧滚开!"管理会场秩序的人员赶紧朝这些闯入者——冲锋队队员——冲过去。然后双方之间演变成一场斗殴事件。斗殴中,他们手上戴的指节连环铜套发出了劈啪声。红色阵线战士同盟的年轻人就好像从地里冒出来一样,朝我走过来。他们对我喊道:同志,别害怕,但你必须马上离开!贝歇尔抓住我的手臂,拉着我从台上离开。他带着我上

---

[32] 参看 P. 布洛姆,2014 年,第 286—287 页。

台阶、下台阶，穿过一个院子、一条小巷，又是一个院子。我们最后到了一个街角，进到一家啤酒馆里。我们坐到一张桌前，贝歇尔点了香肠和啤酒。他觉得这种情况是常事。哪里有共产主义活动，哪里就马上出现冲锋队的身影。但是红色阵线会好好揍他们一顿的。[33]

这些场景看上去本身不像是本雅明的世界，首先也不是他的风格。但是"总体来说，"拉希斯对她的记忆直接补充道，"本雅明现在更加聚焦于实践，他更加脚踏实地了……这段时间他跟布莱希特的碰面也更为频繁。本雅明几乎每次都陪着我去工人大厅参加无产阶级作家联盟的活动……"

爱情带来了真正的奇迹和突破。无论如何，对于一些瞬间或者某些阶段是这样的。不用多说人们也知道，希伯来语本雅明可不是这么学的。另外，原本用来供本雅明学习希伯来语的那笔钱，在5月中旬就已经被挥霍掉一大部分了。

1929年5月22日，本雅明满怀自豪地告诉肖勒姆，现在他已经会写"第一批希伯来语斜体符号"了。自他收到奖学金支票到现在已经过去半年多了，本雅明现在是真的在上希伯来语课，也终于鼓起勇气第一次亲自对马格内斯博士表示感谢。然而，希伯来语课只持续了短短两周时间。好不容易找到的日间上课的老师现在必须离开了，因为他的母亲得了重病。本雅明又能对此提出什么反对意见？他自己都亲身经历过母亲重病带来的难题。

---

[33] 阿西娅·拉希斯，1976年，第59页。

时间

本雅明再次觉得自己又被丢回德尔布吕克大街的家里一般。1929年6月6日，他写信给现在真心很生气的肖勒姆："可惜，我一点儿都不想反驳你对我的指责。这些指责绝对有道理，在这件事情上我遭遇了一种病态的犹豫不决，这在我身上来来回回总会发生。我秋天过来巴勒斯坦这个事情仅仅取决于我的物质状况，再无其他了。"[34]

尽管奖学金是持久的，但本雅明的物质状况又回到了棘手的常态中。本雅明这年春天只在一个方面战胜了他"病态的犹豫不决"。这年秋天，阿西娅就将被"派遣"回莫斯科，只有婚姻可能使她继续留在柏林。本雅明是否有跟阿西娅进行协商或者只是通知了阿西娅，这不大清楚，但无论如何，本雅明在1929年春末就已经递交了和朵拉的离婚协议书。离婚理由是不利于婚姻的行为。

到了同年8月，本雅明就已最终搬出了德尔布吕克大街的宅子，这次他把所有东西都一起搬走了。他把藏书存放到木箱子里，暂时到他的好友兼笔译同事弗朗茨·亨塞尔那里落脚。现在正当秋季，如果按照本雅明之前作出的承诺，那他本应该在耶路撒冷已经待了起码八个月时间。现在是时候该给肖勒姆再写一封信了："我不知道，我是否已经写信告诉过你，差不多一年以来，有个女性朋友，拉希斯女士［！］一直在德国待着。她马上就要返回莫斯科，但她前天再次——起码看上去是这样——患上了急性脑炎，昨天在她身体状况尚允许的情况下，我把她送到了法兰克福的火车上，治疗过她的熟人

---

[34] 《本雅明书信集》第3卷，第463页。

戈德斯坦已经在那里等她。我同样……很快就会过来了……最近一段时间,我的工作量非常大,只不过我不是忙于学习希伯来语……"[35]

神经科医生库尔特·戈德斯坦是恩斯特·卡西尔最亲密的朋友之一,但这也不是特别重要了。本雅明现在有了别的忧虑,还是他的写作事宜。1929年秋天,他在柏林和法兰克福之间来回奔波。在德国黑森州的疗养地柯尼施泰因,本雅明与西奥多·维森格兰德·阿多诺及其夫人格蕾特·卡普拉斯、马克斯·霍克海默和阿西娅·拉希斯多次在一座度假房里聚会。在那里,本雅明给其他人朗读拱廊街著作已经写好的构思草稿。他们在柯尼施泰因进行对话的这些周末在今天看来是所谓"法兰克福学派"真正的诞生时刻。而法兰克福学派在战后主导了德国精神生活长达近50年时间。

漫游者

身着法兰绒短裤,脚上是农夫穿的笨重鞋子,背上背着漫游者背包,这位看上去还很年轻的男士马上就在参会人员中突显出来了。他有可能是个大学生,在诺丁汉追寻罗宾汉的足迹,而且并不知道这个酒店的房间只为发表演讲者预留。"恐怕这儿正在举行一次哲学大会",牛津教授约翰·马博特试图用一句话来说明当时的情况。对此,这位外地来的年轻男士答

---

[35] 同上,第483页。

道:"这也正是我担心的。"[36]

直到最后一秒,维特根斯坦还在跟自己做思想斗争,无法决定到底要不要去参加英国职业哲学家最重要的联合会"亚里士多德学会"的年会。他虽然之前给年会提交过了演讲主题("关于逻辑形式的一些说明"),但实际上他并不会去做本主题的演讲。即便他专门为此写了一篇论文,这是他第一次为了会议写论文,但他在和弗兰克·拉姆齐彻夜聊过关于本主题的一些问题后,他觉得这些问题比以往任何时候都更不清晰了。最好是自由地思考一下关于"数学中的无限性概念",然后看看能出现什么新点子。此外,本次大会的其余参加者从一开始都没有听得懂《逻辑哲学论》作者维特根斯坦讲话的希望——这是他人在理解维特根斯坦时一如既往会出现的事儿。"我担忧的是,不管维特根斯坦说了什么,他们要么听不懂,要么产生一些无关紧要的混乱。"[37]

这是维特根斯坦重修于好的朋友伯特兰·罗素——现在是维特根斯坦的正式博导——在几天前以久经验证的语气写到的。另外,罗素还急切地恳请维特根斯坦到场出席会议。

不属于什么学派

实际上,维特根斯坦在 1929 年 7 月 14 日的演讲是他一

---

[36] 转引自瑞·蒙克,1991 年,第 275 页。
[37] 同上。

生中唯一一次出席学术会议，而他为本会写作的论文也是他在世时唯一一篇"科学出版物"。和海德格尔一样，维特根斯坦根本就没把这种学术会议的论文当回事儿。他同样跟思想或政治领域的宣言、自封的运动或学派关联甚少。在维也纳，人们在弗里德里希·魏斯曼的主笔下，以致敬莫里茨·石里克的名义起草一部名为《科学的世界观：维也纳小组》的纪念文集。在有可能的情况下，维特根斯坦也会给这部纪念文集贡献自己的文章。魏斯曼小心翼翼地就此事询问维特根斯坦，可这并不是什么好主意："正因为石里克并不是什么寻常人，所以这是他应得的：人们提防着通过本是好意的自夸把石里克和以他为代表人物的维也纳学派变成笑话。当我说'自夸'时，我想表达的是所有令自己感到满足的自我陶醉。'对形而上学说不'！就好像**这**是什么新的东西一样。维也纳学派想要引领什么东西，就必须**显示**，而不是**言说**……**作品必须要赞美大师。**"[38]

显示，而不是言说。1919年维特根斯坦的杰作就讲到了这样的核心区别，他始终觉得这个区别的重要性无可辩驳。不过，他的《逻辑哲学论》其余大量的支柱内容在他返回剑桥仅仅六个月内就变得大有问题。很明显，并不是所有的"问题在实质上得到了解决"。这些问题不是他能解决的，也非其他人可以办到。

---

[38] 《维特根斯坦全集》第3卷，第18页。

内部难题

有一个观点特别对于《逻辑哲学论》来说曾经具有支撑作用：一个有意义的命题就是**实在的图象**。而维特根斯坦现在觉得这个观点越来越有问题。所有有意义的命题都毫无例外地描摹了一种可能的世界状态？那例如像这样一个命题"自然数的序列是无穷的"是什么情况？这明显是有意义的非日常真理。可是，是否有一种可以想象的世界状态真的展示了这个命题中的真理呢？是的，如此一种无限性状态对于有限的物种来说，是普遍可以做出具体想象的吗？而且，如果是这样，那么"可以想象"在这样的语境下是什么意思？自然数存在无限长的序列和例如存在一根无限长的绳索是同样可以想象得来的情况吗？或者这是另外一种意义上的"可以想象的"？还是说，这是"无限的"另外一种意义？这些严肃的问题使得维特根斯坦在到达剑桥的前几个月几乎无法入眠。另一个东西也没少折磨他，那就是方法论问题，即如何在应用类似于"无限的"或者"可以想象的"这类说法时把握其中的区别呢？在有意义地应用概念的视角上，所有一切都与此区别相关。在这些命题可能的基础上揭示唯一和统一的逻辑主谓形式，真的只能通过这样的方式来把握此区别吗？不是的，还不是这么简单。维特根斯坦在1929年夏天最后并没有这么简单就弄清楚这些问题了。在这个阶段，他背离了最后的唯一信仰，这个信仰可能真正承载了《逻辑哲学论》的世界图像：逻辑语言是作为我们生活形式基础的第一语言。

回到日常

维特根斯坦思想方面的这个核心急转弯是他在1929年刚回剑桥那几个月的实质事件，他马上就把这个思想转变也告知了石里克和魏斯曼。对于这二人来说，这并非无关紧要的新事件。他们作为如今正式存在的"维也纳学派"的"逻辑经验主义者"，实质上比维特根思斯坦更为持续地将哲学的希望放到了这对相互影响上：逻辑基本语言和由实验控制的经验二者之间的相互影响，这对相互影响创造了所有有意义的研究。不过，维特根斯坦在半路上走向了另一个方向。他也让石里克和魏斯曼毫无误解地了解到他的走向：

我以前相信存在口头语言，我们所有人可以通过口语进行惯常表达；另外还存在第一语言，它可以表达出我们真正知道的东西，也就是现象……我现在想要详尽解释，为什么我不再认同上述观点了。我认为，我们实质上只有一种语言，就是惯常意义上的语言。我们不需要去发明一门新语言或构建一个符号系统，而是说，口语就已经**是这**门惯常语言了。前提条件是，我们要把口语从不清楚性中解放出来，而这些不清楚性就位于口语本身之中。只要人们能够明晰地知道我们的语言象征的是什么，那么我们的语言就已经完全处于正常秩序中了。除了日常语言，其余的语言也是有价值的……例如想要展示清楚推理关系，那么一个人造的符号体系就非常有用……可人们一旦真的开始去观察诸基本事态，那么就会看到，和我们真正的语言相比较，这个符号体系非常劣势。当然这里并不是在讨论**一个**主谓形式。事实上，不是只有一个主谓形式，而是有非常多的主谓形式。[39]

就算是石里克本人也明显对上述方向转变感到讶异。他很直接地问维特根斯坦，是不是与作为根基的纯粹符号形式告别了，这难道不是直接掉回到那些极端充满矛盾的一系列基本问题中，这些基本问题已经使得伊曼努尔·康德在他的《纯粹理性批判》中劳累过度。

通过怎样的基础可以把握进入无限性和永恒性的突破呢？通过经验或者形式、决定或者规则？在这个突破的过程中，人类语言扮演着怎样的角色？而且真的只涉及一门语言吗？如何去描写立于所有意义根基之处的经验结构？用什么方法描写，物理实验的、现象学多变的、还是日常的方法？要明确区分存在和假象、意义和无意义，有哪些标准？时间在此又扮演什么角色？这里的时间在物理上是可以测量的吗？是能够具体体验到的吗？抑或说时间是靠回忆的方式去追赶的东西？1929年，维特根斯坦就如同进入创造力井喷的迷醉期一般，在好几本笔记本上记下了他的想法，而这些想法围绕的主题正是在达沃斯讨论到的那些问题。这些想法同样主导了维特根斯坦和他在思维方面的"拳击训练搭档"拉姆齐和摩尔、石里克和魏斯曼之间的对话。这些朋友们在与维特根斯坦的对话中展现出了极大活力，但也被每天变化产生的新论点烦扰着，并由此感受到在

---

[39] 同上，第44—45页。

思考方面的过重负担。

剑桥的那不勒斯

回到剑桥的上帝维特根斯坦首先通过参加剑桥使徒社，还有以弗吉尼亚和莱纳德·伍尔夫夫妇为核心的布鲁姆斯伯里团体的活动，制造出了深深的社交疏离感。当然，他在1912年时就可能已经有些"特别"了。不过，1929年回到剑桥的路德维希·维特根斯坦在当时的环境中，最终是一个固执己见毫不妥协、主导话语权的人，或是一个坏脾气的"不高兴"。尤其是和女性对话伙伴的交往就算还没成为痛苦，也给他带来了明显的问题。当维特根斯坦挨着女士坐在桌前时，他显露出了社交方面的笨拙感，会讲无聊的笑话。并不是那么好笑。

虽然多次在凯恩斯家里聚会，但维特根斯坦从没跟弗吉尼亚·伍尔夫交谈过。这对于双方来说都是件可惜的事情。不过，起码在共产主义和具体社会现实这些事情上，有一位新朋友进入了维特根斯坦的生活，给他带来了灵感。这位新朋友就是来自那不勒斯的经济学家皮埃罗·斯拉法。作为坚定的社会主义者和意大利共产党创始人安东尼奥·葛兰西身边亲密的经济界权威人士，斯拉法必须于1928年逃亡离开墨索里尼统治下的意大利。通过凯恩斯的支持，斯拉法在剑桥找到了一处新的科学家园。斯拉法对争辩的喜爱和他的好奇心在这个阶段富有成果地挑战了维特根斯坦。当维特根斯坦在谈话中再次固执地坚持认为，一个富有含义的命题和将此命题描绘为世界状态的东西，这二者肯定有着相同的逻辑形式。斯拉法对此的反应是一个来自他家乡的姿势——他的手指在下巴摩挲着，问道："那**这里说到的**逻辑形式是什么？"[40]

在哲学影响方面，斯拉法就如同是那不勒斯的维特根斯坦与布莱希特的合体。斯拉法通过语言表达的基础将其思想接地，把思想引到更靠近具体上下文的地方，为思想打开了人类符号处理的多元性。这种多元性受到了多重限制，不过仍是多角的。维特根斯坦在第二部主要著作《哲学研究》的前言中明确强调了对斯拉法的感谢。"本书中那些最具成果的观点"乃是得益于这种刺激：斯拉法先生多年来一直不断对维特根斯坦的思想进行批评。

为了某个目的而回忆

对于人类来说只存在一种真正的第一符号系统，也就是日常的自然语言。从这个认识出发，《哲学研究》的突破点在于进行澄清调查的意志：澄清调查内在多样性、各自的上下文关联性和日常自然语言。因为，至少从哲学角度来看，万物通过日常自然语言可以达到井井有条的最佳状态，不会产生疑问。当然前提条件是，人们能够尽可能综观地看清自然语言进行意指象征的所有方式。

根据上述视角，存在像真正的哲学难题那样的东西，这样

---

[40] 转引自瑞·蒙克，1991年，第261页。

的观点无非是一种混乱的结果。如维特根斯坦也会说:"**通过语言来蛊惑我们的理智。**"[41] 因此,澄清或者治疗的哲学过程必须接受的形式是:持续耐心地整理、阐明和判断出现的混乱。这种哲学过程的主要方法在于,在回忆中唤醒自己,想想人们是在哪些上下文中真正有意义地使用了哪些语词。哲学思考是为了某种目的而回忆。[42] 而这里的目的指的是,清楚了解语词在我们生活中扮演的真正角色和拥有的意义,而这种清楚的了解可以使人们获得自由。这些语词的真实含义只能被发现于或者自己显现于具体的应用中,也就是能够确保意义表达的应用中:"一个词的含义是它在语言中的用法。"[43]

语词之城

维特根斯坦的新写作计划也渗透了其哲学思考的形式。他不再享受将自己的思想放到逻辑哲学论的形式中:这种形式僵化呆板、具有等级结构、笨重、简要。现在,维特根斯坦的哲学思考适应了思维日记流派,或者像是一个对细节感兴趣的游手好闲者以令人惊讶的方式所记录下的东西。1929 年期间,维特根斯坦走上了这条新路。并且,他持续沿着这条路前进,在1945 年写成了他的《哲学研究》。如他自己在前言部分说到的,这是一部论述的合集,"就像是在这些漫长而错综的旅行途中

---

[41] 《维特根斯坦全集》第 1 卷,第 299 页。

[42] 同上,见第 127 条目处。

[43] 同上,第 262 页。

所做的一系列风景速写"。旅途图像和思维图像，这些图像产生于穿过人类语言多样性的探索之路上："同样的要点，或几乎同样的要点，"维特根斯坦就像本着本雅明闲逛的精神继续阐述道，"我当时一次次从不同的方向重新论及，画出新的图画……以使它们能够为观察者提供一幅风景画。——所以这本书其实只是本画集。"[44]

因为最终如同维特根斯坦在《哲学研究》中阐述的那样，有个哲学难题类似于这样的感受："我迷路了，我再也找不着北。"因此他把语言本身和一座布满狭小巷子的地形复杂的城市进行对比，在这样一座城市中人们太容易（或者甚至太喜欢）迷路了。所以，进行哲学思考的人有个任务便是描绘出一张这座城市的地图。这样，辨不清方向的人（维特根斯坦本身一开始就是这种情况）就会弄明白，他实际上处于什么位置，从这个位置出发可以走哪些路径，最终能够尽可能确信和具有方向感地在这座城市里行走。**道路应该赞美大师！**剩下的就是些吹嘘宣传了，或者是命运。

为了能够获得与城市实在相应的图像，人们当然必须为了自己非常彻底细致地对城市进行调查，而且是从自己在城中所处位置出发进行调查。没有人能够先验地在头脑中形成地图。另外，这种先验形成的地图也没什么用，因为这座（语词的）城市本身最终总是处在运动变化中。生活在城中、并与这座城市一起活着的人们，在城中走动并发挥着影响，通过这样的方式，语词之城便处在恒定的运动和变化中。城中总会出现新的

---

[44] 同上，序言处，第231—232页。

拱廊街、单行道和死胡同，当然人们可能会到很迟或是太迟的时候，才能看清它们是拱廊街、单行道和死胡同。从笛卡尔开始的现代哲学对于维特根斯坦来说是一种重要改建措施的有力实例，当然对于同时代的海德格尔、本雅明和卡西尔来说亦是如此。当时这个改建措施从内而外决定了整个"城市景观"，并让城市景观闪耀着人造的光芒，像汽车和电直到今天在我们的城市中做到的那样。无论如何，进步看上去并不是这样的。

撞向四壁

维特根斯坦认为，进步——就是这个主题词，比其他任何词都更为严重地蒙蔽和误导我们的文化。所以，进步也正是在哲学中不能存在，也从未存在过的东西。不过由此看来，哲学应该也有自己真正的问题，还有解决这些问题的独到办法。但是，维特根斯坦认为，哲学恰是既没有问题，也没有解决办法。哲学有语言，同时也有着语言的混乱。哲学还总有着这样的可能性：在语言中并通过语言，以回忆的方式从语言中解放出来、恢复自由。这就是所有。对于我们来说，世上没有什么东西是隐藏起来的。这便是维特根斯坦思想在1929年夏天走上的澄明新路。在这条新道路上，维特根斯坦的思想仍体现出和《逻辑哲学论》时期一样的绝对严谨和诗意精准。

如果说维特根斯坦对于语言的理解随着回到剑桥而发生了彻底改变，那么他对于哲学思考和界限的看法则与《逻辑哲学论》时期是完全一样的：事实上并不存在什么哲学问题。实质上重要的认识是无法说出来的，也是无法公布和命令的，而必须在独立的实施过程中显示和被显示出来。伦理学、价值、宗教和真正生活意义的整个领域是一个假象领域，它无法得到证实，所以与此相关的论点都无意义。恰是因此，人们必须对其保持缄默，这也是因为相关论点涉及了真正具有决定性的内容。

1929年11月，维特根斯坦带着上述这些思考直接面对剑桥大学的学生们。应剑桥"异教徒协会"——就像这个名称已经显示的那样，这是剑桥大学除了使徒社之外的第二大精英组织——的邀请，维特根斯坦在协会的"道德科学俱乐部"发表了一场关于伦理学的通俗哲学演讲。他是这么对在场的年轻听众说的：

> 我急迫地想要冲撞语言的界限，而我认为这是所有那些试图写作或者谈论关于伦理学或宗教的人们身上都具有的一种倾向。向我们所在牢笼的四壁勇往直前地冲撞去，这是完全和绝对没有希望的。只要伦理学还是由愿望而产生，是关于生活的终极意义，是要表达绝对的善和绝对有价值的东西，那么伦理学就不可能是一门科学。通过伦理学表达出来的内容，我们的知识无论如何都不会增加。不过，伦理学的内容是人类意识中某种倾向的证明，我非常尊敬并高度重视它，绝对不会将它变成可笑的东西……[45]

---

[45] 路德维希·维特根斯坦，1989年，第18—19页。

最容易推动这种倾向——冲撞语言界限的倾向——的经验是哪些,他非常熟悉,这些经验是他人生的财富:

> 我想要描述这个经历是为了尽量启发你们,唤起你们相同或相似经历的回忆,这样咱们就有了研究的共同基础。我认为,这个经历最容易通过话语进行描述,那就是我惊叹于**这个世界的存在**。然后我就倾向于使用下面这种方式进行表达:"多么神奇,终究是存在着一些什么东西",或者,"多么非同寻常,这个世界存在着"。在此我要马上接着提及另一经历,我同样对它很熟悉,或许你们当中有些人也了解这个经历。人们可以把这个经历称之为**绝对**安全感的经历。我在这里指的是一种意识状态,人们在此意识状态中倾向于说:"我身处安全之中,不管发生什么事情,都没有什么东西可以伤害到我。"[46]

在最好的时光,维特根斯坦可能不仅自己感受到此在令人惊叹的高光时刻的状态,这种感受令他觉得获得了自由,而且他也要将这种作为主导形式的状态以思考的方式传达给他人。不管这在当天晚上是怎么发生的,都是维特根斯坦在剑桥作为哲学教师传道授业的真正起点。

---

[46] 同上,第14—15页。

结语

马丁·海德格尔

1929 年 7 月 24 日,马丁·海德格尔作为胡塞尔教授席位的继任者,在获得教席之后进行的首次讲座课题为《什么是形而上学》。在这次讲座课中,他将人类称为是"虚无的占位者"。在这年和第二年的新旧年交替之际,他给伊丽莎白·布洛赫曼写信道:"必须去上课的强制性、歪曲的科学性以及与此配套的一切,都从我的肩上放下了。当然我现在责任更大了,可是伴随着那些我觉得必须去做的事情,我时常感到非常孤单。"

三年半后的 1933 年 5 月 1 日,刚刚被任命为弗莱堡大学校长的海德格尔发表了一场题为《德国大学的自我主张》的就职演讲。如今他是纳粹党成员,在一篇报纸文章——这篇文章还附带了关于他被任命为校长的消息——中对德国大学生起誓:"你们存在的规律并不是定理和'理念'。元首本人才是现在和未来德国的现实及其法则,并且只能是他。"[1]

---

[1] 《海德格尔全集》第 16 卷,第 184 页。

恩斯特·卡西尔

1929年7月6日，恩斯特·卡西尔以绝对票数当选为汉堡大学校长。1929年11月7日，他发表的就职演说题为《哲学真理概念的形式和形式演变》。演说遭到了民族主义大学生联合会的干扰。阿比·瓦尔堡没能经历这场就职典礼，他于1929年10月26日意外离世了。

基于希特勒颁布的《国家文职人员法》，卡西尔实际上必须被迫完成教学方面的某些任务。这样，恩斯特·卡西尔携夫人于1933年5月2日离开汉堡，前往瑞士。卡西尔夫妇从此再也没有回到德国。卡西尔当时最近的一部著作是他在流亡美国作为耶鲁大学客座教授时期完成的，这部著作名叫《国家的神话》。

瓦尔特·本雅明

本雅明被离婚流程在经济方面可以预见的"无情"结果折磨得身心交瘁，于1929年10月中旬遭遇了一次严重的精神崩溃。10月24日，他在阿西娅身边经历了纽约股市的崩盘。1929年至1930年跨年之际，他一个人在巴黎一家宾馆中孤独地度过。他再也无法拥有一个固定居所，再也完成不了拱廊街著作，再也见不到阿西娅·拉希斯，再也不会上希伯来语课了。他主要在巴黎度过了未来的十年。随着希特勒开始掌权，本雅明作品出版的可能性越发受到限制。

瓦尔特·本雅明面临着被纳粹驱逐出境的境况，逃亡来到西班牙比利牛斯山脉地区布港的一家宾馆里，这里离西班牙边境只有几百米远。1940年9月26日至27日夜里，本雅明服用了大量吗啡自杀。他随身携带的旅行包里装有一块表、一个烟斗、两件衬衫、一张X光照片以及一部手稿，手稿标题是《论历史的概念》。

路德维希·维特根斯坦

维特根斯坦在维也纳和兄弟姐妹们一起度过了1929年圣诞节，后来几年的圣诞节他也是这么度过的，直到纳粹德国吞并奥地利。1930年1月，他接受了剑桥大学的教职。在他即将动身去休假时，有个剑桥的同事问他，在剑桥大学讲座课目录中应该给他的课程写上什么名字。[2]维特根斯坦思考了很久。

最终，他的回答是："《哲学》。不然还能是什么呢？"

---

[2] 转引自瑞·蒙克，1991年，第289页。

著作目录[1]

瓦尔特·本雅明

《本雅明文集》，7卷，罗尔夫·蒂德曼（Rolf Tiedemann）和赫尔曼·施韦彭霍伊泽（Hermann Schweppenhäuser）编，Suhrkamp, Frankfurt a. M., 1974年—1989年。

《本雅明全集》第1卷第1本包含《德国浪漫派的艺术批评概念》、《论歌德的亲合力》、《德意志悲苦剧的起源》。

《本雅明文集》第1卷第2本包含《论历史的概念》等。

《本雅明文集》第2卷第1本包含《文学和美学随笔（待续）》、《美学残篇》、《演讲和报告》、《百科全书条目》、《文化政治篇章》。

《本雅明文集》第3卷《批评和评论》。

《本雅明文集》第4卷第1本包含《波德莱尔的巴黎风貌》、《〈恶之花〉其余部分》、《单行道》、《德意志人》、《柏林童年》、《思维图像》、《讽刺、论战和短评》、《报道》。

《本雅明文集》第5卷《拱廊街计划》。

《本雅明书信集》：

第2卷（1919—1924），克里斯托夫·格德（Christoph Gödde）和亨利·洛尼茨（Henri Lonitz）编，Frankfurt a. M., 1996年。

第3卷（1925—1930），克里斯托夫·格德（Christoph Gödde）和亨利·洛尼茨（Henri Lonitz）编，Frankfurt a. M., 1997年。

---

[1] 本处涉及书中四位主角哲学家的相关著作，只对作品标题等信息进行翻译，并不代表这些作品本身一定已经有汉语译本。——译注

恩斯特·卡西尔

《卡西尔文集》，比尔吉特·瑞克（Birgit Recki）编，Meiner, Hamburg, 1998 年—2009 年。

《卡西尔文集》第 6 卷《实体概念和功能概念》，赖诺尔德·施米克尔（Reinold Schmücker）编辑和注释，Hamburg, 2000 年。

《卡西尔文集》第 7 卷《自由和形式》，赖诺尔德·施米克尔（Reinold Schmücker）编辑和注释，Hamburg, 2001 年。

《卡西尔文集》第 10 卷《论爱因斯坦的相对论——认识论观察》，赖诺尔德·施米克尔（Reinold Schmücker）编辑和注释，Hamburg, 2001 年。

《卡西尔文集》第 11 卷《符号形式的哲学》第 1 部分《语言》，克劳斯·罗森克兰茨（Claus Rosenkranz）编辑和注释，Hamburg, 2002 年。

《卡西尔文集》第 12 卷《符号形式的哲学》第 2 部分《神话思维》，克劳斯·罗森克兰茨（Claus Rosenkranz）编辑和注释，Hamburg, 2002 年。

《卡西尔文集》第 13 卷《符号形式的哲学》第 3 部分《现象学和认识》，朱丽叶·克雷门斯（Julia Clemens）编辑和注释，Hamburg, 2002 年。

《卡西尔文集》第 14 卷《文艺复兴中的个人与宇宙——英国的柏拉图文艺复兴和剑桥学派》，弗里德里克·普拉噶（Friederike Plaga）和克劳斯·罗森克兰茨（Claus Rosenkranz）编辑和注释，Hamburg, 2002 年。

《卡西尔文集》第 16 卷《论文和短文 1922—1926》，朱丽叶·克雷门斯（Julia Clemens）编辑和注释，Hamburg, 2003 年。

《卡西尔文集》第 17 卷《论文和短文 1927—1931》，托比亚斯·波尔本（Tobias Berben）编辑和注释，Hamburg, 2004 年。

《卡西尔文集》第 18 卷《论文和短文 1932—1935》，拉尔夫·贝克（Ralf Becker）编辑和注释，Hamburg, 2004 年。

《卡西尔文集》第 23 卷《人论——人类文化哲学导引》，莫琳·卢凯（Maureen Lukay）编辑和注释，Hamburg, 2006 年。

《符号概念的本质和影响》，Darmstadt, 1956 年。

以及卡西尔相关遗作。

马丁·海德格尔

《海德格尔全集》，102 卷，Vittorio Klostermann, Frankfurt a.M.。

《海德格尔全集》第 1 卷《早期作品 1912—1916》。

《海德格尔全集》第 2 卷《存在与时间》（初版为 1927 年，全集收录的是第 17 版，Max Niemeyer Verlag, Tübingen, 1993 年）。

《海德格尔全集》第 3 卷《康德与形而上学问题》，2010 年，本书也包含《恩斯特·卡西尔和马丁·海德格尔的达沃斯辩论》（第 274—296 页）。

《海德格尔全集》第 19 卷《柏拉图的〈智者〉》（1924—1925 年冬季学期）。

《海德格尔全集》第 20 卷《时间概念史导论》绪论（1925 年夏季学期）。

《存在与时间》，Max Niemeyer Verlag, Tübingen, 1993 年。

《海德格尔全集》第 26 卷《从莱布尼茨出发的逻辑学的形而上学始基》（1928 年夏季学期）。

《海德格尔全集》第 29/30 卷《形而上学的基本概念：世界——有限性——孤独性》（1929—1930 年冬季学期）。

《海德格尔全集》第 56/57 卷《关于哲学的规定》。其中包含 1.《哲学的理念和世界观问题》（1919 年战时学期）；2.《现象学和超越价值哲学》（1919 年夏季学期）；3.《附录：关于大学和学术学业的本质》。

《海德格尔全集》第 62 卷《关于亚里士多德本体论和逻辑学的现象学分析选论》（1922 年夏季学期），附录《对亚里士多德的现象学分析》（诠释情境的显现）。

《海德格尔全集》第 94 卷《思考录 II 至 VI》（黑色笔记本 1931—1938）。

路德维希·维特根斯坦

《维特根斯坦全集》，Suhrkamp, Frankfurt a. M.。

《维特根斯坦全集》第 1 卷包含《逻辑哲学论》、《1914—1916 年日记》、《哲学研究》，1984 年。

《维特根斯坦全集》第 2 卷《哲学评论》，拉什·里斯（Rush Rhees）编，1984 年。

《维特根斯坦全集》第 3 卷《维特根斯坦和维也纳学派》，对话由弗里德里希·魏斯曼（Friedrich Waismann）记录，1984 年。

《维特根斯坦全集》第 4 卷《哲学语法》，1984 年。

《维特根斯坦全集》第 5 卷《蓝皮书——哲学观察》，1984 年。

《关于伦理学的讲演以及其他》，约阿希姆·舒尔特（Joachim Schulte）编，1989 年。

路德维希·维特根斯坦：《小学生词典》，öbv，Wien，1977 年。

参考文献摘选[1]

德语文献[2]

A. 格鲁嫩贝格（A. Grunenberg），2016 年：《汉娜·阿伦特和马丁·海德格尔——爱和思的故事》。

A. 萨尼茨（A. Sarnitz），2011 年：《路德维希·维特根斯坦的建筑——理念的重构》。

A. 舒伯巴赫（A. Schubbach），2016 年：《符号的形成——卡西尔文化哲学的开端》。

A. 雅尼克（A. Janik）和 S. 托尔明（S. Toulmin），1984 年：《维特根斯坦的维也纳》。

B. F. 麦克奎尼斯（B. F. McGuinness）和 H. 赖特（H. Wright）编，1980 年：《路德维希·维特根斯坦通信集》。

C. 马拉齐亚（C. Marazia）和 D. 斯蒂米利（D. Stimilli）编，2007 年：《路德维希·宾斯旺格和阿比·瓦尔堡——无尽的疗愈——阿比·瓦尔堡的疾病史》。

D. 克吉（D. Kaegi）和 E. 鲁道夫（E. Rudolph）编，2002 年：《卡西尔和海德格尔——达沃斯辩论 70 年》。

H. U. 贡布雷希特（H. U. Gumbrecht），2001 年：《1926 年——处在时代边缘的一年》。

H. 奥特（H. Ott），1988 年：《马丁·海德格尔传》。

H. 布雷登坎普（H. Bredekamp）和 C. 韦德波尔（C. Wedepohl），2015 年：《瓦尔堡、卡西尔和爱因斯坦对话录》。

---

[1] 本处仅摘选在正文中被引用过、在脚注中出现过的那些参考文献。在此，也是只对作品标题等信息进行翻译，并不代表这些作品本身一定已经有汉语译本。——译注

[2] 德语和英语文献都是根据翻译成汉语之后的信息进行排序。——译注

H. 布鲁门伯格（H. Blumenberg），1979 年：《目睹沉船》。

J. M. 克罗伊斯（J. M. Krois），2002 年：《为什么没有举行达沃斯辩论？》。载 D. 克吉和 E. 鲁道夫编，2002 年：《卡西尔和海德格尔——达沃斯辩论 70 年》。

J. W. 施托尔克（J. W. Storck）编，1990 年：《马丁·海德格尔和伊丽莎白·布洛赫曼通信集 1918—1969》。

J. 斯贝特（J. Später），2016 年：《齐格弗里德·克拉考尔传》。

K. 温舍（K. Wünsche），1985 年：《乡村小学教师维特根斯坦》。

K. 西格蒙德（K. Sigmund），2015 年：《他们自称为维也纳学派——没落边缘的精准思考》。

L. 耶格尔（L. Jäger），2017 年：《瓦尔特·本雅明——一种未完结的生活》。

M. 米特尔迈尔（M. Mittelmeier），2013 年：《阿多诺在那不勒斯——渴望的风景如何化为哲学》。

O. 施韦默尔（O. Schwemmer），1997 年：《恩斯特·卡西尔——欧洲现代哲学家》。

P. 布洛姆（P. Blom），2014 年：《撕裂的年代 1918—1928》。

P. 莱奥（P. Leo），2013 年：《通向本质的意志——德国的世界观文化、性格逻辑思考和仇视犹太人 1890—1940》。

P. 威特科普（P. Witkop）编，1922 年：《德意志生活》。

S. 鲍辛格（S. Bauschinger），2015 年：《卡西尔家族传——企业家、艺术品商人和哲学家》。

T. N. 特梅尔（T. N. Tömmel），2013 年：《意志与热情——海德格尔和阿伦特的爱之概念》。

W. W. 巴特利（W. W. Bartley），1983 年：《维特根斯坦——一种生活》。

W. 比梅尔（W. Biemel）和 H. 扎纳（H. Saner）（编），1990 年：《马丁·海德格尔与卡尔·雅斯贝斯通信集 1920—1963 年》。

阿比·莫里茨·瓦尔堡（Aby Moritz Warburg），1995 年：《蛇的礼俗》。

阿西娅·拉希斯（Asja Lacis），1976 年：《职业革命者》。

奥利弗·卢伯里希（Oliver Lubrich），2016 年：《本雅明在伯尔尼》。

伯特兰·罗素（Bertrand Russell），2017 年（1927 年首版）：《我为什么不是基督徒》。

格尔绍·肖勒姆（Gershom Scholem），1975 年：《瓦尔特·本雅明——一段友谊的历史》。

葛尔特鲁特·海德格尔(Gertrud Heidegger)，2005 年:《海德格尔与妻书》。

哈利·格拉夫·凯斯勒(Harry Graf Kessler)，1961 年:《1918—1937 年日记》。

汉娜·阿伦特(Hannah Arendt)和马丁·海德格尔(Martin Heidegger)，1998 年:《1925—1927 年的通信》，乌尔苏拉·卢德茨(Ursula Ludz)编。

汉斯·普特尼斯(Hans Puttnies)和加里·史密斯(Gary Smith)编，1991 年:《本雅明现象》。

赫尔梅娜·维特根斯坦(Hermine Wittgenstein)，2015 年:《家族回忆》，伊尔泽·索玛维拉(Ilse Somavilla)编。

勒内·笛卡尔(René Descartes)，1965 年:《第一哲学沉思录——附全部非议和回应》。

鲁道夫·科特(Rudolf Koder)和路德维希·维特根斯坦(Ludwig Wittgenstein)，2000 年:《维特根斯坦与音乐》。

路德维希·维特根斯坦(Ludwig Wittgenstein)，1969 年:《写给路德维希·冯·费克尔的信》。

吕迪格尔·萨弗兰斯基(Rudiger Safranski)，2001 年:《来自德国的大师——海德格尔和他的时代》。

迈克尔·弗里德曼(Michael Friedman)，2004 年:《分道而行:卡尔纳普、海德格尔和卡西尔》。

君特·内斯克(Günther Neske)，1977 年:《回忆海德格尔》。

托马斯·梅尔(Thomas Meyer)，2006 年:《恩斯特·卡西尔》。

托妮·卡西尔(Toni Cassirer)，2003 年:《和恩斯特·卡西尔一起生活的日子》。

亚历山大·沃(Alexander Waugh)，2010 年:《维特根斯坦之家》。

伊尔泽·索玛维拉(Ilse Somavilla)编，2006 年:《维特根斯坦和恩格尔曼:通信、碰撞和回忆》。

尤尔根·哈贝马斯(Jürgen Habermas)，1991 年:《对话伦理学》。

英语文献

M. 菲茨杰拉德(M. Fitzgerald)，2000 年:《路德维希·维特根斯坦是否患有阿斯伯格综合症?》。载《欧洲青少年儿童精神病学》2000年3月期,第61—65页。

P. 席尔普(P. Schilpp)编,1963年:《鲁道夫·卡尔纳普的哲学》。

格奥尔格·亨利克·冯·赖特(George Henrik von Wright),1975年:《路德维希·维特根斯坦——写给C.K. 奥格登的信》。

霍华德·艾兰(Howard Eiland)和W. 詹宁斯(W. Jennings),2014年:《瓦尔特·本雅明评传》。

基思·黑尔(Keith Hale),1998年:《朋友与使徒——鲁珀特·布鲁克与詹姆斯·斯特拉奇通信集1905—1914》。

瑞·蒙克(Ray Monk),1991年:《维特根斯坦传——天才之为责任》。

网址

1. http://www.warburg-haus.de/kulturwissenschaftliche-bibliothek-warburg/
2. P. 齐博霍夫,1995年:http://www.zeit.de/1995/17/Das_Labor_des_Seelen-archivars

后记

没有人能够独自写出一本书。在此，我要表达特别的感谢：

感谢米歇尔·盖博和汤姆·克劳斯哈尔在本书写作全程中提供帮助。感谢克里斯多夫·塞尔泽、叶雷娜·弗拉姆、多罗特拉·索尔和克里斯蒂娜·布劳恩为本书进行校审和修改。

感谢米歇尔·汉普和弗里茨·布赖特豪普特与我进行谈话，并给我提示。

感谢法布里斯·格尔舍以及《哲学杂志》给我的自由空间和宽容。

感谢苏黎世联邦工业大学"哲学和文学"工作小组的组织者和成员，让我可以将一部分手稿提交给他们进行讨论。

印第安纳大学布鲁明顿分校德语系在 2017 年春天接收我作为受马克斯·卡德基金资助的访问教授，并为我写作本书稿提供了能够想象的最好条件。谢谢！我还要感谢参与到该系研究生课程"对思考的探索"的学生向我提问、予我宽容。

我写作书中四位"魔术师"时，受到了一些伟大传记家的启发，他们是：吕迪格尔·萨弗兰斯基（《来自德国的大师——海德格尔和他的时代》）、瑞·蒙克（《维特根斯坦传——天才之为责任》）、托马斯·梅尔（《恩斯特·卡西尔》）、霍华德·艾兰和米歇尔·W. 詹宁斯（《瓦尔特·本雅明评传》）。他们的作品陪伴了我整个写作过程，持续给我带来灵感。

　　最后我还要谢谢皮娅、文拉和凯萨，感谢他们多年来的忍耐与承担。

图书在版编目(CIP)数据

魔术师时代：哲学的黄金十年：1919-1929 / (德)沃尔夫拉姆·艾伦伯格著；林灵娜译. -- 上海：上海文艺出版社，2019
（艺文志·企鹅丛书）
ISBN 978-7-5321-7297-9

Ⅰ.①魔… Ⅱ.①沃…②林… Ⅲ.①哲学史－研究－德国－1919-1929 Ⅳ.① B516.5

中国版本图书馆 CIP 数据核字 (2019) 第 143187 号

Copyright © 2018 Klett-Cotta – J.G. Cotta'sche Buchhandlung Nachfolger GmbH, Stuttgart.
Simplified Chinese Translation is published by arrangement with Literarische Agentur Michael Gaeb, Through The Grayhawk Agency Ltd.
Simplified Chinese edition copyright ©2019 by Penguin Random House North Asia in association with Shanghai Literature & Art Publishing House.
All rights reserved.

"企鹅"及其相关标识是企鹅图书有限公司已经注册或尚未注册的商标。未经允许，不得擅用。
封底凡无企鹅防伪标识者均属未经授权之非法版本。

著作权合同登记图字：09-2018-1252

发 行 人：陈　徵
责任编辑：肖海鸥　黄秋野　蒋茵迪
内文设计：周安迪
内文制作：常　亭

书　名：魔术师时代：哲学的黄金十年：1919—1929
作　者：[德] 沃尔夫拉姆·艾伦伯格
译　者：林灵娜
出　版：上海世纪出版集团　上海文艺出版社
地　址：上海绍兴路 7 号 200020
发　行：上海文艺出版社发行中心发行
　　　　上海绍兴路 50 号 200020 www.ewen.co
印　刷：上海盛通时代印刷有限公司
开　本：889×1194 1/32
印　张：14.5
插　页：10
字　数：305,500
印　次：2019 年 8 月第 1 版　2019 年 8 月第 1 次印刷
ISBN：978-7-5321-7297-9/B.0059
定　价：78.00 元

告读者：如发现本书有质量问题请与印刷厂质量科联系 T：021-37910000